Analyse économique
des biens durables de consommation

Collection Economiques
dirigée par Pierre-Jean Benghozi

Economiques veut être une collection qui traduise la richesse de la recherche française actuelle en économie et en gestion. A ce titre, elle souhaite rester ouverte à tous les courants de ces disciplines, qu'il s'agisse d'histoire économique, de modélisation, d'analyses sectorielles, d'économie politique, ou de stratégies industrielles... La collection a pour vocation de publier les thèses de jeunes doctorants talentueux comme les ouvrages de chercheurs plus confirmés qui pourront trouver là un espace de diffusion de leurs travaux.
Les lecteurs visés sont bien sûr les économistes et les gestionnaires "de profession". Mais ce sont aussi les "honnêtes hommes" d'aujourd'hui, à la recherche d'outils et de clés de lecture qui leur permettent de mieux appréhender les phénomènes de société auxquels ils sont confrontés dans leur vie quotidienne ou en suivant l'actualité.
La collection vise à rendre accessibles des textes et des travaux pointus à un public qui n'est pas uniquement constitué de spécialistes.
Les ouvrages publiés dans *Economiques* s'efforcent de mettre donc essentiellement l'accent sur les résultats et les éléments d'explication obtenus dans les recherches plutôt que sur les démarches et les méthodologies adoptées. Les textes publiés contribuent à éclairer les enjeux économiques et sociaux actuels à partir d'approches solides et rigoureuses, en mobilisant des matériaux, des données, des informations, des théories, des modèles ou des analyses inédites. Le seul critère que se donne la collection est un critère de qualité et d'originalité.

Déjà parus

Philippe ANTOMARCHI, *Les barrières à l'entrée en économie industrielle*, 1998.
Louis DUPONT, *Sécurité alimentaire et stabilisation macroéconomique en Haïti*, 1998.
Alain CLEMENT, *Nourrir le peuple - Entre Etat et marché*, 1999.
Jacques PERRIN (ed.), *Pilotage et évaluation des processus de conception*, 1999.
Alain FAYOLLE, *L'ingénieur entrepreneur français*, 1999.
Jean-François FERRANDI, *La Corse dans le miroir sarde*, 1999.

ISBN : 2-7384-7857-3

Gilles CAIRE

Analyse économique des biens durables de consommation

L'Harmattan
5-7, rue de l'École Polytechnique
75005 Paris - FRANCE

L'Harmattan Inc.
55, rue Saint-Jacques
Montréal (Qc) - CANADA H2Y 1K9

Du même auteur

• « *Baisse des taux et relance de la consommation : implications de la prise en compte des biens durables* », **Revue Française d'Economie**, n°2/1996

• (en collaboration avec C. Calderon) : « *Crise mexicaine de 1995 : les leçons d'une expérience hétérodoxe de stabilisation macroéconomique* », **Economie Appliquée**, n°2/1996

• (en collaboration avec C. Calderon) : « *Politique mexicaine de stabilisation des prix 1988-1992 : les leçons d'une guérison* », **NOESIS**, n°17, julio/diciembre 1996

• (à paraître chez Bréal en collaboration avec J.J. Quiles, C. Lavialle et J.L. Bailly en juin 1999), « **Manuel de Macroéconomie** », collection Grand Amphi

À Monique

Introduction Générale

LES BIENS DURABLES ET LA SCIENCE ÉCONOMIQUE

Du lever (48 % des ménages français sont équipés d'un radio-réveil, 69 % d'une cafetière électrique) au coucher (où pour les 2/3 des couples la literie dure autant que la vie matrimoniale), en passant par les déplacements du domicile au travail (60 % de ceux-ci se font en automobile pour en moyenne une durée de trajet de 17 minutes et une distance de 11 km), et les communications (la rapidité de la diffusion récente du téléphone portable en moins de 3 ans constitue d'ailleurs une première historique en matière de biens de consommation), mais aussi pour les travaux domestiques (51 % des ménages disposent d'une machine à coudre, 45 % d'une perceuse électrique) et les loisirs (au premier rang desquels se trouve la télévision allumée en moyenne prés de 3 heures par jour dans chaque foyer), la vie quotidienne des ménages est rythmée par l'utilisation d'un grand nombre de biens durables de consommation d'une large diversité (142 types de biens ménagers et 350 sortes de meubles sont ainsi recensés dans l'enquête *Biens durables et ameublement* conduite par l'INSEE en 1988). Cette organisation des activités du ménage s'articule autour d'une gestion permanente du stock de biens durables, impliquant un ensemble de décisions concernant l'équipement (date et montant), le financement (comptant ou à crédit), l'utilisation (en complémentarité avec du temps de travail domestique ou du temps libre) et le renouvellement (avancement ou retardement de la mise au rebut).

Pourtant en France, les travaux économiques à caractère universitaire traitant des biens durables de consommation sont peu nombreux et anciens, essentiellement trois ouvrages de Guillaume, Piganiol et Wolfesperger datant respectivement de 1968, 1969 et 1970. Or ce vide relatif (au sein il est vrai d'un désintérêt plus général des économistes pour la consommation dans son ensemble) contraste curieusement avec une production statistique considérable et régulière de l'INSEE depuis 1960, et une littérature nord-américaine très consistante et continue, où les biens durables sont un des éléments forts de la controverse sur la fonction de consommation entre Nouveaux classiques et Nouveaux keynésiens.

Cet ouvrage vise à combler cette lacune en proposant quelques pistes d'analyse économique permettant de montrer en quoi les biens durables sont essentiels pour la compréhension des phénomènes de consommation, tant sur le court terme en tant que facteur essentiel de la dynamique conjoncturelle de la demande, que sur le long terme en termes d'évolution des modes de vie. A cette fin, **nous opterons pour une grille de lecture reposant sur l'idée directrice que l'achat de biens durables de consommation peut s'appréhender comme une forme d'investissement matériel** du fait de similitudes empiriques et théoriques avec la formation de capital fixe des entreprises. **Parallèlement, nous nous efforcerons constamment d'éclairer l'intérêt de cette démarche à partir de données françaises**.

Mais auparavant « plantons le décor », en commençant par dresser un parallèle entre les formes historiques de la consommation et la prise en compte progressive des biens durables par la théorie économique et par la statistique sociale (**Section 1**). Puis en contrepoint de cette brève fresque historique, nous préciserons en quoi les biens durables s'opposent analytiquement aux biens fongibles, contrastes qui vont bien au-delà de la simple différence de longévité (**Section 2**). Enfin, nous montrerons que ces deux perspectives complémentaires plaident en faveur d'un traitement des biens durables conceptuellement différent des théories traditionnelles de la consommation, le point commun des diverses analyses économiques des biens durables étant une référence constante à la théorie du capital (**Section 3**).

Section 1
LES BIENS DURABLES ET LA CONSOMMATION

Chez des auteurs aussi dissemblables que Marx, Walras ou Keynes, la théorie de la consommation exclut de fait la présence de tout bien durable. Ce désintérêt nous paraît provenir du peu d'importance des biens durables de consommation dans la vie des ménages jusqu'au (sur-)lendemain de la seconde guerre mondiale (**A**), puis, pour des auteurs plus contemporains, d'une vision prospective souvent trop axée sur la notion de saturation (**B**). Et c'est seulement avec le débat fameux de la fin des années 60 sur l'avènement de la société de consommation que va émerger lentement une analyse plus complète du rôle économique des biens durables (**C**).

A / Le patrimoine bourgeois et les dépenses « au jour le jour » du prolétaire classico-marxiste du XIXe : quand le bien durable reste étranger à la théorie de la consommation

1) « Consommation de nécessité, consommation de commodité et consommation de luxe »

Le bien durable de consommation du XIXe est essentiellement un bien non reproductible, relevant le plus souvent de l'artisanat et/ou des objets de luxe. Pour la bourgeoisie, les biens durables, ce sont les meubles de style, l'argenterie, le trousseau de mariage, les instruments de musique (notamment le coûteux piano) ou encore le cheval et le cabriolet (par opposition au cheval de trait et à la charrette, outils de production). La possession de ces biens répond alors moins à une logique utilitaire qu'à une stratégie de consommation ostentatoire de la « classe de loisirs » décrite par Veblen dans son ouvrage de 1899. Cependant s'ils se trouvent hors de tout calcul financier de court et moyen terme, l'arbitrage rentier se faisant alors entre terre, actions (le célèbre « aimer Suez » de François Mauriac dans le *Nœud de vipères*), or et immeubles, ils font par contre partie intégrante des deux événements symboliques fondamentaux de la vie bourgeoise, la dot et l'héritage.

A ce confort bourgeois, espace « douillet » et volontiers surchargé, fait face un habitat populaire à pièce unique, très peu meublé et très souvent insalubre. Pour l'ouvrier du XIXe il n'y a pas de place (au sens propre comme au figuré) pour le bien durable. Le logement est loué chichement meublé, parfois directement auprès de l'employeur, et surpeuplé. L'épargne, qui reste marginale, demeure de sécurité et rarement constituée en vue d'un achat ultérieur. Hors le poêle (quand il existe), quelques ustensiles de cuisine, le lit (voire une simple paillasse ou un grabat), un coffre, une table, deux bancs et quelques rares chaises, la consommation du « cheptel vif » est strictement de subsistance, voire de survie, excluant de fait l'ensemble des biens durables, généralement considérés comme n'étant pas des biens de première nécessité, mais de commodité (qui tient toujours de l'utile), ou de luxe (qui tient du superflu) (D. Roche [1997]).

Il faut attendre la fin du XIXe siècle pour voir apparaître les premiers biens durables industriels, dont le catalogue de Manufrance (première parution en 1885) constitue en quelque sorte la « bible ». Il s'agit surtout en fait d'outils de travail (les ouvriers de métier se louent alors à l'employeur tout équipés), ou de biens indirectement liés à l'activité professionnelle (le fusil pour les ruraux, le vélo pour l'ouvrier, deux biens que l'on peut considérer comme les premiers biens durables mécaniques largement diffusés).

2) *Toute consommation est par nature destructive et donc immédiate*

Face à cette absence presque totale de biens de consommation durables reproductibles, la consommation est, de Quesnay à Keynes, considérée comme immédiate et finalement assez peu digne d'intérêt, à l'image du conflit étymologique originel sur le terme consommation.

Dans une première acception, consommer est un dérivé de **consumer**, avec une connotation plus ou moins péjorative selon les auteurs : la pure jouissance temporaire de la « *classe des dépenses stériles qui mange son blé en herbe* » (F. Quesnay), une « *destruction d'utilité* » (J.B. Say), ou même encore dans la définition de Hicks, « *la consommation, c'est ce que l'on peut dépenser sans s'appauvrir* ».

Dans une seconde acception, consommer est synonyme d'**achèvement**, « *d'accomplissement de tout le procès économique* » (Ch. Gide). Mais paradoxalement, cette conception plus positive de la consommation en tant que but ultime et point final de l'économie, engendre également une absence de toute étude économique sur la « boite noire » ménage au-delà du simple relevé des structures de budget, puisqu'alors l'économie est définie comme « la science des affaires » (alors qu'étymologiquement en grec l'économie c'était au contraire les règles (*nomos*) d'administration de la maison (*oikos*)).

De même, pour la « statistique sociale », les biens durables sont d'une importance négligeable. Les premiers travaux monographiques sur la structure des budgets des ménages ouvriers (Le Play, Engel, Halbwachs) ont pour but de stigmatiser la pauvreté et sont clairement orientés vers un objectif de réforme sociale dans la continuité du rapport Villermé de 1840. La notion de stock, de patrimoine n'aurait eu alors que peu de sens. Au sein de la décomposition en neuf postes des dépenses des ménages opérée par Engel en 1857, les seuls biens durables recensés sont ainsi le mobilier et l'outillage (Berthomieu, [1966]).

B / Le « confort moderne » des « Trente glorieuses » : une approche économique des biens durables centrée sur les taux d'équipement

1) Un confort minimal accessible à (presque) tous

« *Schématiquement, le réfrigérateur, l'automobile et la machine à laver ont pris dans le budget ouvrier la place du pain quotidien* » (J. Fourastie, *Les Trente glorieuses*, [1979]). A partir des années 1930, et plus encore au cours des années 50 et 60, les biens durables ménagers et de loisir vont modifier considérablement le décor de « l'intimité familiale » et les modes de vie des ménages (voir l'encadré concernant les dates de première commercialisation et les taux actuels d'équipement à la fin de cette partie p.18 et 19).

Pour certains, cette évolution constitue une victoire du goût « petit-bourgeois » : « *c'est bien la bourgeoisie qui a inventé le logement moderne rationalisé. Faute d'avoir été capable de créer un style, elle s'est peu à peu réfugiée dans le "bric à brac", modèle pour tous qui se diffuse après la seconde guerre mondiale avec l'ère du logement de masse* » (R.H. Guerrand in *La Famille*, chap.17, [1991]).

Pour d'autres il s'agit plutôt d'une des conséquences économiques de la mise en place d'une régulation fordiste, le mode d'utilisation du revenu étant alors une composante à part entière du rapport salarial : « *La société salariale a submergé la société bourgeoise ; le XXe siècle a vu les contraintes du salariat sortir des usines et gagner tous les recoins de la vie sociale* » (M. Aglietta [1984]).

Trois éléments historiques caractérisent ce rôle croissant des biens durables : la consommation de masse, le développement du « temps libre » et l'extension du salariat.

a) Production de masse, consommation de masse

Tout d'abord le bien durable moderne (hors automobile) doit en fait sa « naissance » à l'électricité, le moteur électrique permettant la reproductibilité à l'infini, à la fois de la production du bien, et de son usage domestique. Cette nécessaire relation ambivalente entre consommation d'électricité et achats de biens durables fut dans un premier temps assez difficile. Ainsi jusqu'aux années 1920-1930, les faillites de compagnies d'électricité furent nombreuses, la consommation de courant étant insuffisante car la plupart des foyers reliés ne disposaient comme « engin » que d'une ampoule électrique éclairant la cuisine. Les premiers biens électriques d'équipement ménager se diffusent alors très timidement comme la cuisinière électrique, le fer à repasser ou le réfrigérateur (3 % des ménages français seulement en sont équipés en 1946). C'est finalement un bien de loisir, la T.S.F., qui constitue le premier bien durable moderne largement diffusé (taux d'équipement de 60 % en 1946). En conséquence, les premières études économiques sur les biens durables portèrent sur la relation entre demande d'électricité et équipement des ménages[1].

---

[1] L'électrification en France n'atteindra les zones rurales qu'après la Libération. EDF dépêchera alors des conseillères ménagères pour faire des démonstrations de lavage en machine afin de stimuler la consommation d'électricité...

Parallèlement, le progrès technique et l'allongement des séries permettent l'abaissement des coûts pour l'ensemble des biens durables. Bien emblématique crée en 1908, la Ford *Model T* est ainsi vendue 265$ en 1924 (contre 825$ en 1908), soit grâce à la politique du *five dollars day* environ trois mois de salaire d'un ouvrier de la compagnie (en 1994, le prix T.T.C. d'une Twingo représentait environ 6 mois de salaire moyen d'un ouvrier de Renault, mais il ne s'agit plus il est vrai du même type de voiture...). De plus la standardisation des pièces occasionne également la réduction des coûts de maintenance, chaque propriétaire pouvant ainsi assurer lui-même une partie des réparations.

b) Le temps de consommer

Le second phénomène important est l'apparition d'un temps de loisir régulier avec l'instauration et la généralisation des 48 heures et des congés payés. La vie familiale et sociale ne s'articule plus alors autour d'un temps rythmé par les saisons et les activités à l'extérieur du domicile : fêtes de villages ponctuelles (fête patronale une fois l'an, fête de fin de moisson par exemple), et pour les hommes exclusivement, foires, bistrots et cabarets. Ce temps libre peu différencié du temps de travail, et dédié à la consommation immédiate (à l'image du potlach amérindien), est remplacé par la répétition de week-ends et de vacances plus propices à l'usage de biens durables de loisir. Hors le progrès technique indispensable, le début de l'essor de la moto et de la voiture populaire à la fin des années 30 (la traction avant de Citroën pour les classes moyennes françaises et la Volkswagen allemande du Reich) fut justement lié à cette instauration d'un temps et d'une mentalité de loisirs, car comme le remarque J. Fourastié [1979], *« les vacances jettent alors sur les routes des masses d'hommes et de femmes quatre fois plus nombreuses que ne le fit la mobilisation générale du mois d'août 1914 ».*

c) Extension du salariat et développement du crédit

L'émergence d'une demande de biens durables, biens au prix unitaire élevé, fut également grandement facilitée par la généralisation du salariat et de « l'emploi à vie ». La sécurité d'un revenu régulier, à défaut de pouvoir payer comptant, permet en fonction de revenus futurs facilement anticipés, une planification des consommations sur plusieurs périodes par l'emprunt. Le remboursement d'un crédit personnel de moyen terme (6 mois à 4 ans) est ainsi assuré, alors qu'auparavant le crédit s'était limité à « l'ardoise » (ancêtre du découvert permanent) chez l'épicier ou le marchand de vin, et à la vente à tempérament, dont les pionniers furent l'entreprise Singer aux Etats-Unis et Georges Dufayel (1855-1916) en France avec ses Grands Magasins du même nom.

Ainsi le consommateur salarié grâce à l'emprunt, accroît sa satisfaction par diminution de son « *impatience, propre à tous les hommes sans exception* » du fait de « *la brièveté de la vie* » selon I. Fisher (*Théorie de l'intérêt*, 1930) qui ajoute : « *un mélomane sera impatient d'avoir un piano, c'est-à-dire qu'il préférera un piano tout de suite à un piano l'année prochaine, parce que l'un et l'autre ayant une durée dépassant sa propre vie, il retirera une année d'usage supplémentaire du piano immédiat.* ».

2) *La dichotomie entre demande de primo-équipement et demande de remplacement*

Au cours de cette période (1930-milieu des années 1960), l'analyse économique de la consommation de biens durables apparaît et se structure autour de deux démarches, qui reposent toutes deux sur l'idée fondamentale que vis à vis des biens durables la satisfaction du consommateur dépend non des quantités achetées mais des quantités possédées :

- la première démarche, à vocation plutôt empirique, recherche la formulation économétrique la plus apte à rendre compte de l'évolution de la demande et/ou de l'équipement des ménages. Trois travaux sont pionniers en ce domaine : Ross et Von Szelisky [1939] sont les premiers à construire une modélisation de la demande d'automobiles distinguant extension du parc et remplacement ; Stone et Rowe [1957] appliquent aux biens durables le modèle d'ajustement partiel déjà utilisé par la théorie de l'investissement ; Pyatt [1964] s'intéresse à l'ordre d'acquisition des divers types de biens durables et dégage certains biens prioritaires (au premier rang la radio, la cuisinière à gaz et le réfrigérateur) ;

- l'autre démarche, plus théorique, cherche à intégrer explicitement les biens durables dans la théorie néoclassique du comportement intertemporel du consommateur : Chow [1957] formalise l'arbitrage entre quantités consommées de biens fongibles et services rendus par les biens durables ; Cramer [1957] introduit les biens durables au sein de la théorie du cycle de vie[2].

Cependant ces deux perspectives ont une conception uniformisante du bien durable et sont axées sur une dichotomie primo-équipement/remplacement. Elles considèrent donc implicitement qu'à moyen terme le marché des biens durables tendra vers la saturation.

Cette analyse en termes de standard uniforme de confort se retrouve au plan institutionnel et statistique. La consommation reste une variable-objectif. Comme le note E.A. Lisle en 1961, le traitement de la consommation au cours des différents Plans français (au moins jusqu'au cinquième) demeure succincte, la perspective choisie étant celle de la production, des besoins à satisfaire. En conséquence, les enquêtes mises en place par l'INSEE sont structurées séparément entre un pôle recensant les évolutions conjoncturelles de la demande de biens durables (1958 première enquête quadrimestrielle sur les attitudes et les intentions d'achat des particuliers), et un pôle d'étude des taux d'équipement (1951 Enquête sur le confort des logements (électricité, gaz, eau, **radio**); puis 1954 première enquête sur l'équipement ménager)[3].

---

[2] Empiriquement, les biens durables s'intègrent aussi totalement au cycle de vie du ménage. Les achats (ou les dons) se concentrent autour des trois dates clés de la constitution d'une famille : départ du domicile parental, mise en couple, naissance. Par contre la transmission par héritage est de moindre importance car elle survient en général très tard, à une période où le ménage est déjà assez largement équipé.

[3] D'autres facteurs plus « terre à terre » expliquent ce phénomène : « *Le retard de l'INSEE dans l'étude des liaisons revenu/consommation ne s'explique pas seulement par le manque de moyens mais également par les réticences des responsables d'enquête à poser une question sur le revenu, qui paraissait susceptible d'aggraver les difficultés de la collecte et de provoquer les rejets de la population* » (Jacques Desabie, [1987])

DATES DE COMMERCIALISATION DES PRINCIPAUX BIENS DURABLES (*et de quelques faits liés*)	Taux d'équipement des ménages
1780 premier brevet de machine mécanique à laver le linge	--
1851 Machine à coudre mécanique (marque Singer)	*13%*
1859 Aspirateur mécanique	--
1866 Fusil (Chassepot)	*13%*
1876 Téléphone électrique (Bell)	**95%**
1879 Ampoule électrique à incandescence (Edison)	--
1880 Bicyclette à chaîne	*45%*
1885 Brosse à dent électrique	*6%*
1887 Plaque de cuisson électrique	*47%*
1888 Phonographe	--
1888 Fer à repasser électrique	*72%*
1888 Appareil photo portatif (premier Kodak)	*71%*
1892 Radiateur (à lampes)	*37%*
1897 Moulin à café	*63%*
1901 Cireuse	*7%*
1902 Sèche-cheveux	*75%*
1906 Lave-vaisselle électrique	**35%**
1907 Aspirateur électrique portable domestique	**88%**
1907 Machine à laver électrique	**89%**
1908 Automobile « populaire » (Ford Model T)	**78%**
1908 Rasoir électrique	*47%*
1910 Climatiseur	nd
1912 Réfrigérateur ménager	**99%**
1921 premières émissions radiodiffusées aux USA et en Europe	
1923 premier Salon des Arts ménagers	
1927 Grille-pain à éjection automatique	*49%*
1931 Robot électrique multi-usages	*41%*
1940 premiers programmes réguliers de télévision aux USA	
1946 Vélosolex (taux d'équipement en deux roues à moteur)	**11%**
1948 disque microsillon	
1950 Magnétophone à bande	*3%*
1953 Cocotte-Minute	nd
1954 Machine à repasser	*4%*
1955 Transistor radio	*67%*
1959 création de l'Institut français d'esthétique industrielle	

1962 Congélateur	**47%**
1963 premiers produits surgelés	
1965 cassette audio-compacte	
1966 ouverture des premières grandes surfaces d'électroménager et d'électronique de loisir	
1967 Téléviseur couleur	**92%**
1968 Chaîne Hi-fi	**58%**
1969 ouverture des premières grandes surfaces de bricolage	
1971 Répondeur téléphonique	**27%**
1973 Micro-ordinateur personnel	**15%**
1976 Magnétoscope grand public	**59%**
1976 Sèche-linge à tambour	**24%**
1977 Consoles jeux vidéos	nd
1979 téléviseur à télécommande	
1979 Baladeur cassette	*22%*
1980 Four micro-ondes domestique	**47%**
1981 Minitel	**20%**
1982 disque compact audio	
1983 Camescope	**15%**
1984 Canal +	
1985 CD-Rom	
1986 Téléphone mobile	**15%**
1987 fin de la fourniture du poste de téléphone par France Telecom	
1987 lancement du câble en France	
1987 Appareil photo jetable	
1987 Video-disque	
1991 Antenne satellite	
1993 Modem Internet grand public	**2%**

Sources : Flamant [1989], Beltran, Griset [1990] et Electropolis [1998] complété par nos soins pour la période récente ; **les taux d'équipement sont issus, de l'enquête 1997 de conjoncture de l'INSEE pour les biens suivis régulièrement (données en gras dans le tableau), et de la dernière enquête Biens durables disponible (1988) pour les autres (données en italique).**

C / Du standard normalisé à l'éclatement des consommations : vers une plus grande complexité de l'analyse de la consommation de biens durables

1) « L'hyperchoix »

Avant même que ne s'achèvent les Trente Glorieuses, la plupart des observateurs du milieu des années 1960, pariaient donc sur une très proche stagnation de la croissance de la demande de biens durables. Or tout au contraire, sur les trois dernières décennies, la demande est restée très soutenue en volume, et cela malgré la réduction de la croissance du pouvoir d'achat occasionnée par la crise. Ce dynamisme s'explique certes par l'apparition accélérée de nouveaux types de biens durables comme l'indique l'encadré précédent, mais également par la constante transformation des produits déjà existants. Pour ces derniers, le terme de demande de remplacement semble alors largement inadéquat, et **une sémantique axée sur le renouvellement** apparaît plus judicieuse.

L'approche taxinomique de Lahlou [1985] permet de préciser cette idée. A dessein, nous illustrerons cette classification, combinant concepts de marketing et approche économique de l'innovation, par le bien durable apparemment le plus banalisé, le bon vieux « frigo » :

PRODUITS	FONCTIONS	Un exemple : Les appareils de froid
(1) Classe de produits	Produits grossièrement substituables pour une activité donnée (conservation d'aliments frais)	- réfrigérateur simple - congélateur indépendant - combinés
(2) Forme de produits	Produit défini par ses caractéristiques techniques	Pour les combinés : volume, 1 ou 2 compresseurs, froid ventilé, niveau sonore, consommation d'énergie, distributeur de glaçons....
(3) Position du produit	Produit marqué perçu par le consommateur	marque, nom du produit, image, esthétique (couleur, encastrable, porte galbée ou bombée, poignées intégrées dans les portes, clayettes en verre...)

L'innovation de produit, par opposition à l'innovation de procédé qui se traduit par une diminution du prix pour un bien demeurant en tout point identique, peut alors se décomposer en 4 catégories, à mettre en parallèle avec les stratégies concurrentielles des entreprises (Blanc, Dussauge, Quelin [1991]) :

- **le repositionnement** : il n'y a pas de modifications techniques notables, le fabricant (ou le commerçant) essaye d'agir sur les préférences, sur la manière dont une partie des consommateurs perçoivent le produit. Il s'agit là d'une stratégie de différentiation en termes de représentations sociales, passant souvent par une pratique d'obsolescence planifiée, le *sloanisme* (changement annuel des modèles introduit par Alfred Sloan chez General Motors) ;

- **la reformulation** : la combinaison des caractéristiques techniques est différente, mais les fonctions essentielles du produit demeurent globalement inchangées (deux compresseurs au lieu d'un par exemple). On peut alors parler d'une différentiation par la qualité. Bien entendu, la délimitation des diverses sortes d'innovations peut apparaître parfois artificielle : la mise en vente d'un réfrigérateur ayant un distributeur automatique de glaçons ou d'eau froide correspond-t-elle à un repositionnement ou une reformulation ? C'est en cela que la construction de Lahlou, plus complexe que ne l'est notre présentation, se fonde sur la théorie mathématique des sous-ensembles flous ;

- **la production originale** : le produit offert engendre une modification de la classe considérée. Ce changement peut se présenter soit comme une redéfinition de la frontière de substituabilité de la classe de produits (apparition de la fonction de congélation), soit comme une combinaison originale de produits déjà existants (appareil combiné en concurrence des deux appareils indépendants). L'entreprise opère alors une véritable rupture stratégique lui permettant d'acquérir un certain pouvoir de marché. La logique des choix du consommateur est alors chronoholistique, au sens où les choix du passé affectent les choix du présent. Ainsi par exemple, à besoins et revenus identiques, un ménage disposant déjà d'un réfrigérateur n'aura pas la même configuration optimale d'équipement qu'un ménage « vierge » de tout appareil de froid. Le premier choisira vraisemblablement l'achat d'un congélateur indépendant (s'il dispose de l'espace nécessaire), le second l'achat d'un combiné[4] ;

- **la création d'une nouvelle classe** : le nouveau produit, issu d'une innovation technologique majeure, n'est comparable à aucun produit déjà existant. Il constitue au sens pur du terme un nouveau prototype (apparition du réfrigérateur).

Cette diversification et cette sophistication croissantes de l'offre sont évidemment bien plus sensibles dans le cas de l'automobile et plus encore des produits bruns que pour le « blanc »[5].

2) « *La Nouvelle théorie du consommateur* » : *biens durables différenciés et activités du ménage*

En réaction aux diverses critiques de la société de consommation qui apparaissent alors, la Nouvelle théorie du consommateur va tenter de **justifier la rationalité de ce développement d'un hyperchoix**, théorie qui naît à la fin des années 60 autour de deux auteurs majeurs.

Pour Lancaster [1966], le produit doit être conçu en tant **que panier de caractéristiques**, qui sont les éléments basiques réels de la fonction d'utilité du consommateur. A travers les divers types de politique de différentiation, les entreprises cherchent à s'adapter au plus près aux besoins effectifs des individus, à leur proposer le couple caractéristiques/prix optimal. Appliquée aux biens durables, cette perspective conduit à réfuter toute validité à un raisonnement agrégé en termes de parc de biens uniformes.

Pour Becker [1965], les produits marchands de consommation ne sont que des biens intermédiaires pour la « firme ménagère », qui additionnés à du temps contribuent à l'élaboration de

---

[4] Au total (congélateurs indépendants + réfrigérateurs combinés), en 1997 plus des ¾ des ménages disposent de la fonction congélation.

[5] Cette distinction traditionnelle issue des années 60, symptomatique d'une certaine uniformisation, est actuellement « moins parlante », puisque l'électronique de loisir, autrefois de couleur imitant le bois, est aujourd'hui majoritairement de couleur noire. Par contre, l'électroménager demeure quasi exclusivement blanc, malgré certaines modes transitoires de colorisation.

services domestiques personnalisés. En conséquence, le choix de la possession d'un bien durable (bien d'équipement dans cette logique) résulte non pas de la recherche d'un standard de confort (lié à des goûts individuels) mais **d'un calcul de productivité propre à chaque individu en fonction des particularités de son capital humain**. Ainsi la généralisation du travail féminin salarié a provoqué l'expansion de la « rentabilité productive » de certains biens d'équipement ménager (et à cet égard, on peut considérer comme symptomatique la disparition des cours d'enseignement ménager à la fin des années soixante). Prenons le cas du lave-linge : pour les classes aisées cette machine devient « rentable » lorsque avec la croissance du travail salarié le personnel domestique devient trop coûteux ; pour les ménages ouvriers, ils deviennent des biens indispensables dés lors que la femme travaille à l'extérieur.

Cette prise en compte des facteurs qualitatifs et cette « intrusion » de l'économie dans l'étude des activités internes des ménages, se retrouvent au plan statistique. A partir de 1965, dans le cadre du *Programme d'investissements prioritaires* du Ve plan, l'INSEE met en place, d'une part une enquête permanente *Budget des familles* qui relève entre autres les prix moyens d'achat par CSP de chaque bien durable important, et d'autre part élargit l'étude des conditions de vie aux aspects non monétaires à travers les enquêtes *Budget-temps* (on trouvera en annexe de cette introduction générale, une présentation des diverses sources statistiques INSEE disponibles qui seront utilisées tout au long de cet ouvrage).

Historiquement, l'analyse économique des biens durables est donc assez récente (elle atteint tout juste la maturité de la quarantaine). Nous allons maintenant préciser et cerner plus systématiquement les caractéristiques de ces biens vis-à-vis des autres biens de consommation.

Section 2
LES BIENS DURABLES ET LEURS SPÉCIFICITÉS

Parmi les biens économiques, la tradition théorique distingue les biens d'un seul usage (pain, électricité...) des biens d'usage durable (maison, vêtements, machines...). **Les biens durables**, au sein desquels on isole parfois les biens de jouissance (tableaux, monuments) ayant un caractère « perpétuel », **seraient donc simplement les biens non détruits par la première utilisation, par opposition aux biens fongibles**. Il est à noter que dans cette conception générale, les biens durables peuvent être, soit des biens de production (le capital fixe des entreprises par opposition aux consommations intermédiaires), soit des biens de consommation. Cependant dans l'acception récente du terme, les biens durables sont exclusivement des biens de consommation (sauf aux États-Unis où « *durables* » garde sa signification la plus large). Conjointement, l'expression *bien non durable* a aujourd'hui supplanté celle de bien fongible dans les nomenclatures de consommation des différents systèmes de comptabilité nationale (voir plus bas). Néanmoins une caractérisation positive nous paraît plus « parlante » économiquement qu'une définition en simples termes d'ensembles complémentaires propre à une approche statistique, et c'est pourquoi nous emploierons plus volontiers le terme de bien fongible.

Cette opposition entre bien durable et bien fongible ne se réduit cependant pas à une simple différence de longévité, mais passe également par d'autres critères analytiques (**A**) et statistiques (**B**). Elle se traduit également par une dynamique conjoncturelle beaucoup plus volatile (**C**).

A / Particularités analytiques

Les caractéristiques spécifiques des biens durables généralement admises sont bien entendu la durabilité, mais aussi l'indivisibilité, la liquidité, la rapidité de la saturation et l'importance des modalités d'acquisition.

1) Une durabilité complexe

La durabilité d'un bien ne peut s'appréhender qu'en référence à trois conceptions du temps : temps physique, temps économique et temps social.

a) durabilité physique

Le bien durable est soumis à une **détérioration progressive** des flux de services rendus (diminution de la qualité de l'image d'un téléviseur avec l'usage par exemple) et/ou à une **destruction physique** soudaine de toute possibilité d'usage du bien après x périodes (tube cathodique grillé). Deux implications en découlent :

- **la durée de vie technique étant par nature une variable aléatoire, la détention d'un bien durable comporte donc un risque pour l'acheteur. Cependant comme tout risque, il est probabilisable et peut être en partie couvert (contrats de garantie ou d'entretien, primes d'assurance) ;**
- la définition d'une espérance de durée de vie potentielle d'un bien durable donné n'a de sens que si l'on en connaît l'usage moyen qui en est fait (kilométrage annuel effectué pour une automobile par exemple).

b) durabilité technico-économique

Au cours de son existence, tout bien durable devient partiellement obsolète du fait du progrès technique incorporé dans les nouvelles générations de biens apparaissant sur le marché. L'obsolescence peut même être totale lors de l'apparition pour un prix similaire d'un bien techniquement nettement plus performant (platine C.D./platine vinyle). En conséquence :

- la totalité de la durée de vie physique potentielle est loin d'être toujours atteinte. La mise au rebut d'un bien en état de marche étant non négligeable, seule importe finalement la **durée de vie économique** (ou effective) du bien ;
- cependant l'appréciation de cette durée de vie économique ne peut être qu'une prévision effectuée sur une base rétrospective, qu'une anticipation fondée sur des comportements passés de détention et de mise au rebut.

c) durabilité psychosociale ou culturelle

La consommation n'est pas seulement « *privée, atomisée et passive* », elle est également « *sociale, relationnelle et active* », et s'analyse alors en tant que système sémiologique. L'achat d'un bien est ainsi à la fois un signe de volonté de communication (d'intégration dans un groupe social[6] et corollairement de distinction vis à vis des autres groupes sociaux), et un signe psychosomatique de volonté de transgression, de recherche d'évasion (de surcompensation) par l'appropriation d'un objet « *irréaliste* » (Baudrillard, 1972).

Par conséquent, le cycle de vie d'un bien durable innovant se déroule autour de **trois phases de désirs socialisés** (**différentiation, imitation, perte de statut**) qui en fin de cycle donne naissance à un bien renouvelé. Ce processus permanent de diffusion et de déclassement, bref d'obsolescence sociale (à distinguer de la lassitude psychologique purement individuelle) est à rapprocher directement de nos remarques sur la taxinomie des produits nouveaux[7].

Ces différents aspects de la durabilité appellent trois remarques :

- les analyses de demande en termes de primo-équipement / remplacement sont trop largement réductrices. Le remplacement n'a jamais lieu à l'identique, sur l'exacte **réplique** du bien précédent. L'éventail de choix du consommateur est toujours différent entre deux périodes ;
- la **date** de renouvellement n'est pas déterminée à priori, puisque la notion de durabilité ne peut être réduite à une simple durée de vie

---

[6] ou même d'intégration à la société dans son ensemble, et donc aussi de ségrégation pour ceux qui ne disposent pas du bien considéré : « *la possession d'un objet en soi est déjà un service social, un brevet de citoyenneté* » (Stuart Mill, cité par Baudrillard qui évoque également la société des A et des non-A du *Meilleur des mondes* d'Huxley pour affirmer que « *le fait d'acquérir tel modèle* [automobile] *un mois ou un jour avant les autres peut constituer un privilège radical* »).

[7] Pour Lancaster, le repositionnement n'est ainsi qu'une « pseudo-différentiation », i.e. pour lui : « *Le social et le psychologique se définissent donc comme l'économiquement pathologique* » (Baudrillard, 1972). Pour ce dernier par contre l'originalité d'un produit est toujours de nature psychosociale car la fonction d'un produit n'est qu'un « *simulacre* », un pur « *alibi* ».

technique. Selon la conjoncture, le ménage peut donc retarder ou au contraire avancer son achat. Ce degré de liberté est renforcé pour les biens de très longue durée de vie (meubles, tapis, décoration de la maison), et pour les biens dont on peut prolonger la longévité par des coûts de maintenance économiquement rentables (automobile) ;

- puisque l'obsolescence est au moins en partie un phénomène social, deux membres de groupes sociaux différents peuvent tirer bénéfice d'une **transaction** sur le marché secondaire des biens durables. Par conséquent la « vie » d'un bien durable s'apprécie non seulement en termes de taux de survie technique et économique mais aussi en termes de **taux de dépréciation** monétaire (non réductible au taux de détérioration physique).

2) Une liquidité très imparfaite

La liquidité est la qualité d'un actif qui est négociable immédiatement, sans frais ni inconvénients (absence de coûts de négociation), et sans risque de gain ou de perte en capital (absence de coûts de liquidation).

Ainsi, par opposition aux biens fongibles rapidement périssables, il existe toujours une possibilité de revente du bien durable, revente même à un prix faible qui peut ainsi contribuer à desserrer la contrainte financière du ménage en cas de changement inattendu de son environnement. Ce relâchement de la contrainte de liquidité peut également s'effectuer sans renoncement à la propriété du bien, à travers les organismes de prêt sur gages (les Crédits Municipaux, ou plus vulgairement « ma tante »).

Pour autant le bien durable est loin d'être un actif parfaitement liquide. L'**irréversibilité** de la décision d'achat reste forte pour deux raisons :

- les **coûts de transaction** sont souvent élevés : annonces de vente, temps de négociation avec les acheteurs potentiels, frais éventuels de transfert de propriété (impôts, transport du bien)...
- les défauts d'un bien durable d'occasion sont la plupart du temps peu visibles (au moins pour le profane). Dans une optique d'incertitude quantifiée du type Arrow-Debreu, le prix du bien de seconde main intégrerait la loi de probabilité objective de

défaillances. Mais, en termes de théorie des jeux, si l'on suppose qu'il existe une **information asymétrique** entre le vendeur et l'acheteur sur la qualité du bien usagé, le marché d'occasion devient sous-efficient, voire disparaît entièrement par un phénomène d'anti-sélection (Akerlof, [1970]). Néanmoins si la valeur unitaire du bien considéré est élevée, il y aura alors création d'institutions de contrepartie qui pourront compenser en partie cet inconvénient (revendeurs professionnels d'automobile).

De plus, il existe une différence essentielle entre les biens durables et les autres actifs patrimoniaux à disposition des ménages (produits financiers et immobilier). Même en dehors de tout phénomène d'obsolescence, la détérioration physique inéluctable du bien avec le temps engendre des **probabilités de plus-value presque nulles** (par contre les probabilités de moins-value sont sans doute mieux cernées que pour les actifs financiers). Seules des circonstances exceptionnelles peuvent justifier un comportement spéculatif de détention de biens durables : période de pénurie (ainsi dans les ex-pays socialistes ou en France au début des années 50, du fait des listes d'attente, la cotation d'une voiture d'occasion pouvait être supérieure au prix du neuf), ou période d'hyperinflation (si les taux réels servis sur les actifs financiers sont négatifs, le bien durable peut remplir un rôle de réserve de valeur).

3) Une indivisibilité tempérée

« *Un bien est indivisible s'il possède une dimension minimale en dessous de laquelle il est indisponible, du moins sans changement significatif de qualité* » (*The New Palgrave*, 1987, p. 793). On ne peut ainsi tronçonner une automobile en plusieurs parties sans perdre sa fonction essentielle de mode de transport. A contrario, les biens divisibles évidents souvent cités sont les aliments, l'électricité ou encore la plupart des services pouvant s'exprimer en unités temporelles.

L'indivisibilité des biens durables occasionnerait alors des fonctions de préférences et des contraintes budgétaires complexes (notamment non continues) et des phénomènes de seuil. Cependant trois nuances doivent être apportées à cette première approximation.

a) Un clou, bien indivisible et à durée de vie quasi illimitée, est-il pour autant un bien économique similaire au réfrigérateur ou à l'automobile ? Il semble que le trait caractéristique des biens durables soit plutôt un **prix unitaire élevé** en comparaison de la moyenne des autres biens de consommation.

b) Si un bien est matériellement (quantitativement) indivisible, il est généralement disponible en diverses **qualités**. Dans le cadre d'une analyse de type Lancaster, l'acheteur peut ainsi choisir la combinaison optimale des diverses caractéristiques recherchées au sein de la gamme de biens existante (taille, confort, rapidité ...). Si l'on y adjoint l'existence d'un marché d'occasion, l'acheteur se trouverait donc face à une vaste étendue théorique de prix allant de 0 à l'infini[8].

c) Enfin, comme le note Stigler [1952] : *« Le système économique fait preuve de beaucoup d'ingéniosité pour parer à l'indivisibilité des quantités parce qu'il se trouve généralement quelqu'un qui a intérêt à créer de la divisibilité »*. Le marché peut ainsi proposer des services (divisibles) rendus par des biens durables indivisibles par **différentiation entre propriété et usage**. Le consommateur dispose ainsi de deux options afin de lutter contre l'indivisibilité de l'automobile : le contrat de location du bien (location journalière ou leasing) et le contrat de louage de service (taxi). Tous deux permettent en certaines occasions de retrouver une certaine coïncidence entre flux de services consommés et flux monétaires de paiement.

En somme, comme nous le verrons, l'indivisibilité n'a un impact économique effectif que si les marchés de l'occasion et de la location de biens durables sont imparfaits (ce qui est le cas)[9].

---

[8] théorique car il existe des coûts fixes d'usage, par exemple l'assurance automobile obligatoire ou la vignette, ou les coûts d'installation de l'électroménager.

[9] Le crédit à la consommation ne peut être considéré au sens strict comme une modalité de lutte contre l'indivisibilité. Le crédit est un moyen de restreindre les écarts entre flux de revenus et flux d'achats de biens de consommation et non entre flux de paiement et flux de services rendus par le bien durable, comme pour la location. En effet, pour la location, il y a possibilité de moduler, lors de la signature de chaque bail ou par une clause spécifique, la quantité et la qualité de services désirés, puisqu'il y a différenciation juridique entre propriétaire et usager. Dans le cas

4) Une saturation rapide

Contrairement à l'ensemble des autres biens, tant de consommation que de production, le nombre de biens durables détenus d'un type donné est extrêmement restreint. Le seuil de saturation est en général atteint pour une ou quelques unités.

Lorsque le seuil correspond à une unité par individu du ménage, ils peuvent être qualifiés de « **biens privés** », biens dont l'utilisation en un endroit ou par un agent en interdit l'usage ailleurs ou par un autre membre de la famille (critère de rivalité). Sont ainsi des biens durables privés, le vélo, les téléphones portables, les baladeurs, les montres,...

Pour les « **biens publics** », le seuil de saturation se situe à une unité par ménage (ou plus exactement un bien par habitation en cas de résidence secondaire). Cette publicité du bien peut provenir :

- soit d'un certain surdimensionnement. La consommation totale des services rendus par le bien peut alors être répartie entre les différents membres du ménage (cas du lave-linge ou du réfrigérateur) ;
- soit d'une absence de rivalité. La consommation de services par un individu n'entraîne aucune diminution de la consommation de ce même bien par les autres individus, cas de figure éventuellement valide jusqu'à un certain nombre d'individus, ensuite par encombrement réapparaît la rivalité. Ainsi un poste de télévision à un seul programme reste un bien public dans une certaine limite de champ de vision (idée que l'on peut rapprocher de la notion de « bien collectif à effet externe géographique »).

Cependant le caractère public du bien est au moins autant une question d'usage, « *d'individualisation des pratiques* » (Verger, [1984]) que de caractéristiques techniques. Dés lors qu'il existe plusieurs programmes, le poste de télévision devient un bien

du crédit, l'emprunteur devient de manière irrévocable propriétaire du bien durable (le leasing n'est juridiquement pas considéré comme une opération de crédit), le flux de services ne peut donc plus être réadapté à chaque période (dans le cadre d'un crédit à taux variable, seules les conditions économiques sont susceptibles d'être révisées). La procédure de crédit ne supprime donc pas la caractéristique d'indivisibilité matérielle du bien durable.

potentiellement source de rivalités si les divers membres du ménage ont des goûts différents (la multiplication des « sources musicales » au sein de la plupart des foyers relève du même phénomène). De même, le choix de la multimotorisation résulte de l'existence de déplacements et d'horaires distincts des divers membres du ménage.

Cette saturation rapide de la demande de biens durables de consommation doit néanmoins être nuancée. Ce trait distinctif ne reste valable que si l'on considère des biens aux caractéristiques strictement identiques. Ainsi de nombreux biens dits « nomades » (baladeurs, téléphones, micros portables...) viennent doubler « rationnellement » la possession de biens durables fixes. De même, certains comportements « monomaniaques » ou de collectionneur peuvent justifier une multipossession de biens qui à d'autres yeux apparaissent similaires (ainsi, un cycliste averti peut très bien disposer d'un VTT, d'un vélo de cyclo-cross, d'un vélo de compétition et d'un vélo de ville, tous biens à usage totalement différent dans son cas).

5) Un choix problématique

L'acte d'achat d'un bien durable nécessite en général une réflexion préalable approfondie et un temps consacré à l'achat plus important que pour l'acquisition d'un bien fongible (le « shopping » versus le « quotidien » du pain).

Les biens non durables peuvent ainsi être qualifiés de **biens banals (ou biens d'expérience)**. Étant consommés de façon répétée, le consommateur dispose en permanence d'un véritable capital d'informations adéquates pour opérer son choix : il connaît le prix habituel, les diverses substitutions possibles et les modalités d'usage. De plus, même en cas d'achat d'un produit nouveau et donc potentiellement inconnu, sa valeur unitaire souvent peu élevée rend toute erreur « pardonnable » et cet achat constitue alors une simple étape d'un processus d'apprentissage par l'erreur.

A l'inverse, les biens durables sont des **biens problématiques, ou biens de recherche**. Le consommateur doit se comporter alors comme un véritable « explorateur » qui cherche à acquérir antérieurement à l'achat le maximum d'informations disponibles sur les diverses alternatives offertes par le marché. Toute erreur dans le choix d'un bien durable occasionnant des coûts non récupérables, il existe un montant optimal d'investissement en recherche d'informations (tant que le gain net espéré d'une information supplémentaire demeure positif) qui implique des coûts monétaires et d'opportunité, à l'image de la théorie du *Job Search*. De plus ce processus volontaire de recherche est nécessaire pour trois raisons :

- les biens durables sont **des biens techniquement complexes**, chacun constituant une combinaison de nombreuses caractéristiques ce qui induit une gamme de produits offerts très large et diversifiée ;
- **leur durée de vie n'est pas directement observable**, et seule la durée de garantie est certaine ;
- **le renouvellement se fait à des intervalles très espacés** (environ 10 ans pour la plupart des biens durables importants), intervalles entre lesquels les techniques changent rapidement et profondément.

En conséquence pour les biens durables, la procédure de décision du consommateur est sans doute plus complexe que dans la théorie microéconomique traditionnelle limitée aux biens fongibles. Tout achat de biens durables implique des **coûts de prospection** des divers paniers de caractéristiques proposés par le marché, des **coûts d'évaluation** tenant à l'asymétrie d'information entre acheteur et vendeur, et des **coûts de perception** afin de déterminer les caractéristiques pertinentes propres à chaque ménage (L. Levy-Garboua [1976]). Bien souvent, le meilleur guide pour la décision est alors de tirer profit de l'expérience préalable du voisin, ce qui introduit une certaine convergence « rationaliste » avec la théorie sociologique de la consommation et avec l'effet de démonstration de Duesenberry [1949].

Cette présentation rapide des cinq caractéristiques principales des biens durables, caractéristiques que nous retrouverons tout au long de notre travail, va maintenant nous permettre de tracer les contours de l'ensemble « biens durables ».

B / Distinctions statistiques

A priori, aussi bien une petite cuillère qu'une chaudière, un tricycle qu'un voilier de plaisance sont des biens durables, puisque leur durée de vie totale est, sauf accident, largement supérieure à un an. Cependant selon l'INSEE, aucun de ces biens ne fait partie de l'ensemble *biens durables de consommation*, chacun pour un motif différent (les trois premiers sont inclus parmi les biens semi-durables, le quatrième est considéré comme un bien d'investissement), car cet ensemble est défini selon une analyse multicritères où nous allons retrouver la plupart des caractéristiques précitées.

1) La nomenclature de la Comptabilité Nationale

La **nomenclature de la consommation par durabilité** des *Comptes de la Nation* distingue 4 composantes, les biens durables, les biens semi-durables, les biens non durables et les services :

	Définition	Contenu
Biens durables importants	*« biens destinés à être utilisés sur une période largement supérieure à un an et de valeur élevée »*	- **automobiles neuves** (y compris en leasing) - **automobiles autres** (marges des concessionnaires sur les ventes d'occasion et échange-standard moteur) - **Téléviseurs** (Noir et Blanc et couleur) - **Réfrigérateurs, congélateurs** (y compris combinés) - **Lave-linge** - **Meubles** - **Autres biens durables importants** : machines agricoles (motoculteurs, tondeuses,...) ; matériel de traitement de l'information (micro-ordinateurs, imprimantes) ; matériel téléphonique (téléphones, répondeurs, fax...) ; radios ; appareils d'enregistrement et de reproduction (magnétophones, magnétoscopes,...) ; lave-vaisselle ; appareils ménagers de cuisine (cuisinières, tables de cuisson, fours, micro-ondes, robots ménagers...) et de chauffage indépendants (poêles et radiateurs mobiles) ; autres appareils d'équipement ménager (aspirateurs, machines à coudre, humidificateurs, alarmes électroniques, rasoirs, sèche-cheveux...) ; caravanes ; motocycles et cycles

Biens semi-durables	« *biens dont la période d'utilisation est d'environ un an* ***ou*** *biens* ***de valeur relativement peu élevée*** ».	- Textiles et Cuirs (vêtements, voilages, tapis, linge de maison, les articles en cuirs, les chaussures) - Autres biens semi-durables (les plantes vertes, les pièces détachées auto et les pneumatiques, les outils à main électriques, la vaisselle, les jouets, les articles de puériculture, les articles de sport, la lunetterie, l'horlogerie, les appareils de pesage...) mais aussi les appareils de photo-cinéma, les prothèses, le mobilier métallique, les instruments de musique, les fusils, les bateaux[10]
Biens non durables	« *biens utilisés au cours de l'année* »	Produits alimentaires, eau, tabac, énergie, pharmacie, livres, disques, K7
Services		Logement, services de santé, transports en commun, hotels-café-restaurants, action sociale, autres services divers

a) biens durables et biens d'investissement

Première frontière, en amont de cette présentation, celle entre **biens durables de consommation et biens d'investissement**, concourant à la FBCF des ménages. Le logement et les biens fixes ne sont pas considérés comme des biens de consommation mais comme des biens d'investissement.

Le logement se différencie assez profondément des biens durables de consommation par une valeur patrimoniale indéniable (espérance de plus-value à terme, et rendement pécuniaire en cas de mise en location), par un engagement plus contraignant et mûrement réfléchi (emprunt de long terme et coûts de transaction élevés), et par l'existence d'un substitut généralisé, la location. De plus de par son caractère non reproductible, il relève de micromarchés étroitement circonscrits, sa localisation étant l'élément primordial de sa valeur. Il est donc difficile de remettre en cause son classement en tant qu'**investissement de rapport** (que ce rapport soit réel si le ménage met en location ce logement, ou qu'il soit fictif s'il choisit de l'occuper lui-même).

---

[10] Cette dernière série de biens de valeur élevée et de longévité importante sont assimilés aux biens semi-durables uniquement pour des considérations de compatibilité entre la NAP et la nomenclature de durabilité.

Les biens fixes sont les biens « matériellement liés » au logement (chaudières, ballon d'eau chaude, radiateurs, lavabos, serrures...). Cependant leur non-inclusion au sein des biens durables paraît parfois autant **culturelle** que technique car dans certains pays les locations d'appartements peuvent se faire sans certains d'entre eux alors qu'au contraire dans d'autres, la cuisine équipée est considérée comme partie intégrante du logement. Par ailleurs le développement des éléments interchangeables (par exemple substitution du meuble-vasque au lavabo encastré traditionnel) peut remettre en question cette caractéristique de fixité.

b) biens durables et biens semi-durables

Seconde démarcation, celle entre **biens durables et biens semi-durables**. Ici deux critères rentrent en jeu : la durée de vie et/ou la valeur unitaire du bien. Sont ainsi considérés comme biens semi-durables certains types de biens ayant une durée d'utilisation souvent largement supérieure à un an.

Les petits biens durables, c'est-à-dire de faible montant unitaire (vaisselle, luminaire, petit outillage, horlogerie, jouets...), sont souvent l'objet d'une **saturation** qui paraît **moins évidente**, parfois simplement du fait de l'oubli de leur existence surgissant d'une utilisation très épisodique (moindre réflexion préalable ou offerts en cadeau[11]). Le cadre d'analyse adéquat semble alors plutôt proche de celui des biens fongibles, même si cela peut parfois poser problème lorsqu'il existe une discontinuité culturelle : un service porcelaine 48 pièces constitue un bien durable important (i.e. indivisible) du patrimoine « bourgeois », l'identique en « arcopal » n'est plus que la somme divisible de 48 petits durables.

Les vêtements, les chaussures et les articles de cuir ont parfois une durée d'utilisation et un prix supérieurs à ceux d'un téléviseur bas de gamme. Néanmoins, quatre caractéristiques justifient leur classement en biens semi-durables :

- en tant qu'équipement de la personne, l'unité de décision d'achat est plus fortement décentralisée ;

- la location ou la revente est peu concevable ;

---

[11] car en ce cas, une autre fonction d'utilité entre en jeu, celle du donateur...

- il n'existe pratiquement **pas de saturation**, les divers vêtements d'un même type étant très imparfaitement substituables entre eux ;

- la mode, de périodicité annuelle, est porteuse d'un facteur de distinction sociale primordiale dans le comportement de renouvellement.

c) biens durables et biens non durables

Enfin, **certains biens à priori durables sont inclus en biens non durables**. C'est le cas des biens complémentaires de loisirs (le software, les disques, les livres) qui constituent un ensemble dont la non-classification en biens durables paraît quelque peu discutable. Pris **individuellement**, tous ces biens possèdent pourtant de nombreuses caractéristiques propres aux biens durables (Gambaro, [1992]) :

- ils se conservent (et même bien au-delà de la durée de vie moyenne de l'électroménager ou de l'automobile) ;
- ils peuvent se revendre assez facilement (bouquinistes, bourses aux livres). L'usage n'occasionnant aucune altération technique majeure, l'asymétrie d'information entre vendeur et acheteur est quasiment inexistante ;
- il y a absence d'achats répétés d'un même titre ;
- l'achat constitue un acte d'investissement, en capital humain (livres éducatifs) et/ou en capital social (valorisation culturelle de soi), investissement d'un montant parfois extrêmement élevé pour les encyclopédies, souvent d'ailleurs acquises grâce à un crédit affecté.

Seul élément les éloignant des biens durables traditionnels, pris **collectivement**, ce sont des biens typiquement de collection.

2) Un cas particulier parmi les biens durables : le mobilier

Au sein de la catégorie biens durables de l'INSEE, le **mobilier** nous semble répondre à une logique d'achat et de détention bien différente de celle des autres biens durables. Certes les meubles possèdent toutes les caractéristiques décrites de la plupart des biens durables. Néanmoins ils constituent **un cas extrême** pour quatre raisons (l'ensemble des données citées sont extraites du volet ameublement de l'enquête INSEE de 1988).

a) Leurs **durées de vie**, technique et d'utilisation, sont souvent confondues et beaucoup plus longues que pour l'électroménager, couramment plusieurs décennies. Ainsi les ménages dont la personne de référence est âgée de plus de 70 ans ont des meubles dont l'ancienneté d'acquisition est en moyenne de 27 ans, et cela n'est pas du à un effet de génération car l'ancienneté croît régulièrement avec l'âge. On se meuble donc pour la vie et même au-delà (1 ménage sur 3 déclare posséder des meubles de famille et souhaiter les transmettre à ses héritiers). En conséquence, comme le remarquent P. Mormiche et C. Bonnaud [1988] : « *on remplace peu les meubles, et on les jette rarement* ». Seulement un meuble sur cinq a été acquis en remplacement d'un autre, alors que le taux de renouvellement s'étage entre 67 % pour le réfrigérateur et 90 % pour l'automobile. On comprend alors tout l'intérêt des campagnes publicitaires des professionnels de la literie déclarant qu'un lit se change tous les 10 ans, quand on sait qu'environ 2/3 des couples conservent le lit nuptial jusqu'à leur(s) décès...

b) Leur extrême **diversité** rend difficile toute classification précise (l'enquête ameublement de 1988 distingue ainsi 350 types ou sous-types de meubles). De plus pour un même type de meuble, les différences de valeur peuvent être considérables car il s'agit souvent avec l'automobile du premier moyen d'exprimer sa richesse, tant chez les riches que chez les pauvres.

c) La **saturation** éventuelle relève au moins autant de l'espace disponible que de l'utilité propre du bien (l'expression « meubler une pièce » en semble la meilleure preuve). Seul l'encombrement (et évidemment le pouvoir d'achat) constitue éventuellement une limite à la détention.

d) L'**indivisibilité** est pour les meubles un phénomène assez complexe. En effet les meubles sont dans la moitié des cas acquis en « ensembles » : « chambre à coucher » (lit, armoire, table de nuit...), « salles à manger » (tables, chaises, buffet...), « salon » (canapé, fauteuils, table basse...), et ceci quelque soit la génération de ménages considérée[12].

---

[12] Une autre caractéristique spécifique des meubles, l'autoproduction, demeure assez marginale : moins de 3 meubles sur 100 ont été fabriqués à la maison.

Vis-à-vis du mobilier, le comportement des ménages français est donc extrêmement conservateur et suit une logique d'accumulation. En moyenne, le consommateur français possède 20 meubles à 25 ans, 41 à 50 ans, et si le nombre décline ensuite cela est du uniquement à la diminution de la dimension du logement avec le passage à la retraite (la meilleure preuve en est que l'encombrement des pièces croît continuellement avec l'âge : 5,1 meubles par pièce à 25 ans, 5,8 à 50 ans, 6,3 à 70 ans et plus). En conséquence, la demande agrégée de meubles est beaucoup moins volatile sur le court terme que ne l'est celle des autres biens durables.

Ainsi l'ameublement est sans doute, avec les vêtements, un domaine où l'analyse sociologique ne peut être passée sous silence. A cet égard, nous ferons notre cette citation de J.-C. Kaufmann (in de Singly, [1991]) qui nous semble parfaitement illustrer ce point de vue : « *La théorie économiste des besoins propose le schéma de consommateurs avides d'acquisitions et de changements permanents, simplement freinés dans cet élan par des questions financières. Or les enquêtes sur les pratiques domestiques révèlent au contraire une stabilité et une pesanteur du rapport aux meubles.*(..) *Le meuble est deux fois inducteur de présence : par sa matérialité d'abord, massive et stable, qui remplit l'espace et donne de la continuité au temps ; par ses résonances imaginaires ensuite.*(...) *Il constitue une invention multiforme de la personnalisation (la moitié des français ne déplacent jamais leurs meubles)* ». Perspective qui lui permet ensuite d'opposer (de façon un peu caricaturale) le mobilier de *« chêne des vieux ouvriers du Nord* », marque d'une volonté de stabilisation et de reconnaissance sociale, à l'achat « *coup de cœur* » de meubles suédois des ménages de jeunes enseignants.

En somme la vie sociale du meuble semble au moins aussi importante que sa vie économique.

C / Volatilité conjoncturelle

Enfin, la spécificité des biens durables se traduit également par une dynamique de la demande particulièrement volatile, tant en termes quantitatifs qu'en valeur.

Même si la diffusion des biens durables les plus importants (automobile, réfrigérateur, lave-linge et téléviseur) s'est généralisée à la presque totalité de la population dés la fin des années 60, **les fluctuations annuelles des quantités vendues demeurent très importantes** :

Figures i.1 : Taux de croissance annuel du nombre de biens durables achetés par les ménages

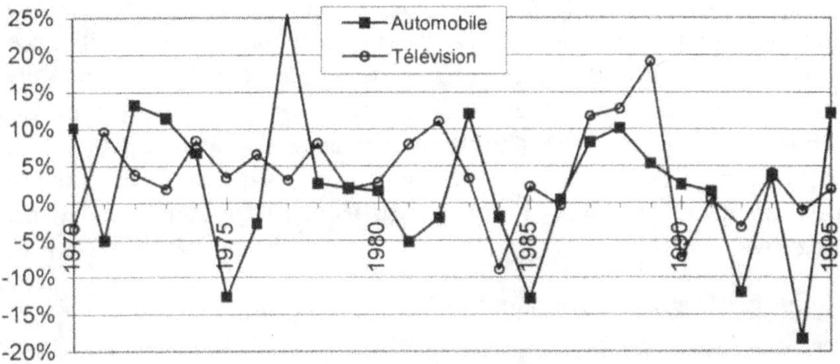

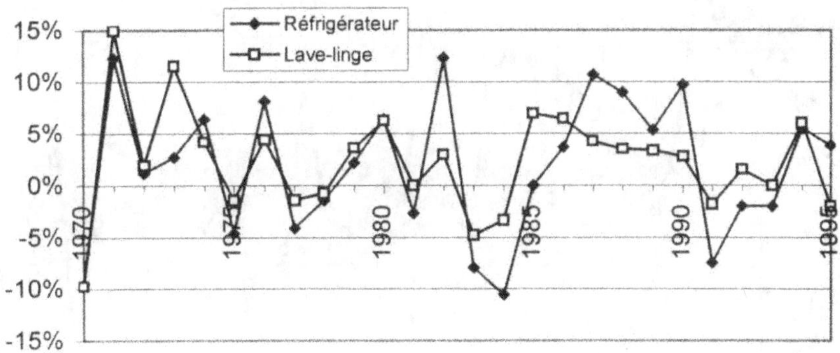

Source : INSEE

Le profil en « montagnes russes » de ces courbes, y compris pour un bien banalisé et peu évolutif comme le réfrigérateur, illustre parfaitement l'instabilité profonde de l'intervalle temporel entre deux achats d'un même type de bien durable. En effet comme nous le verrons, la mise au rebut d'un bien durable se fait souvent bien avant que la fin normale de sa « vie technique » ne soit atteinte. En conséquence, en fonction de la conjoncture, le ménage peut assez aisément avancer ou retarder la date de remplacement du bien ancien, contribuant ainsi à la formation des « pics » et des « creux » du graphique.

Exprimée **en valeur**, l'instabilité de la demande de biens durables est encore accrue. Une fois la date de son achat décidée, selon sa situation économique là encore, le ménage peut ensuite opter pour un bien de valeur unitaire plus ou moins élevé, au sein d'une gamme de modèles à l'éventail de prix extrêmement large. **Les achats de biens durables font ainsi preuve d'une « surcyclicité » certaine par rapport aux autres composantes de la consommation ainsi qu'au regard des évolutions du Revenu Disponible Brut des ménages** :

Figure i.2 : Taux de croissance aux prix courants

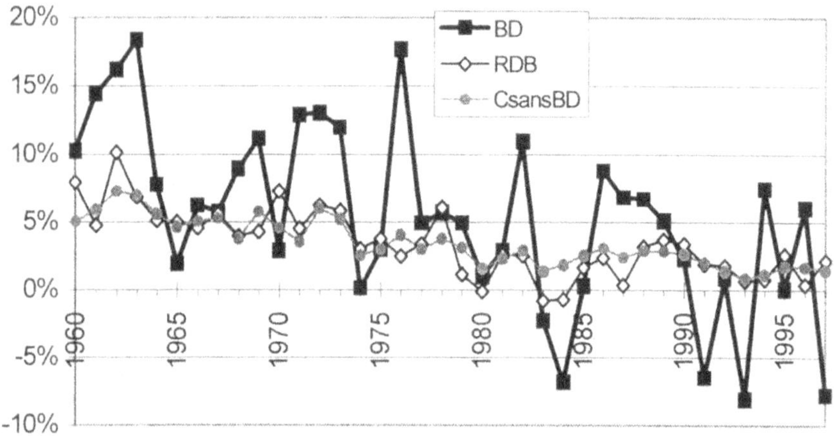

Source : INSEE

Cette « excès » de volatilité peut se synthétiser par l'écart-type des taux de croissance annuels en termes réels :

Tableau i.1 : écart-type des taux de croissance aux prix de 1980 (en %)

	Biens Durables	consommation nationale (sauf biens durables)	RDB	FBCF
1961-1997	6,76	1,71	2,40	5,14
1961-1973	5,05	1,07	1,66	3,49
1974-1997	6,16	0,83	1,60	4,08

Source : calculs effectués par nos soins à partir des données INSEE, Comptes de la Nation

Deux constations majeures émergent de ce tableau :

- depuis le début de la crise, la volatilité de la demande de biens durables s'est encore accrue, alors que l'écart-type du taux de croissance des autres consommations a par contre diminué et que celui du Revenu disponible est resté stable. Toutes choses égales par ailleurs, il semble donc que les variations brutales de « l'état de confiance » des consommateurs se traduisent assez rapidement par une accélération ou au contraire un freinage brusque des achats de biens durables.

- la volatilité de la consommation de biens durables est assez comparable à celle de l'investissement. De plus, les variations annuelles des achats de biens durables (en milliards et en termes réels) représentent environ 1/5 de celles de la FBCF, ce qui laisse à penser que les biens durables de consommation jouent un rôle non négligeable dans la propagation du cycle d'affaire.

Au sein des biens durables, ce sont les ventes d'automobiles qui connaissent les fluctuations annuelles relatives les plus considérables devant les 4 autres biens majeurs (Réfrigérateur / congélateur, lave-linge, téléviseur, lave-vaisselle). En revanche, la demande de meubles est comparativement assez stable :

Tableau i.2 : écart-type des taux de croissance aux prix de 1980

	Automobiles neuves	REFRI+LLING +LVAIS+TELE	Meubles	Autres biens durables	Total biens durables
1961-1997	12,0	7,4	5,6	6,0	6,8
1961-1973	7,5	7,1	3,8	7,5	5,0
1974-1997	12,9	4,8	4,0	5,0	6,2

Source : calculs effectués par nos soins à partir des données INSEE, Comptes de la Nation

En somme, le comportement cyclique de la demande de biens durables apparaît ainsi bien plus proche de celui de l'investissement que de la consommation en général, et la volatilité est d'autant plus grande que la valeur unitaire du bien est élevée.

Section 3
LES BIENS DURABLES ET LEUR INTERPRÉTATION THÉORIQUE

L'analyse économique est définie par Edmond Malinvaud comme une « *construction intellectuelle méthodologique et organisée qui synthétise un ensemble de connaissances sur un phénomène ou un problème* »[13]. Dans cet esprit, nous présenterons ici notre méthodologie d'approche des biens durables (**A**), puis nous dresserons les grands traits synthétiques des trois étapes successives de notre réflexion (**B**).

A / Problématique : « De l'accumulation du capital » en biens durables

1) L'intuition d'Adam Smith : la dépense destructive du prodigue et la frugalité de l'acheteur de biens durables

Nous ne pourrions proposer meilleure exposition du fil directeur de cet ouvrage que cet extrait in extenso de *La richesse des nations* (Tome I, livre II, chapitre 3 intitulé *De l'accumulation du capital*) : « *Le revenu d'un individu peut être dépensé soit en choses qui sont consommées immédiatement, et où la dépense d'un jour ne peut alléger ni entretenir celle du jour suivant ; ou il peut être dépensé en* ***choses plus durables qui peuvent donc être accumulées et où la dépense de chaque jour peut, à sa guise, soit alléger, soit entretenir et augmenter l'effet de celle du lendemain****. Un homme*

---

[13] Théorie économique et développement de la comptabilité nationale, in *Courrier des statistiques*, mars 1994

riche, par exemple, peut soit dépenser son revenu en faisant chère somptueuse et abondante, en entretenant une domesticité nombreuse et une multitude de chiens et de chevaux, ou bien, se contentant d'un régime frugal et de domestiques peu nombreux, il peut le dépenser à agrémenter sa maison ou sa résidence campagnarde de constructions **commodes** *ou plaisantes, de meubles utiles ou agréables, à collectionner des livres, des statues, des tableaux ou des objets plus* ***frivoles***, *des bijoux, des bibelots, des jouets ingénieux de toutes sortes ; ou ce qui est le comble de la frivolité se constituer une énorme garde-robe de beaux vêtements, comme ce favori et Ministre d'un grand prince, qui mourut voici quelques années. Si deux hommes d'égale fortune devaient dépenser leur revenu, l'un principalement d'une manière, l'autre de l'autre, la magnificence de celui dont la dépense était principalement en biens durables croîtrait continuellement, la dépense de chaque jour contribuant à entretenir et renforcer l'effet de celle du lendemain ; celle de l'autre au contraire ne serait pas plus grande à la fin de la période qu'au début. Le premier individu en outre serait le plus riche des deux à la fin de la période. Il aurait un stock de biens qui, s'il ne valait pas tout ce qu'il avait coûté, vaudrait néanmoins quelle que chose. Nulle trace ou vestige ne subsisterait des dépenses du second, et les efforts de dix ou vingt années de profusion seraient aussi totalement annihilés que si elles n'avaient jamais existé. En outre la dépense exposée en biens durables est favorable, non seulement à l'accumulation, mais aussi à la* ***frugalité***. » (cité et traduit par E.A. LISLE [1967], p.46).

Ce vivant plaidoyer pour l'achat de biens durables, au sens où ils favoriseraient la vertu smithienne suprême de la frugalité, distingue nettement deux types de comportement de consommation aux conséquences antinomiques, l'un d'accumulation, l'autre de dissipation, de destruction. En tant que résultat d'un travail s'incorporant matériellement dans un objet permanent, les biens durables de consommation seraient ainsi proches des biens durables de production. Au fond, il s'agirait là de deux formes de capital fixe, qui d'une part demeurent dans le patrimoine de leur propriétaire, conservant ainsi une certaine valeur d'échange, et qui d'autre part sont sources alternatives de revenu monétaire ou d'usage. Cette notion de revenu d'usage du bien durable de consommation est d'ailleurs à prendre dans un sens très extensif, puisque pour Smith, peu importe que le bien soit destiné à un usage plutôt « *commode* », « *utile* » ou au contraire de pur « *plaisir* » ou « *frivole* ». Ce qui compte pour lui c'est au fond plus la caractéristique de durabilité que la nature du service rendu.

En d'autres termes, l'achat de biens durables est considéré par Smith à la fois comme **un acte de constitution d'un patrimoine**, de conservation de valeur d'échange d'une période à l'autre s'insérant dans un arbitrage de portefeuille (« une gestion de l'avoir »), et comme la **création d'un lien technique temporel entre un objet et des satisfactions étalées sur plusieurs périodes**, en vue d'une production de services différés de consommation.

2) L'articulation majeure entre flux, stock et rendement

A l'inverse de cette approche « dialectique » de la consommation entre dépense et investissement, pour le Système Élargi de Comptabilité Nationale en vigueur en France, « *dans le cadre de leur activité domestique, les ménages sont supposés* ***consommer immédiatement*** *les biens qu'ils achètent, y compris les biens durables tels qu'automobiles, etc.... Ils ne constituent* ***pas de stocks*** *et n'ont* ***pas*** *à l'exception de l'acquisition de logements (ainsi que les travaux d'amélioration et de gros entretien des logements qu'ils font exécuter)* ***de formation brute de capital fixe*** ».

Ce postulat d'indifférenciation des diverses sortes de consommation est repris par la plupart des grands modèles macroéconomiques français. Quelques soient leurs inspirations théoriques, ils comportent en effet très rarement une équation spécifique de demande de biens durables. Le plus souvent les biens durables sont ainsi intégrés au sein d'une demande indistincte de consommation instantanée des ménages, selon une logique de pure mécanique des flux faisant abstraction des stocks d'équipements précédemment acquis. Or cette attitude nous paraît exagérément simplificatrice, car ainsi que nous venons de le voir, le rôle particulier du bien durable au sein de l'organisation économique générale du ménage, et la dynamique très cyclique de sa demande plaident plutôt en faveur d'un cadre d'analyse différent de celui de la consommation de biens fongibles. De plus, cette position assimilatrice et globalisante est sans doute dommageable au moment où la science économique renouvelle ses interrogations quant aux bases microéconomiques de la macroéconomie, et plus précisément quant à la perte notable de substance apparaissant lors du passage de la réflexion théorique préliminaire à fondement micro, au stade des vérifications empiriques sur données agrégées.

Aussi, nous choisirons une grille d'analyse reposant sur l'hypothèse que **l'achat de biens durables doit s'appréhender théoriquement comme une forme d'investissement matériel,** au sens où le bien durable intervient dans plusieurs cycles de consommation du ménage sans transformation de sa structure technique (contrastant ainsi avec les biens *fongibles*).

Et si le capital est un ensemble de ressources hétérogènes et reproductibles, qui par un usage indirect permettent d'obtenir de période en période un revenu ou une production, de même l'achat et la détention de biens durables correspondent à une demande indirecte de services issus d'un stock.

Dés lors, le parallélisme entre l'analyse théorique de l'achat et de la détention de biens durables de consommation, et la théorie de l'investissement et du capital passe par **trois points nodaux complémentaires et successifs, qui tous reposent sur l'articulation temporelle majeure entre flux** (d'entrée et de sortie), **stock détenu et rendement périodique** (les services désirés) :

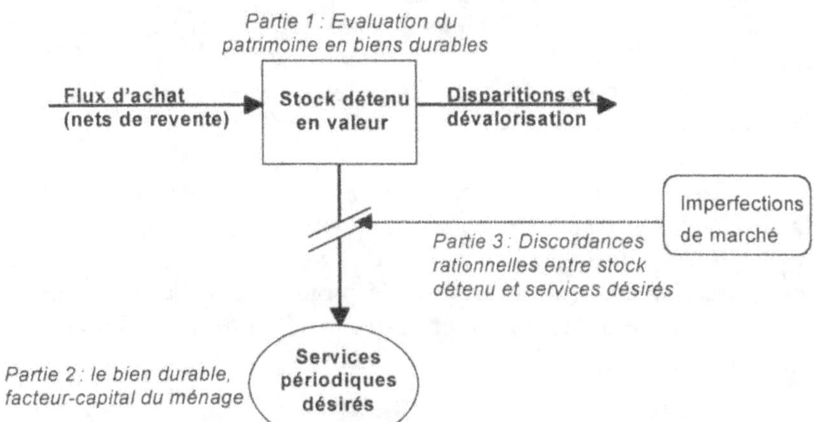

B / Perspectives : « le temps est l'essence du capital »

En conformité avec le programme de l'école autrichienne pour laquelle « *le temps est l'essence du capital* »[14], il est possible d'expliciter ce schéma à travers deux locutions latines (*Tempus edax rerum* et *Fugit irreparabile tempus*) et un célèbre proverbe anglais (*time is money*).

1) « le temps qui détruit tout » : le bien durable, actif périssable

En premier lieu, **du point de vue patrimonial, le capital est un ensemble de produits accumulés**, ou encore « *un assortiment hétérogène d'objets physiques qui sont évalués et réévalués constamment* » (Boulding [1950]). **En termes de bilan,** les biens durables constitueraient alors des immobilisations corporelles, les biens non durables étant au contraire des actifs circulants.

Ce stock de biens matériels en possession de ménages à un moment donné résulte de comportements d'accumulation (nette) passée et présente (flux d'achat et de revente) et du degré de permanence des éléments qui le composent (disparitions). L'élaboration d'une variable de *parc* physique de biens durables d'un même type nécessite alors la connaissance des *taux de survie*. Cependant s'agissant d'un conglomérat, une comptabilisation agrégée en valeur doit en plus tenir compte de la triple hétérogénéité de ce stock :

- entre les divers types de biens durables ;
- pour un même type de biens durables, entre biens de générations différentes ;
- pour un type de bien d'une génération donnée, des diverses combinaisons de caractéristiques existantes ou ayant existé.

Une évaluation du patrimoine en biens durables implique ainsi le choix d'une méthode d'*amortissement*, synthétisant une dévalorisation progressive provenant de l'usure mais aussi de l'obsolescence économique et sociale propre à chaque bien durable. En conséquence, la définition et l'estimation de *taux de dépréciation*

---

[14] Böhm-Bawerk, *Théorie positive du capital*, 1888

constituent un préalable incontournable (préalable nécessaire également aux deux autres perspectives qui seront développées).

L'application sur données françaises de la procédure d'inventaire permanent permettra alors d'affiner les comparaisons de bien-être diachroniques et synchroniques, en allant au-delà des simples données de taux d'équipement ne permettant pas l'agrégation et fondées sur une conception d'un confort uniforme et standardisé.

2) « Le temps, c'est de l'argent » : le bien durable, bien d'équipement productif

En second lieu, **au point de vue de la production, le capital (technique) est un ensemble de biens destinés à produire d'autres biens et services**. Le bien durable est ainsi un facteur de production de services périodiques désirés en tant que bien d'équipement domestique à usage indirect et particulier, les biens non durables étant alors des consommations intermédiaires.

Les décisions d'acquisition de biens durables sont alors prises selon un critère de rentabilité économique, de calcul de *coût d'opportunité*, qui relève à la fois de la fonction de production et de la fonction d'investissement.

En tant que facteur capital de la fonction de production, le bien durable se situe au centre des arbitrages entre achats de services marchands, financés par des heures de travail professionnel rémunérées, et production domestique de services équivalents, au prix d'un renoncement au taux de salaire en vigueur. Dans cette optique beckerienne élargie, le taux de salaire est alors l'élément déterminant de la demande de biens durables, non seulement traditionnellement en tant que facteur de revenu mais également en tant que coût d'opportunité. Cette rationalisation des interactions entre la gestion du budget-temps des ménages et leurs détentions de biens durables nous procurera une grille de lecture économique de l'évolution des modes de vie des 30 dernières années en France.

En tant que support de la fonction d'investissement, le bien durable représente aussi un fonds de valeur en concurrence potentielle avec les autres types d'actifs détenus par les ménages (produits financiers et immobiliers). Le rendement du bien durable s'apprécie alors à travers *la procédure classique d'actualisation* de l'échéancier de flux prospectifs de services attendus sur sa durée de vie. Si la valeur de ces services est inconnue (ce qui est souvent le cas), il est néanmoins possible, selon le même mode de raisonnement, de définir par défaut un prix périodique de détention du bien durable, *le coût d'usage*, qui intègre taux de dépréciation escompté et coût d'opportunité en termes de taux d'intérêt.

3) « le temps fuit irréparable » : le bien durable, capital engagé

Enfin, **le capital fixe en tant qu'engagement est source d'illiquidité potentielle** car tout investissement matériel est en partie un acte irréversible. La dimension temporelle des biens durables se présente alors sous l'aspect d'une discordance optimisée entre flux périodiques de services désirés et stock effectivement détenu, discordance touchant particulièrement les biens durables.

En utilisant comme prix de ces services désirés le coût d'usage précédemment défini, il est en effet possible d'insérer de manière rigoureuse le bien durable au sein de la microéconomie marginaliste intertemporelle du consommateur. Et dans le cas de marchés parfaits, le consommateur procède alors à des *ajustements immédiats*, simultanés à tout changement, même marginal, de sa situation. Cette activité « fébrile », se traduisant par des ventes et des achats incessants, lui permet alors de « coller au mieux » au montant de services désirés.

Mais par contre, à l'image « *des entreprises en situation de concurrence monopolistique qui encourent des petits coûts d'annonce (menu cost) lorsqu'elles changent leurs prix* » (Mankiw, 1985), ce qui induit une rigidité des prix et une forte variabilité du cycle d'affaires, les imperfections des marchés de biens durables, dues à l'existence d'indivisibilités, de coûts de transaction, et de contraintes d'emprunt, rendent le comportement optimal du consommateur « *visqueux* » dans ses décisions d'achat (i.e. les ajustements deviennent sporadiques), ce qui se traduit paradoxalement au plan macroéconomique par une « survolatilité » de la demande.

Cette juxtaposition de la caractéristique de durabilité et de phénomènes d'hystérésis permettra alors d'apporter un éclairage quelque peu différent au débat sur la sensibilité de la consommation au revenu, et notamment d'étudier la validité du processus stochastique de la consommation sous anticipations rationnelles.

Ces trois approches synthétiques du bien durable, qui constitueront la trame de notre développement, s'appuient donc de façons complémentaires, sur la transposition à la théorie de la consommation d'instruments d'analyse développés à propos de l'investissement matériel des firmes :

	Instruments d'analyse	Facteur-clé de la demande de biens durables
Partie 1 : les biens durables, actifs patrimoniaux des ménages	Usure et obsolescence	âge (économique) du bien
Partie 2 : les biens durables, capitaux productifs de services	Coût d'opportunité	taux de salaire et taux d'intérêt
Partie 3 : les biens durables et la dynamique conjoncturelle de la consommation	Imperfections de marché	Avancement / retardement du renouvellement

ANNEXE - INTRODUCTION : Sources statistiques INSEE

Séries Annuelles de la Comptabilité Nationale

(reprises dans les volumes *La consommation des ménages en....* in Collections de l'INSEE Série M, puis INSEE Résultats Série Consommation et Modes de vie[15])

Elles sont établies à partir de données obtenues auprès des entreprises et des douanes et sont présentées selon la Nomenclature par durabilité exposée à la section 2.B. (outre les présentations par fonction et par produit).

L'inconvénient de ces données est double :

- elles ne concernent que les flux d'achat (les comptes annuels de patrimoine des ménages excluant les biens durables de consommation) et uniquement en valeur (pas de données sur le nombre d'unités vendues) ;
- elles ne fournissent aucun élément par catégorie de ménage mais seulement pour l'ensemble de la population.

Outre ces séries, l'INSEE conduit 3 types d'enquêtes auprès d'échantillons représentatifs des ménages[16] :

Enquêtes "Biens durables" 1954-1962-1965-1979-1988

- Elles couvrent le champ le plus large, puisqu'en 1988 l'enquête portait sur **142 biens ménagers** (par contre l'automobile et les deux roues en sont exclus car figurant dans les enquêtes « Transports et télécommunications »).
- La perspective choisie conduit à croiser les **taux de possession** avec la PCS, l'âge, le diplôme, le revenu, la composition du ménage, les régions, le type d'occupation et la taille du logement.
- Pour les biens durables les plus importants (en 1988 : lave-linge, réfrigérateur, congélateur, lave-vaisselle, four micro-ondes, télévision, magnétoscope et chaîne HI-FI), mais uniquement pour le bien le plus récent de chaque type en service dans la résidence principale et dans la résidence secondaire, on dispose également des caractéristiques de l'acquisition (neuf/occasion/crédit), de la date et du lieu d'achat, de **l'âge de l'appareil, de**

---

15 Ces données ont été harmonisées et reconstituées en base 1980 sur la période 1959-1994 (35 ans de consommation, *INSEE Résultats*, n° 378/379, 1995)

16 Ponctuellement, nous utiliserons également une source ne concernant pas directement la consommation de biens durables, les **enquêtes « Emplois du temps »** (1965/66-1975/76-1985/86), présentées au chapitre 3.

ses caractéristiques techniques, des modalités d'utilisation, des avaries et de leur éventuel mode de couverture.

- Par ailleurs, l'enquête de 1988 comprend pour la première fois un volet « **Ameublement** ». Les questions portent sur le nombre de meubles possédés, l'ancienneté d'acquisition, les modalités d'acquisition (achat neuf ou d'occasion, achat isolé ou groupé en « ensembles », kit, cadeau, héritage, récupération), et le contexte de l'acquisition (premier équipement, remplacement d'un meuble transféré dans une autre pièce, remplacement d'un meuble abandonné).

- L'enquête de 1988 comporte également un volet sur **la description et l'usage de l'habitat** : liste des pièces, localisation des activités du ménage, aménagements, insuffisances du logement...

Enquêtes de conjoncture auprès des ménages
(depuis 1948 ; 3 fois par an avant 1984, semestrielle depuis)

- Le champ est plus restreint : il concerne uniquement les taux d'équipement et de multiéquipement en automobiles, lave-linge, lave-vaisselle, réfrigérateurs simples et combinés, congélateurs indépendants, téléviseurs noir et blanc et couleur.

- Elles fournissent en outre les **quantités** annuelles vendues et le **parc** en nombre de véhicules et d'appareils.

- En ce qui concerne le bien le plus récemment acquis pour la résidence principale <u>ou</u> la résidence secondaire, on dispose également des caractéristiques de l'acquisition (neuf/occasion/crédit), et de la date d'achat.

Enquêtes "Budget des familles"
annuelles de 1965 à 1971 ; puis 1972-1979-1985-1989-1995

- Le champ est identique aux enquêtes de conjoncture, augmenté des biens suivants : machine à coudre électrique, aspirateur (depuis 1979), cyclomoteur (depuis 1979), magnétoscope (depuis 1985), chaîne HI-FI (depuis 1985).

- Elles suivent les taux d'équipement, et **sur les 12 derniers mois**, elles donnent le mode d'acquisition (neuf au comptant/neuf à crédit/occasion) et **le prix moyen d'un achat neuf.**

- Pour l'automobile elles comportent en plus le prix moyen d'un achat d'occasion et le pourcentage d'achats d'occasion à crédit.

- Les données sont ventilées selon la PCS, l'âge, le diplôme, le revenu, la composition du ménage, les régions, le type d'occupation et la taille du logement.

Première par

LES BIENS DURABLE
ACTIFS PATRIMONIAUX D
MÉNAG

« LE MONOPOLE THÉORIQUE DES FLUX »

La science économique s'est longtemps focalisée sur le pôle de la demande instantanée par une sorte de « *monopole théorique des flux* »[1], monopole particulièrement marqué dans le cas de l'analyse de la consommation des ménages. En conformité avec ce paradigme dominant, les ménages sont supposés consommer immédiatement l'ensemble des biens qu'ils achètent, y compris les biens durables. Or cette « fongibilité » des biens durables dans un ensemble indistinct intitulé *Consommation des ménages*, implique un comportement « destructif » universel d'un consommateur « consumateur », qui ne pourrait reposer que sur deux motifs assez improbables :

- le consommateur ne tire satisfaction que de l'acte d'achat et non de l'utilisation du bien, une sorte de « boulimie » d'achat. Il délaisse le bien dés qu'il est rentré chez lui, une fois disparu le plaisir du cadeau qu'il s'est offert à lui-même ;
- ou bien il ne recherche que l'ostentation, la joie de s'exhiber avec le dernier modèle, plaisir de « dandy » qui disparaît irrémédiablement une fois le modèle (annuel) suivant mis en vente.

Or, à moins de supposer que toute la population est guidée exclusivement par les mêmes ressorts, de tels comportements d'insouciant investisseur à fonds perdus, ne sont pas économiquement rationnels : le bien étant par définition durable, il n'est pas détruit par un usage bref. Etant encore potentiellement utile pour un autre ménage, le bien conserve alors une certaine valeur, susceptible de se

[1] A. Cotta [1967] qui ajoute : « *alors que tout le XIXe siècle s'était préoccupé, aussi bien pour la nation que pour l'individu de répertorier et d'apprécier les différents biens dont la détention était à la fois la condition et le but de l'activité économique* (...) » (p.2).

traduire par un prix, qui permet grâce à une revente, une hausse de la satisfaction future du « boulimique » et du « dandy ».

L'étude des choix d'achat, de possession et de renouvellement de biens durables ne peut donc s'envisager qu'en partant de la prise en compte de la possibilité de les stocker, et de leur caractère utilitaire multipériodique (ou multipersonnelle lors de revente). La *Reconstruction of Economics* de Boulding publiée en 1950 nous fournit alors un « guide pour l'action » : le comportement du consommateur repose sur l'élaboration d'une stratégie patrimoniale, ou en d'autres termes sur une gestion d'actifs[2]. L'évaluation de ce patrimoine en biens durables passe alors par deux étapes :

- **La construction d'une pyramide des âges** pour chaque type de bien durable, puisque : « *Tous les principes de l'analyse démographique s'appliquent à tout ensemble spécifique d'objets physiques, qui naissent, existent pendant une durée déterminée, ont un "âge" et meurent* » (p. 195).
- **Une estimation de la valeur marchande de ce parc** « historicisé » : « *L'évaluation est essentiellement un processus actuel fondé sur les opinions, les croyances et les sentiments des possesseurs de capital physique (y compris la monnaie), qui font des transactions sur les stocks des divers types de capital physique existant au moment de l'évaluation. (...) L'évaluation se fait toujours par l'intermédiaire de l'état d'esprit actuel, ou des "structures d'actifs désirés" des propriétaires* » (p. 194).

Nous débuterons donc notre analyse par une réflexion « démographique » sur la notion de durabilité (*chapitre 1 : vie(s) et mort(s) des biens durables*), puis nous proposerons une méthode de calcul de la valeur du patrimoine en biens durables de consommation à partir des comportements effectifs de détention des ménages français (*chapitre 2 : biens durables et comptabilité patrimoniale*).

---

2 « *Il devient de plus en plus difficile de distinguer clairement entre la théorie de l'entreprise et de la production d'une part, et celle du ménage et de la consommation de l'autre (...) Nous allons vers une théorie générale de l'organisme économique et de l'interaction de ces organismes* » (p. 153-154). L'ensemble des citations de cette introduction sont extraites d'E.A. Lisle [1967], p.92 à 98.

Chapitre 1

VIE(S) ET MORT(S) DES BIENS DURABLES

Si la définition communément admise d'un bien durable est relativement simple, puisqu'il s'agit d'un bien destiné à être utilisé sur une période au moins supérieure à l'année, par contre la mesure de cette période, de cette durabilité est beaucoup plus difficile. Faute de données suffisantes, l'estimation d'une durée de vie technique est souvent impossible, et de toutes façons n'aurait que peu de sens (**Section 1**). La prise en compte des phénomènes d'obsolescence conduit à lui préférer la notion de rythme de renouvellement fondée sur la durée d'utilisation économique (**Section 2**). Une fois cette clarification sur la durabilité effectuée, nous pourrons alors expliciter les lois statistiques de retrait des divers biens (**Section 3**).

Section 1
USURE ET « MORT TECHNIQUE »

Selon D. Verger [1982], « *un bien est mort quand il est incapable de fournir le service pour lequel il a été conçu* »[1]. Comme l'être humain, le bien durable connaît au cours de son existence, des

---

[1] Pour un ménage donné, un bien peut également « mourir » lorsque le service initial demandé au bien et ayant motivé l'achat disparaît. Le bien durable peut devenir inutile à la suite d'une modification de la taille de la famille ou d'un changement de logement (espace devenu insuffisant ou coût de transport du bien au nouveau domicile trop élevé). Le cycle de vie des biens durables s'adapte ainsi souvent au propre cycle de vie du ménage. Toutefois s'agissant de faits démographiques structurels, nous en supposerons les effets négligeables au plan global sur le court terme.

accidents, des « maladies » (des pannes), en général de plus en plus fréquentes au fur et à mesure qu'il vieillit, et un de ces événements s'avérera définitif. La date de la destruction complète de ses capacités est donc par nature aléatoire (à l'inverse par exemple de la date de péremption des biens alimentaires).

A / Définition du taux de survie technique

La durabilité peut être appréhendée par la méthode classique en démographie des taux de survie. Si Q_h est le nombre de biens durables neufs d'un certain type, vendus aux ménages au cours de l'année h, et $N(h,t)$ le nombre de ces biens « nés » en h et survivant en t, alors **le taux de survie technique** en t des biens de la génération h est le ratio :

$$(1)\ TS_h^t = \frac{N(h,t)}{Q_h}$$

Dans le cas de l'automobile, on connaît ainsi à partir des données fiscales (cartes grises et vignettes), le nombre d'immatriculations de véhicules neufs et le nombre de véhicules immatriculés pour la première fois en h et encore en circulation en t (procédure par exemple utilisée par le Comité des Constructeurs Français d'Automobile (CCFA)).

Un diagramme de Lexis, appliqué à l'automobile, permet à la fois de visualiser **l'état du parc pour une année donnée** (classement en colonne des effectifs par âge, correspondant à une analyse transversale), et de suivre le devenir de chaque génération permettant ainsi de mesurer **les effets techniques du vieillissement** sur la durée de vie des biens (lecture en diagonale des véhicules survivants de chaque cohorte, i.e. analyse longitudinale) :

Figure 1.1 : âge, structure du parc et taux de survie

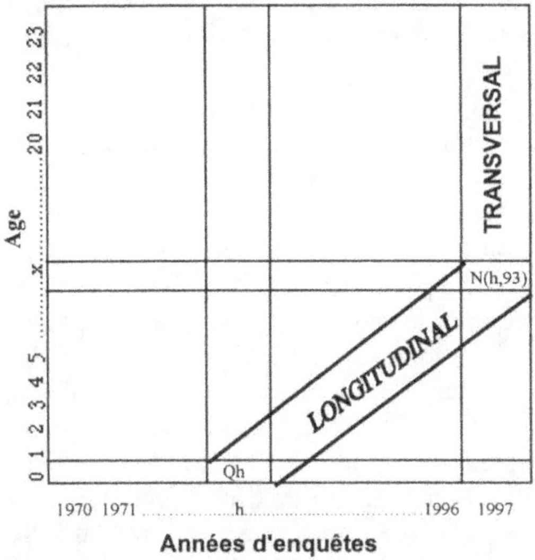

Source : M. Glaude [1978], p.67; modifié par nos soins

B / Première difficulté : les effets de génération

Mais pour l'homme, l'attrait de la démographie, ce n'est pas tant de savoir au moment de sa mort (!) s'il a été chanceux ou non, i.e. quelle a été finalement sa durée de vie personnelle comparée à ceux de sa génération, mais plus sûrement de connaître l'espérance de vie qu'il lui reste à un âge donné.

De même, l'agent économique ne pouvant revenir sur ses actes passés, subit la conséquence, dans son patrimoine, de la « mort » d'un bien durable acheté antérieurement. Ce qui l'intéresse alors c'est d'**optimiser rationnellement ses actes** (achat, conservation ou revente) à la période t vis à vis d'un bien durable d'âge x **à partir de prévisions sur les modalités futures de disparition du bien**.

La meilleure extrapolation possible des taux de survie anticipés est alors fournie par les données transversales de la dernière année connue (dernière colonne de la figure 1.1). Mais le consommateur doit alors supposer que l'**effet de génération est nul**, en clair qu'une automobile neuve achetée en 1998 aura les mêmes espérances de survie dans un an que celles construites en 1997, dans deux ans que celles construites en 1996, dans trois ans que celles construites en 1995, etc.

Dans un monde où l'évolution technique est permanente, cette hypothèse paraît de prime abord particulièrement restrictive, notamment **car le sens du biais ainsi introduit est incertain**. En effet l'opinion courante veut que la durée de vie technique des biens soit sans cesse plus éphémère, résultat d'une volonté supposée des fabricants d'accélérer le rythme de remplacement combinée à une fragilité accrue due à la sophistication croissante des biens. Or il semble, au moins pour une majorité de biens durables, que la fiabilité globale soit au contraire en progression. Ainsi la longévité technique des composants automobiles est aujourd'hui harmonisée pour « tenir » 200 000 kilomètres au lieu d'une centaine de mille jusqu'à la fin des années 70 (ce qui s'est traduit d'ailleurs pour le consommateur par un allongement de la durée de garantie).

Toutefois cette hypothèse d'effet de génération négligeable est sans doute moins handicapante qu'il n'y paraît, car dans la pratique du rythme de renouvellement, les considérations purement techniques s'effacent devant les phénomènes d'obsolescence et les déterminants économiques (revenu, taux d'intérêt, prix ...), comme nous le verrons dans la section suivante.

Cette hypothèse n'est cependant pleinement acceptable que pour les générations de biens arrivés à maturité. On peut en effet raisonnablement penser que la durée de vie des toutes premières générations n'est pas significative pour deux raisons :

- il s'agit de petits effectifs, ce qui pose un problème statistique pour les enquêtes ;
- les défauts initiaux sont en partie supprimés lors des productions suivantes.

Pour des biens nouveaux, il est alors préférable d'avoir recours à des prévisions fondées sur la durée de vie de biens mécaniquement ou électroniquement comparables (s'ils existent), ou sur des données fournies par le fabricant.

C / Deuxième difficulté : des données « démographiques » incomplètes

De plus, en dehors de l'automobile, les enquêtes de l'INSEE ne permettent pas d'évaluer correctement les taux de survie technique tels qu'il viennent d'être définis.

Les *enquêtes de conjoncture auprès des ménages* de l'INSEE (semestrielle depuis 84, trois fois l'an antérieurement) ne suivent que quelques biens d'équipement ménager, les plus importants par leur prix unitaire (représentant en moyenne 40 à 45 % du total de la valeur annuelle des achats de biens durables) [se reporter à l'annexe de l'introduction]. Mais surtout elles ne portent que sur la date d'achat du bien le plus récemment acquis par le ménage, qu'il soit neuf ou d'occasion et qu'il équipe la résidence principale ou la résidence secondaire. Ainsi les enquêtes de conjoncture perdent l'âge des biens seconds lors d'un multiéquipement (très souvent les plus anciens) et ne procurent que l'ancienneté d'acquisition et non l'âge total des biens acquis d'occasion.

Les *enquêtes sur l'équipement ménager*, plus complètes, recensent l'ensemble des types de biens durables (sauf évidemment l'automobile) et relèvent les âges des appareils d'occasion. Mais elles ont deux faiblesses :

- elles ne portent que sur le bien le plus récent (le plus utilisé pour l'enquête 88) de la résidence principale et sur le plus récent de la résidence secondaire : elles méconnaissent ainsi également le multiéquipement au sein du même logement. Mais à part les cas du téléviseur et de la Hi-fi, ce multiéquipement d'un même logement reste marginal ;
- par contre, défaut rédhibitoire, elles sont loin d'avoir lieu chaque année (les deux dernières sont de 1979 et 1988).

D / Troisième difficulté : la durabilité technique n'est jamais totalement intrinsèque au bien

Quel que soit le cas de figure, enquête de conjoncture ou enquête d'équipement ménager, l'établissement rétrospectif exact d'une table de survie technique d'une cohorte donnée (tel que la présentait le schéma initial) est donc impossible, en dehors du cas particulier de l'automobile. Mais paradoxalement cela est peu contraignant car la durée de vie technique d'un bien durable n'est pas purement intrinsèque. Elle dépend aussi, au moins partiellement, du comportement du ménage possesseur.

1) Intensité d'utilisation et durée de vie

En premier lieu, si les disparitions sont dues pour partie à l'écoulement du temps (encore que son effet dépende également de l'environnement dans lequel le bien est placé, degré d'humidité ou exposition à la lumière par exemple), c'est surtout l'intensité de l'utilisation du bien qui influence la durée de vie par usure mécanique de fonctionnement. Assimiler probabilités de disparition et âge du bien est donc potentiellement réducteur. Mais à l'image des cotations de l'argus automobile, on peut au niveau global passer outre, en supposant un degré d'utilisation moyen.

Il faut toutefois souligner que le champ des enquêtes de l'INSEE ne concerne que **les biens détenus par les ménages et à usage exclusivement privatif**. Il ne prend pas en compte les biens loués (importance plus que marginale, inférieure à 0,1% quelque soit le bien sauf automobile, INSEE [1988]) ou les biens utilisés par des entreprises. Ceci introduit un biais vers le bas, mais statistiquement négligeable, provenant des ventes de biens durables usagés des entreprises aux particuliers, biens à durée de vie plus courte du fait d'une utilisation plus intensive dans la sphère marchande.

2) Usure et dégradation... mais de quelle caractéristique ?

En second lieu, l'analogie démographique « encore en vie ou mort » réduit l'ensemble des situations possibles à l'unique alternative « fonctionne / ne fonctionne plus » (cas par exemple de biens durables « primaires » telle l'ampoule électrique). Or il existe toute une échelle de cas intermédiaires de dégradation du service rendu résultant de l'usure progressive (bien que la quantité de services puisse progresser dans un premier temps, par exemple après rodage). Ainsi que dire d'une télévision dont le tube n'assure plus qu'une surface d'image de 80 % ou d'un moteur automobile ayant perdu une partie de ses capacités d'accélération ?

De plus, comme nous l'avons déjà souligné, l'utilité procurée par un bien durable ne peut en général pas se résumer à une seule caractéristique. Par exemple dans le cas d'une machine à laver, si le linge sort propre mais mal essoré, est-elle encore ou non en état de fonctionnement ? Tout dépend, entre autres, de la possibilité pour le ménage détenteur d'étendre le linge ou non ! Bien évidemment le dilemme est encore plus accentué pour les biens durables combinés comme le réfrigérateur/congélateur, le lave-linge/sèche-linge ou la télévision/magnétoscope.

La réponse du ménage résultera donc de son choix propre de pondération des différentes caractéristiques, qui même dans le cas d'un bien simple peuvent être nombreuses :

Tableau 1.1 : Attributs d'un lave-linge

apparence extérieure	coût de fonctionnement
bruit	propreté du lavage
vibrations	efficacité de l'essorage
sécurité	débordements accidentels

Source : Antonides [1990], modifié par nos soins

Ces divers éléments de dépréciation par dégradation du service rendu sont difficilement quantifiables. Une des questions de l'enquête équipement ménager de 1979 permettait toutefois de différencier **l'état du bien lors de l'abandon**[2] :

1/ en panne ou sinistré

2/ **en état de marche défectueuse**

3/ en état de marche acceptable (correspond alors à l'obsolescence, voir section suivante).

Si dans le premier cas, il est raisonnable de penser que l'appareil n'a plus aucune valeur, par contre dans le second cas il s'agit

---

[2] La notion d'abandon est ici plus large que celle de destruction (mise au rebut) utilisée précédemment puisqu'elle comprend également les reventes et les donations. La question exacte, posée en mai-juin 79, était : « *Depuis le 1er janvier 1977, avez vous vendu (y compris les reprises par un vendeur), donné, mis au rebut l'un des appareils suivants : ...* »

implicitement d'un défaut primordial pour le ménage considéré mais pas forcément pour d'autres ménages, il peut alors éventuellement être donné ou vendu. Ainsi l'abandon pour marche défectueuse représente environ le tiers des abandons pour cause de panne pour le lave-linge, et près de la moitié pour la télévision couleur (enquête 1979).

3) Non-réparabilité technique et non-réparabilité économique

En dernier lieu, il est rare qu'un bien soit dans l'absolu techniquement irréparable (s'il y a changement du châssis, on considère alors qu'il s'agit d'un nouveau bien), il est plutôt en fait économiquement irréparable. Bien évidemment ceci renvoie à l'organisation du système productif[3], qui en se modifiant au cours du temps, affecte la durée de vie du bien.

Ainsi au sein des lave-linge abandonnés car en panne ou en état de marche défectueuse, seulement 11 % des ménages déclarent que la réparation s'est avérée techniquement impossible, alors que 19 % l'ont déclarée trop chère pour être effectuée, et 70 % ne l'ont tout simplement même pas envisagée (enquête 1979).

Mais il faut aussi signaler que le calcul « réparer et acheter plus tard » versus « ne pas réparer et acheter maintenant » dépend également du capital humain du ménage possesseur à travers la possibilité d'auto-réparation (formation technique et coût d'opportunité). Ainsi pour le lave-linge, ont réparé lors de la dernière panne (enquête INSEE 1988) :

- *Quelqu'un du ménage* : 17 %
- *Un parent, ami ou voisin* : 6 %
- *Un professionnel rémunéré (ou couvert par la garantie)* : 77 %.

De plus le calcul est également affecté par l'évolution du prix du neuf. Une baisse des prix des biens durables rend les coûts relatifs de maintenance plus élevés.

---

[3] circuits de réparation, blocs interchangeables, existence ou non de pièces de rechange, étendue des garanties et assurances. Quelques études modélisent ainsi le comportement optimal en matière de service après vente d'une firme en concurrence monopolistique (par exemple Su, [1975]).

La durée de vie d'un bien n'est donc pas techniquement intrinsèque, même si les trois limites évoquées reposent sur des facteurs structurels, évoluant lentement. La perte de valeur d'un bien lorsqu'il vieillit, résulte donc à la fois d'une durée de vie résiduelle décroissante avec l'âge (hausse de la probabilité de panne totale) et de la dégradation progressive des services rendus par le bien (coûts de maintenance croissants avec l'âge)[4].

Section 2
OBSOLESCENCE ET « MORT ECONOMIQUE »

Mais la dépréciation d'un bien durable ne résulte pas seulement de la détérioration technique due à son vieillissement, mais aussi de l'obsolescence temporelle. En ce sens, comme le note M. Guillaume (1968, p. 31), « *la comparaison entre usé et neuf doit être remplacée par une comparaison entre ancien et nouveau* ».

Cette **vétusté** d'un bien durable provient d'une double obsolescence, technique et psychologique, qui va nous conduire à construire un indicateur de « survie économique ».

A / Obsolescence technique et obsolescence psychologique

L'**obsolescence technique** surgit d'une amélioration mécanique ou électronique, permettant d'obtenir les mêmes services à un prix inférieur ou des services supérieurs (au sens économique du terme) à un prix équivalent. Certains parlent alors d'obsolescence objective car il s'agit d'un changement de caractéristiques techniques valable pour tous. Néanmoins, comme le remarque D.Verger [1982],

---

[4] Théoriquement les deux perspectives sont en fait identiques puisque l'on peut calculer un âge optimum de remplacement par comparaison actualisée du coût du capital et des coûts de maintenance (voir par exemple M. Guillaume [1968]). Mais si cette procédure est possible pour un bien productif, elle semble difficile à appliquer aux biens durables de consommation, puisque la dégradation du service est le plus souvent qualitative et/ou subjective, car dépendante d'un calcul d'utilité propre à chaque ménage.

« *un bien ne peut devenir obsolète pour l'ensemble des ménages, i.e. il existe toujours un prix, même très bas, qui permet sa revente à un ménage défavorisé* ». Ainsi la lessiveuse ou le garde-manger n'ont pas disparu du jour au lendemain suite à l'apparition du lave-linge et du réfrigérateur. De même, la caméra super 8 ou le disque vinyle ont survécu un temps à la naissance du camescope et du Compact Disque.

En termes monétaires, cette obsolescence technique se traduira par une rupture dans la courbe de dépréciation temporelle du bien durable. La courbe D, représentant la dépréciation résultant de l'usure et en l'absence de toute obsolescence, se transforme en D' (l'axe des abscisses peut indifféremment représenter l'âge ou le temps si l'on raisonne sur une cohorte) :

Figure 1.2 : effet d'un progrès technique « brutal »

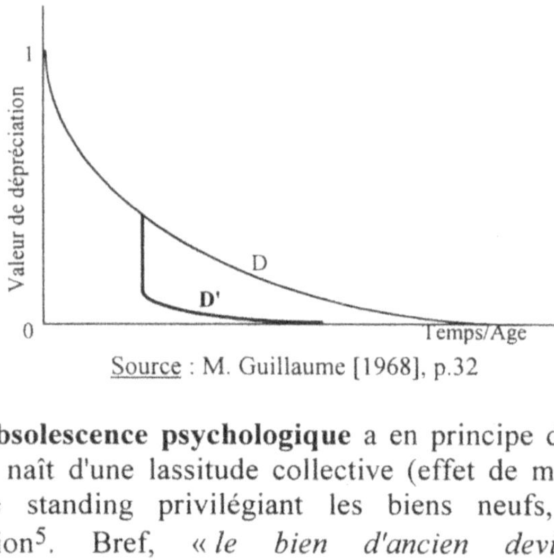

Source : M. Guillaume [1968], p.32

L'**obsolescence psychologique** a en principe des effets plus lissés. Elle naît d'une lassitude collective (effet de mode) ou d'une volonté de standing privilégiant les biens neufs, porteurs de différentiation[5]. Bref, « *le bien d'ancien devient désuet* »

[5] Une lassitude strictement individuelle, due au « *fait qu'un long usage d'un même bien est monotone : les gens aiment le changement pour le changement* » (R.T. Norris cité par M. Guillaume), ne peut occasionner de dépréciation collective s'il existe un marché d'occasion qui permet la rotation de ces biens au sein de la population. Ce n'est finalement qu'un retour aux sources de la pensée économique, à la distinction d'Adam Smith entre valeur d'usage (subjectivement déterminée) et valeur d'échange (fixée par accord interpersonnel).

(M. Guillaume). Comme cette obsolescence est vraisemblablement plus marquée les premières années, la concavité de la courbe de dépréciation s'accroît (D à D'') :

Figure 1.3 : effet de l'obsolescence psychologique

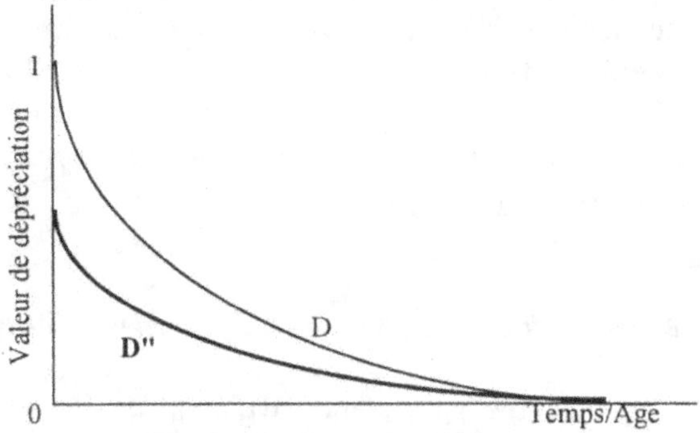

Source : M. Guillaume [1968], p.32

Dans le cas de l'automobile, les cotations de l'occasion fournissent toutes les données nécessaires permettant de calculer directement un taux de dépréciation monétaire, incluant usure et obsolescence. Une mesure simple de l'obsolescence pure consisterait ainsi à superposer les courbes de dépréciation monétaire mesurée et de dépréciation théorique calculée à partir des taux de survie techniques[6].

Toutefois cette distinction traditionnelle entre obsolescence technique et psychologique est à relativiser :

- comme nous l'avons déjà souligné que ce soit en vue d'un achat ou au contraire d'une revente, l'objectif du consommateur est d'anticiper la dépréciation future du bien. Des prévisions sur le progrès technique futur étant difficiles, il construira une courbe de dépréciation anticipée beaucoup plus continue que celle avec rupture du premier graphique, et donc plus proche de la forme de la courbe de dépréciation psychologique du second graphique ;

[6] La différentiation entre *modèle 91* (construit entre juillet 90 et juin 91) et *première mise en circulation en 91* pourrait même constituer une approche intéressante de l'obsolescence purement psychologique.

- l'obsolescence psychologique n'est souvent que le révélateur de l'obsolescence technique : « *C'est lors de la sortie d'un nouveau modèle, que l'on s'aperçoit que le bien possédé a vieilli* » (M. Guillaume, [1968]) ;

- enfin, il n'est pas toujours possible de trancher nettement entre usure et obsolescence psychologique. Ainsi comme le souligne à titre d'exemple D. Verger [1982], « *le vieillissement du réfrigérateur provient surtout du plan de l'apparence extérieure (jaunissement, ternissement ou craquèlement des matériaux de revêtement de surface tels que peintures, plastiques)* ».

B / Du taux de survie technique au taux de survie économique

Ces phénomènes d'obsolescence affectent la « démographie » des biens durables, ce qui va nous conduire à redéfinir la notion de taux de survie.

En premier lieu, les marché de l'occasion, hors automobile, étant largement sous-développés (essentiellement comme nous le verrons du fait de l'importance des coûts de transaction), certains biens totalement obsolètes pour le ménage détenteur ne peuvent être revendus. Ils sont alors mis à la casse, bien qu'encore en état de marche acceptable. Il s'agit en quelque sorte d'une mort physique sans que la cause du « décès » soit technique puisque tenant à une imperfection de marché. On peut alors définir un **taux de survie physique** en t des biens construits lors de l'année h (Q_h), « *indicateur de la vitesse à laquelle les appareils disparaissent définitivement du parc* » (D. Verger, [1982])[7] :

[7] A cet égard on peut remarquer que les enquêtes de conjoncture relevant uniquement le nombre de biens survivants, ne permettent pas de distinguer taux de survie technique et taux de survie physique puisque l'on ne connaît pas les motifs des retraits intervenus. En somme, elles ne permettent d'évaluer que la durée de vie physique, et uniquement pour les biens pour lesquels à la fois le multiéquipement et le marché d'occasion sont inexistants, ou à la rigueur marginaux.

$$(2)\ PS_h^t = \frac{Q_h - \sum_{t_1=h}^{t} R_h^{t_1}}{Q_h}$$

où $\sum_{t_1=h}^{t} R_h^{t_1}$ représente l'ensemble des retraits du circuit, des mises au rebut lors des années écoulées (les t_1), que l'appareil soit en panne ou en état de marche.

En second lieu, suite à l'achat d'un bien nouveau, l'ancien bien devenu obsolète, peut aussi, soit rester en service au sein du même ménage mais à titre accessoire (M_h^t : multiéquipement ou transfert dans une résidence secondaire), soit être cédé d'occasion ou donné à un autre ménage, ou encore repris par un professionnel (O_h^{t1}). On peut alors calculer ce que nous appellerons le **taux de survie économique** :

$$(3)\ ES_h^t = \frac{Q_h - \sum_{t_1=h}^{t} R_h^{t_1} - \sum_{t_1=h}^{t} O_h^{t_1} - M_h^t}{Q_h}$$

Alors que *TS* appréhende la durée de vie technique potentielle, et que *PS* permet d'apprécier la durée de vie physique d'un type de bien durable, *ES* appréhende le « *temps probable au-delà duquel les ménages vont acheter un nouvel appareil* » (A. Fouquet, 1975). Les deux premiers indicateurs renvoient à une analyse en termes de **remplacement**, le troisième s'appuie sur une perspective en termes de **renouvellement**.

Nous pouvons maintenant schématiser les divers éléments évoqués jusqu'ici de la façon suivante :

Figure 1.4 : description de la vie d'un bien durable

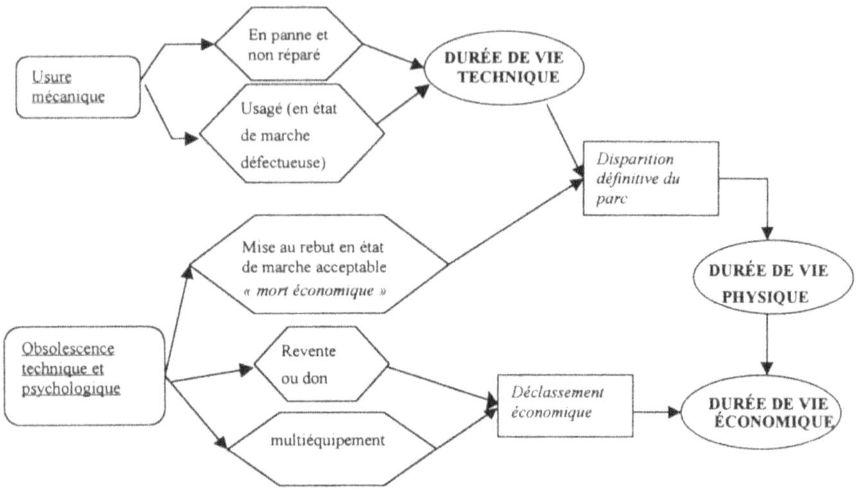

A chaque période t_1, la survie et donc la valeur d'un bien durable sont affectées par une usure progressive et une obsolescence plus ou moins brutale. Ceci peut éventuellement occasionner soit une disparition définitive du bien (mort technique, seul cas où l'obsolescence ne joue aucun rôle, ou mort économique du fait d'une impossibilité de revente), soit un déclassement (par transfert de propriété ou par transformation en bien second).

Deux cas de figure demeurent cependant ambigus :

- la reprise par un professionnel (inclus dans O_{t1}) peut concerner tout aussi bien un objet en état de marche (mort économiquement pour le ménage mais qui pourra éventuellement être revendu), qu'un objet défectueux (mort technique) ;

- l'analyse du multiéquipement est également floue : il peut provenir soit d'un phénomène d'obsolescence (et donc transfert du bien vers une utilisation annexe et épisodique), soit d'un motif impérieux (chaîne hi-fi pour chaque membre de la famille, équipement d'une résidence secondaire), et dans ce cas les déterminants de l'achat seraient plus proches du primo-équipement que de ceux du renouvellement.

Section 3
« DÉMOGRAPHIE » DES BIENS DURABLES EN FRANCE

Les considérations précédentes sur la notion de durabilité permettent de proposer une procédure d'estimation sur données françaises des taux de survie, dont dépendent de manière cruciale toutes les évaluations de stock et les modélisations de la demande de biens durables que nous présenterons dans les chapitres suivants.

A / Modes de calcul

1) Un exemple de calcul des taux de survie : le lave-linge

Chaque enquête de conjoncture auprès des ménages fournit la répartition par année de construction des lave-linge encore en service à la date de l'enquête, *pour les seuls équipements acquis neufs, et en cas de multiéquipement est uniquement pris en compte l'appareil le plus récemment acquis*. Nous nous situons donc dans la **perspective de renouvellement**. En rapportant ces effectifs aux ventes annuelles provenant de la Série des Comptes nationaux, nous obtenons donc une table des **taux bruts** de survie économique du lave-linge incluant à la fois les effets de l'usure et de l'obsolescence (première ligne du tableau) :

Tableau 1.2 : Taux de survie économique des lave-linge en fonction de l'âge

âge	0	1	2	3	4	5	6	7	8	9
Taux brut (1990)	0,98	0,83	0,99	0,95	0,83	1,16	0,77	0,57	0,69	0,33
Taux redressé (1989/90/91)	1	1	1	0,99	0,95	0,87	0,80	0,72	0,70	0,62

âge	10	11	12	13	14	15	16	17	18	19
Taux brut (1990)	1,11	0,29	0,45	0,20	0,18	0,48	0,20	0,21	0,23	0,04
Taux redressé (1989/90/91)	0,57	0,49	0,44	0,34	0,28	0,25	0,23	0,21	0,17	0,14

Source : Calculs effectués par nos soins à partir des enquêtes de conjoncture auprès des ménages de juin 1989, 90 et 91.

Certaines corrections de ce taux brut s'avèrent nécessaires pour deux raisons (et ceci quel que soit le bien durable considéré, le lave-linge n'étant pas un cas particulier en ce domaine).

a) S'agissant de déclarations le plus souvent faites de mémoire et rarement de réponses après consultation de facture, la mémoire des ménages se révèle fortement sélective :

- en premier lieu, il existe un phénomène d'accoutumance à la présence du bien acheté. Comme le note A. Fouquet [1975] les ménages ont « *tendance à situer un peu en arrière leurs achats les plus récents* », ce qui occasionne un déficit systématique des appareils d'âge 1 (taux de survie de 0.83 sur l'exemple) et une sur-représentation des appareils d'âge 2 et 3 (taux de survie respectivement de 0.99 et 0.95). Par contre pour les biens d'introduction récente, cet effet psychologique d'amnésie sélective sera pratiquement inexistant car le primo-équipement constitue souvent un réel bouleversement de la vie domestique, une date charnière qui ne peut être oubliée. C'était le cas pour la télévision en 1971 (A. Fouquet). Cela semble le cas pour le micro-ondes lors de l'enquête équipement de 1988 ;

- en second lieu, les enquêtés font preuve d'une forte attirance pour les chiffres ronds (5,10,15 ans), ce qui entraîne des déficits récurrents pour les années proches (4,6,9,11,14,16). Il est ainsi relativement courant de trouver des taux brut de survie supérieur à 1, à l'image du tableau où l'on constate un taux de 1.16 pour les lave-linge d'âge 5 ou même de 1.11 pour ceux d'âge 10. De même, à titre anecdotique, on a longtemps constaté une sur-représentation des appareils déclarés achetés en 1968, point de repère psychologiquement marquant pour les ménages (on ne retrouve pas d'autres années « privilégiées » depuis, même 1981...).

Afin de corriger ces « sautes de mémoire », on adoptera donc à la suite de l'INSEE une procédure de lissage par moyenne mobile d'ordre 5 et en supposant que tous les biens survivent aux deux premières années (ce qui est d'ailleurs conforme à la durée des garanties habituelles sur le gros électroménager neuf).

b) Une étude limitée à une année conjoncturellement très marquée pourrait biaiser légèrement la table. Par exemple, une forte reprise de la croissance du revenu disponible aura tendance à accélérer provisoirement le rythme de renouvellement du parc par avancement de l'achat. Afin de limiter l'ampleur de ces possibles décalages temporels, on choisira ici de faire une moyenne sur 3 années consécutives d'enquêtes.

A la suite de ces deux corrections, on obtient donc **les taux de survie redressés** figurant en 2e ligne du tableau 1.2.

2) Choix d'une fonction mathématique de « mortalité »

Mais du fait de la sensibilité des données aux petits effectifs (ainsi que le remarque D. Verger [1979] : « *un taux égal à 0,1 % pour un âge donné signifie dans la plupart des cas que l'on a observé 1 abandon correspondant à cet âge* ») et des défaillances de mémoire des enquêtés, un simple lissage est cependant globalement insuffisant pour assurer un caractère suffisamment continu à la dépréciation. Il est alors préférable de procéder à une approximation des taux de survie par une fonction mathématique.

Comme la durée de vie d'un bien durable est par nature aléatoire, il est naturel de chercher à la représenter par une loi de probabilité.

A la vue de la forme de la distribution des disparitions de biens durables, nous suivrons le choix de A. Bemmaor [1984] en faveur d'une loi de Weibull, dont les avantages sont « *1) la flexibilité 2) la simplicité par le nombre de paramètres qu'elle comprend 3) la facilité de manipulation analytique, de façon à conduire à des résultats simples* ».

Cette procédure permet donc d'obtenir un profil sans ruptures de la durée de vie économique du lave-linge (on trouvera une description détaillée de ce point en annexe de ce chapitre) :

Figure 1.5 : Courbe de survie du lave-linge en fonction de l'âge

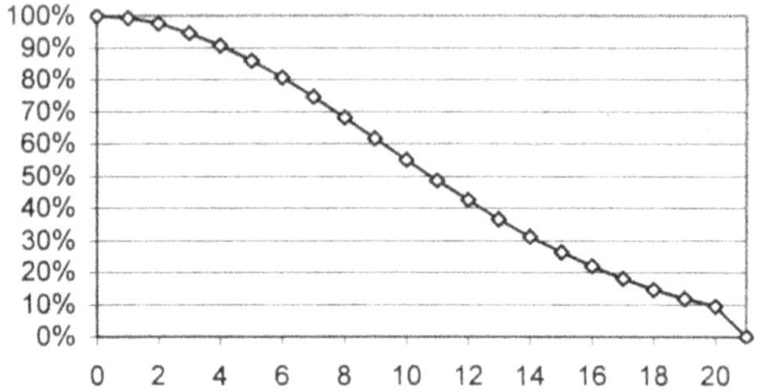

B / Applications

1) Durées de vie des principaux biens durables ménagers

Selon le même procédé, nous avons calculé les taux de survie économique aux différents âges des autres biens durables importants pour lesquels on dispose de données longues (les résultats complets figurent en annexe de ce chapitre). Les médianes obtenues sont les suivantes (première ligne) :

Tableau 1.3 : médiane des taux de survie économique

	REFRI	LLING	LVAIS	TELE NB	TELE COUL
1989/1991 (Caire)	11,75 ans	10,75	11,25	-	6,5
1971/1973 (Fouquet)	14	12	nd	10,5	nd
	médiane des taux de survie technique				
1979 (Verger)	16	11,5	10	11,5	≥ 11

Chaque estimation des deux premières lignes représente donc **l'intervalle médian entre deux achats neufs d'un même type de bien durable**, que ce renouvellement résulte d'usure technique ou d'obsolescence. A partir des enquêtes sur l'équipement ménager[8], et selon une procédure identique à celle qui vient d'être présentée, il est également possible de construire une table des taux de survie technique. A titre de complément, nous en présentons le « résumé » en termes de médiane, obtenu par D. Verger (3e ligne du tableau).

Le réfrigérateur est le « champion » de la longévité technique, la médiane du taux de survie technique se situe aux alentours de 16 ans, et il n'est pas rare de voir des appareils de plus de 25 ans encore en fonctionnement. Mais c'est un bien où l'abandon se fait assez fréquemment en état de marche acceptable (24,6 %) et pour lequel le marché de l'occasion est relativement développé (14,7 % des achats). La durabilité économique du réfrigérateur (médiane de prés de 12 ans) est donc assez largement inférieure à la durée de vie permise par ses caractéristiques techniques solides et immuables. Et depuis une dizaine d'années on assiste à une sensible accélération du rythme de renouvellement (médiane de 14 ans en 71/73), accélération due sans doute à une substitution progressive entre réfrigérateurs simples et combinés ainsi qu'à la vague contemporaine des cuisines intégrées[9].

Dans le cas du lave-linge le multiéquipement en résidence principale est négligeable (0,5 %) et la part des achats d'occasion reste assez faible (6,1 %). Comme de plus l'abandon en état de marche est relativement rare (8,4 %), la médiane de durée de vie physique calculée à partir de l'enquête équipement ménager est donc très proche de la durée de vie économique (environ 11 ans). Cette durabilité est inchangée depuis 20 ans, et même en fait depuis 40 ans puisque A. Fouquet faisait la même constatation en 1971 sur la période 1950/1970. Cependant, comme pour le réfrigérateur-

---

8 en supposant que les appareils « abandonnés en panne et en état de marche défectueuse » ne sont pas recyclés par un professionnel et inversement que tous les appareils « abandonnés en état de fonctionnement acceptable » sont revendus ou donnés à un autre ménage. Ce qui est loin d'être le cas.

9 Selon l'enquête Biens durables de 1988, 12 % des réfrigérateurs et 28 % des lave-vaisselle ont été achetés lors de l'installation d'une cuisine intégrée et seulement 3 % des lave-linge et 2 % des congélateurs, ce qui tient simplement au fait que ces derniers se situent majoritairement en dehors de la cuisine (seulement 38 % des lave-linge sont placés dans la cuisine d'après la même enquête).

congélateur, l'apparition des lave-linge séchant devrait vraisemblablement accélérer temporairement ce rythme de renouvellement dans un proche avenir (en 1997, le taux d'équipement en sèche-linge ou lave-linge séchant était de 24 %), mais leur potentiel d'expansion est encore largement inconnu. On peut seulement noter que selon l'enquête *Biens durables* de 1988, 55 % des ménages ont la possibilité de faire sécher leur linge à l'extérieur de leur logement (jardin, cour, séchoir d'immeubles).

Le lave-vaisselle est un bien dont la durée de vie technique et le rythme de renouvellement sont très proches de ceux du lave-linge. De même la part de l'occasion est faible (6 %) et le multiéquipement au sein d'un même logement est nul. Seule particularité, il semble que sa durabilité technique se soit légèrement accrue par rapport à celle des premières générations, en conformité avec l'idée que la fiabilité s'accroît dans un premier temps (médiane de 11 ans en 1991 contre 10 ans en 1979).

Reste le cas le plus complexe pour l'analyse, le téléviseur. Si sa durabilité technique reste très proche des produits blancs (environ 10 ans), par contre son rythme de renouvellement s'est considérablement accéléré depuis 15 ans. Quatre raisons nous semblent pouvoir expliquer le dynamisme particulier de ce marché :

- un facteur économique essentiel, sur lequel nous reviendrons : son prix absolu a diminué d'environ 1/3 entre 1980 et 1997 ;
- la substitution entre poste noir et blanc et poste couleur, phénomène pratiquement achevé (en 1997, près de 98 % des ménages équipés disposent d'au moins un récepteur couleur), mais qui « amincit » la queue de la distribution des taux de survie ;
- il s'agit d'un « produit brun » aux caractéristiques techniques très évolutives. Pour ne citer que les principales innovations depuis le début des années 80 qui ont pu abréger la « première vie » du téléviseur : apparition de la télécommande, grand nombre de chaînes sélectionnables, miniaturisation, qualité d'image, son stéréo et autre « dolby-surround », forme et taille des écrans, sans parler du design ;
- c'est le seul bien pour lequel le multiéquipement en résidence principale (26 % en 1997) est important et surtout connaît une forte croissance.

Au total, au moins pour les produits blancs, les consommateurs, et même au-delà les générations successives de ménages paraissent finalement très conservateurs dans leur comportement (s'il existe un nouveau consommateur, ce n'est sans doute pas dans ce domaine !), et l'hypothèse d'invariance sur le moyen terme de la durabilité économique paraît donc assez acceptable.

2) *L'automobile : un cas à part*

L'automobile constitue un cas à part pour trois raisons.

a) Il s'agit incontestablement du bien le mieux suivi puisque l'on dispose de deux sources annuelles d'information sur la durée de vie de l'ensemble des véhicules, même si ces sources ne sont pas totalement exemptes de biais :

- le Comité des Constructeurs Français d'Automobiles (CCFA) calcule le niveau et la structure du parc à partir des cartes grises. Cependant si le retrait de la circulation d'un véhicule suppose le renvoi de sa carte grise à la préfecture, cette formalité n'est pas toujours effectuée, ce qui génère une légère surestimation de la durée de vie réelle ;
- l'enquête de conjoncture fournit, contrairement aux autres biens durables, l'âge des véhicules achetés d'occasion et des véhicules d'appoint (rang 2 ou plus) à travers une question sur la date de première mise en circulation. Mais la carte grise n'étant pas toujours consultée pour la réponse, il existe là encore « les sautes de mémoire » déjà évoquées pour les autres biens (ce qui justifie là encore l'application d'une approximation par une loi de Weibull ; se reporter à l'annexe).

b) Quel que soit l'âge ou l'état du véhicule, il existe toujours une valeur de revente établie par le marché. De ce fait, la mise au rebut en état de marche est exceptionnelle (sauf mesure gouvernementale ponctuelle de prime à la casse des véhicules de plus de 10 ans, comme ce fut le cas entre décembre 93 et septembre 1996). En conséquence la durée d'utilisation totale, du premier au dernier propriétaire (la durée de vie physique) est pratiquement identique à la durée de vie technique.

c) La durée de vie économique, l'intervalle entre deux achats neufs, est profondément instable car très sensible aux aléas de la conjoncture. De plus l'importance des achats d'occasion (dont la part dans le total des achats connaît une croissance sensible) et du multiéquipement (tableau 1.4) lui donne une signification très différente de celle des autres biens durables. Dans un but de calcul de la relation entre dépréciation monétaire et âge du bien, il s'agira comme nous le verrons du seul bien pour lequel nous tiendrons compte de la durée de vie technique.

Tableau 1.4 : Automobile, multiéquipement et achats d'occasion

	1980	1985	1990	1995
Multiéquipement	**17 %**	**21 %**	**26 %**	**28 %**
Part des achats d'occasion :				
- ensemble	-	**52,2 %**	**55,4 %**	**57,5%**
- 1ère voiture	46,8 %	49,0 %	52,6 %	54,1 %
- 2ème voiture	59,9 %	63,3 %	64,2 %	67,5 %

Source : enquêtes de conjoncture INSEE

Depuis 20 ans, le kilométrage moyen annuel effectué n'augmentant que faiblement (12700 km en 1979, 13800 en 1997), la médiane de durée de vie technique reste sensiblement stable :

Tableau 1.5 : âge médian à l'abandon pour l'automobile

	1975 (Glaude)	1989/91 (calcul personnel)	1992/1994 (Gautier)
médiane	10	10,5	10,75

Concernant les faits récents, deux constations semblent s'imposer :

- la mise en place d'un contrôle technique obligatoire ne provoquerait qu'une décroissance provisoire de la durée de vie, et à terme engendrerait même une progression de la durabilité (meilleur entretien, marché d'occasion plus fluide par information des acheteurs). Ce fut le cas dans le passé pour la RFA (1962) et la Suède (1965) (M. Glaude [1978]) ;

- la diésélisation du parc (6 % en 1982, 28 % en 1994) n'accroît pas la médiane mais une concentration plus forte des abandons autour de la médiane. Le fait que les voitures diesel roulent plus en moyenne annuelle peut expliquer ce phénomène.

Enfin comment ne pas conclure sur le fait que l'on ne sait rien de la durée de vie de tous les autres biens durables de consommation en France, puisque les enquêtes de conjoncture de l'INSEE ne s'y intéressent pas (ou du moins depuis suffisamment longtemps pour construire une table de survie). En revanche le BEA aux Etats-Unis, dans le cadre de calculs élargis de patrimoine dont nous allons maintenant parler, propose les données suivantes concernant la durée de vie des biens durables[10] :

Tableau 1.6 : durée de vie « économique » des biens durables selon le BEA

Type de biens	Hypothèse de durée de vie moyenne (en années)
Véhicules à moteur automobiles	10
autres véhicules à moteur	8
pneus, chambres à air, et autres accessoires	3
Meubles et équipement ménager meubles, y compris sommiers et matelas	14
électroménager	11
vaisselle, porcelaine, verrerie	10
autres biens durables[11]	10
radio, télévision, appareils d'enregistrement, micro-ordinateurs et instruments de musique	9
Autre bijoux et montres	11
produits ophtalmologique et orthopédique	6
livres et cartes	10
outillage, jouets, équipements de sport, bateaux et avions de plaisance	10

Source : J. Musgrave [1979]

[10] On remarquera que le champ des biens durables est plus large que celui retenu par l'INSEE (incluant entre autres les accessoires automobiles, la vaisselle, les bijoux, les livres, les jouets, les bateaux,...), mais que par contre, les vêtements et les chaussures sont également exclus des biens durables.

[11] moquettes, édredons, couettes, oreillers, couvertures, tableaux, miroirs, objets d'artisanat, lampes portables, pendules.

ANNEXE CHAPITRE 1 :
Taux de survie estimés des principaux biens durables à partir d'une loi de Weibull

Dans le cadre d'une fonction statistique dite de Weibull, la densité de probabilité d'abandon pour l'automobile, et de renouvellement pour les autres biens, à l'âge x est :

(1) $f(x|\lambda) = \lambda\beta x^{\beta-1}e^{-\lambda x^{\beta}}$ (où x est l'âge)

- où λ est le paramètre d'échelle (en première approximation plus l'espérance de vie à la naissance est courte, plus λ est important)

- β est le paramètre de forme (grossièrement là encore, plus les disparitions sont concentrées autour de la moyenne, plus la valeur de β est élevée) [12]

On obtient alors une distribution cumulée d'abandon de type :

(2) $H(x|\lambda) = 1 - e^{-\lambda x^{\beta}}$

et donc le taux de survie à l'âge x est défini par :

(3) $s(x|\lambda) = 1 - H(x|\lambda) = e^{-\lambda x^{\beta}}$

Pour le lave-linge, une estimation par les moindres carrés non linéaires à partir des taux de survie précédemment calculés, nous donne le résultat suivant (entre parenthèses les t de Student):

$$s_x = \exp(-0{,}0061.x^{1{,}990})$$

(6,0) (30,6)

$$R^2 = 0{,}994$$

ce qui donne (en %) : $\delta_x = 1{,}21x^{0{,}99}$

Pour les autres biens, les estimations que nous obtenons sont les suivantes :

	LLING	REFRI	LVAIS	TELE COUL	AUTO
λ	0,0061 (6,0)	0,0162 (5,6)	0,0032 (9,0)	0,0829 (5,7)	0,0009 (4,8)
β	1,990 (30,6)	1,542 (21,8)	2,212 (51,1)	1,130 (14,8)	2,774 (33,5)
R^2	0,994	0,987	0,998	0,972	0,997

[12] Les estimations de Bemmaor [1994] le conduisent à préférer une loi de Weibull pondérée, qui permet de relâcher les hypothèses d'homogénéité des caractéristiques techniques des biens durables, et de comportements des utilisateurs. Pour notre part, une loi de Weibull simple est amplement suffisante car de toutes façons les données statistiques disponibles sont trop dépendantes de la mémoire des enquêtés.

Les estimations des taux de survie économique par âge résultant de cette procédure sont alors les suivants :

âge	AUTO	REFRI	LLING	TELE COUL	LVAIS
0	100,0%	100,0%	100,0%	100,0%	100,0%
1	99,9%	98,4%	99,4%	92,0%	99,7%
2	99,4%	95,4%	97,6%	83,4%	98,5%
3	98,1%	91,6%	94,7%	75,1%	96,4%
4	95,9%	87,2%	90,8%	67,2%	93,4%
5	92,5%	82,4%	86,1%	60,0%	89,3%
6	87,8%	77,3%	80,6%	53,4%	84,5%
7	82,0%	72,2%	74,6%	47,3%	78,9%
8	75,0%	67,0%	68,2%	41,9%	72,7%
9	67,1%	61,9%	61,7%	37,0%	66,1%
10	58,6%	56,9%	55,1%	32,7%	59,3%
11	49,8%	52,0%	48,7%	28,8%	52,5%
12	41,2%	47,3%	42,5%	25,3%	45,8%
13	33,0%	42,9%	36,6%	22,2%	39,3%
14	25,7%	38,7%	31,2%	19,5%	33,3%
15	19,3%	34,8%	26,3%	17,0%	27,8%
16	13,9%	31,2%	21,9%	14,9%	22,8%
17	9,7%	27,8%	18,0%	13,0%	18,5%
18	6,5%	24,7%	14,7%	11,4%	14,7%
19	4,2%	21,9%	11,8%	9,9%	11,5%
20	2,0%	17,5%	9,4%	4,0%	8,0%
21	0,0%	0,0%	0,0%	0,0%	0,0%

La séparation en noir représente la médiane pour chaque bien.

Calculs personnels selon la procédure suivante :

- moyenne lissée sur 1989/90/91 à partir des enquêtes de conjoncture de milieu d'année
- estimation par les moindres carrés non linéaires selon équation de Weibull
- **pour tous les biens, le taux de survie à l'âge de 21 ans est arbitrairement supposé égal à 0**

Chapitre 2

BIENS DURABLES ET COMPTABILITÉ PATRIMONIALE

Depuis 1979 et dans le but de « *mesurer la richesse réelle de la Nation* », le Bureau of Economic Analysis (BEA), chargé de l'élaboration des comptes nationaux aux États-Unis, propose des données suivies et très complètes concernant **la valeur globale et la composition** du patrimoine en biens durables des ménages américains, reconstituant « en amont » les diverses séries jusqu'en 1925.

A l'inverse en France, en dehors de l'élaboration ponctuelle en 1980 d'un tableau supplémentaire[1] dit « hors cadre » d'évaluation sur la période 1971/1976, aucune série systématisée sur la valeur du stock de biens durables de consommation n'est disponible, l'INSEE restreignant son approche patrimoniale des biens durables aux seuls taux d'équipement.

Pour l'INSEE, ce choix d'exclusion constamment renouvelé depuis les premiers travaux sur le patrimoine national remontant à 1980, se justifie par le fait que « *l'objectif de la comptabilité patrimoniale est de décrire de manière cohérente les flux et les stocks de l'économie monétaire* » (SECN, p.175). Dans ce cadre **l'inclusion des achats de biens durables dans l'agrégat consommation finale et non comme FBCF provoque logiquement l'exclusion des biens durables des comptes patrimoniaux** puisque, comme nous l'avons déjà noté, les ménages sont supposés consommer immédiatement les biens qu'ils achètent, y compris les biens durables. En somme, les biens durables étant considérés comme non durables, « *du point de vue théorique (...),la comptabilisation des biens durables parmi le stock de capital fixe ne serait donc concevable qu'à la condition de modifier un certain nombre de concepts (capital fixe, production,*

[1] *Collection de l'INSEE*, série C 89/90, chapitre 5

épargne...), dans un sens qui ne conviendrait pas à certaines analyses essentielles auxquelles est principalement destinée la comptabilité nationale » (SECN, p. 195), notamment car la Comptabilité Nationale « *n'a pas pour objet de mesurer le bien-être, le bonheur ou la satisfaction sociale* » (op. cité p. 13).

Toutefois même si cette rigueur comptable est respectable, on voit mal pourquoi l'élaboration d'un tableau supplémentaire hors cadre a été abandonnée dés la première tentative, puisque n'engageant à rien (les biens durables de consommation n'intégrant pas les actifs corporels, ils ne remettent ainsi pas en cause la définition des flux d'investissement ou d'épargne).

L'objet de ce chapitre est de montrer qu'une évaluation de la valeur du patrimoine global des ménages en biens durables et de sa répartition entre catégories sociales, est nécessaire pour des raisons de cohérence analytique (**Section 1**), qu'elle est possible au prix de certaines hypothèses à travers la méthode de l'inventaire permanent (**Section 2**), et que les résultats ainsi obtenus sont susceptibles de remettre en cause certains traits des approches patrimoniales traditionnelles, même si le manque de données statistiques engendre certaines limites (**Section 3**).

Section 1
NÉCESSITÉ D'UNE COMPTABILITÉ PATRIMONIALE DES BIENS DURABLES

L'intégration des biens durables dans les calculs de patrimoine des ménages nous semble utile pour trois motifs de cohérence analytique, comptable, économique et social.

A / Cohérence de l'analyse comptable

D'un point de vue comptable, deux illogismes apparaissent dans les Comptes de la Nation.

a) Certains biens durables apparaissent dans l'évaluation du patrimoine national, d'autres non. Le lave-vaisselle d'un restaurant ou d'une location meublée est considéré comme un actif corporel fixe, et son achat est inclus dans la FBCF. Le même bien acheté par un ménage est assimilé à de la consommation finale, et donc exclu des comptes de patrimoine.

En effet, **le critère distinctif est ici de servir ou non à la production de biens et de services**, « *il en résulte que ne doivent figurer en principe dans le patrimoine que des éléments susceptibles d'apparaître dans les comptes de capital et financier* » (SECN, 1987, p. 194). En conséquence, lorsqu'un bien passe de la sphère marchande à la sphère domestique suite à une revente (cas surtout de l'automobile), il change de statut, de bien d'équipement il devient bien de consommation et disparaît ainsi brutalement du patrimoine national.

De même, dans le cas d'un entrepreneur individuel, selon la destination **déclarée** du bien durable, professionnelle ou personnelle, il constituera ou non un élément de son patrimoine total. Étant donné que pour des considérations fiscales, celui-ci a intérêt à intégrer dans ses actifs professionnels le plus possible de biens durables (notamment le ou les véhicules), cela conduit vraisemblablement à une surestimation du patrimoine des travailleurs indépendants, comparativement aux salariés. En revanche dans les calculs du BEA, la valeur des automobiles à usage mixte est répartie entre patrimoine professionnel et patrimoine de consommation sur la base d'études sur l'usage kilométrique de l'automobile.

b) Plus essentiel, une part importante des acquisitions de biens durables est financée par le crédit :

Tableau 2.1 : part du crédit dans le total des achats[2] (1995)

Automobile (neuve)	Automobile (occasion)	Micro-ordinateur	Deux roues	Camescope
49,3 %	31,4 %	24,7 %	23,3 %	22,1 %

Lave-linge	Magnétoscope	Réfrigérateur	Lave-vaisselle	Téléviseur
19,8 %	19,4 %	19,0 %	18,5 %	17,9 %

Chaîne hi-fi	Sèche-linge	Congélateur	Micro-onde
17,0 %	16,2 %	15,5 %	11,2 %

Source : enquête « Budget des ménages » de 1995

Or si l'endettement correspondant figure au passif financier du patrimoine des ménages, par contre son objectif originel, la possession de biens durables, ne figure pas à l'actif, ce qui constitue un facteur indéniable de sous-estimation du patrimoine net. Et comme le note A. Babeau (in Kessler, Masson, Strauss-Kahn [1982]) : « *Cependant, on ne peut nier que, tout spécialement pour les jeunes ménages, l'acquisition de biens durables tels que l'automobile, l'équipement électroménager, la chaîne haute-fidélité s'insère dans une série de décisions de type patrimonial (constitution d'une épargne préalable, appel à l'endettement)* » (p. 578).

B / Cohérence de l'analyse économique

Par nature, les biens durables procurent une satisfaction étalée sur plusieurs périodes. Par conséquent une analyse économique rigoureuse de leurs demande et détention doit s'intégrer dans un cadre d'optimisation intertemporelle de stock, en opposition totale avec le postulat de consommation immédiate de la comptabilité nationale qui

---

2 Pour les biens autres que l'automobile, faute de données, on suppose que tous les achats d'occasion se font au comptant. Le biais éventuel est tout à fait marginal du fait d'un prix d'achat souvent trop faible pour justifier un crédit, et d'un circuit d'échange (entre particuliers ou vente aux enchères) qui ne pratique pas le crédit [D. Verger, 1984b].

ne permet pas de saisir entre autres trois phénomènes caractéristiques de ces biens.

a) L'utilisation de la plupart des biens durables occasionne **des achats corollaires réguliers de biens fongibles**, sorte de consommations incompressibles étalées sur plusieurs années. L'exemple type en est l'automobile. Le poste « acquisition » (prix d'achat + frais financiers) ne représente qu'un peu moins de 40 % du budget annuel total (40 620 F) consacré à ce mode de transport, le reste étant consacré à l'entretien, au garage, au carburant, à la vignette, à l'assurance et aux péages (source : Fédération française des Automobile-Clubs, 1997). Or la plupart de ces frais sont liés aux caractéristiques du bien détenu, et donc en première approximation à sa valeur.

b) Comme nous l'avons déjà souligné dans l'introduction, l'extrême volatilité des achats de biens durables n'est compréhensible que dans le cadre d'une démarche analytique empruntée aux **théories de l'investissement**, reposant sur un raisonnement trinaire, flux / stock / rendement. Or l'utilisation de tels modèles repose sur la disponibilité d'une comptabilité de stock en valeur.

c) Une approche exclusivement quantitative en termes de parc détermine automatiquement une problématique en termes de dichotomie primo-demande / demande de remplacement. Or le caractère évolutif de l'offre proposée au consommateur, et donc l'obsolescence qu'elle engendre, est déterminante quant à la **rapidité du renouvellement**. Là encore la construction de séries homogènes en valeur est indispensable.

C/ Cohérence de l'analyse sociale

Enfin, **même si l'on peut contester l'aspect monétaire du patrimoine en biens durables** (du fait d'une dépréciation accélérée et de l'inexistence de marchés organisés de revente, la liquidation est problématique)**, il s'agit néanmoins d'un élément essentiel du niveau de vie du ménage**. Quelques exemples permettent d'illustrer ce point :

- la disparition brutale de ce type de bien peut être **un facteur important de précarité sociale**. Une vieille voiture qui «lâche» du jour au lendemain et ce peut être un handicap certain en termes d'accès à l'emploi ;

- **en termes ostentatoires**, ces biens constituent un élément fondamental des relations de voisinage et d'intégration dans une couche sociale ;

- **lors des successions** notariales, il y a application d'un forfait mobilier, représentant 5 % de la valeur du bien immobilier considéré, ce qui suppose une certaine proportionnalité entre la valeur des biens durables et le patrimoine immobilier détenu par le ménage ;

- le manque de données et d'intérêt pour ces éléments du patrimoine peut également engendrer **certaines inégalités sociales inattendues vis-à-vis de la fiscalité**. Ainsi les biens durables sont pris en compte lors de l'établissement des dossiers de surendettement (outre les actifs financiers et immobiliers, figurent « à l'actif » les véhicules et les « autres biens », sans précisions supplémentaires mais il s'agit justement dans les faits des biens durables importants). Par contre ils ne font pas partie de l'assiette imposable de l'impôt de Solidarité sur la Fortune (sauf l'automobile et les meubles meublant)[3].

En résumé, un simple raisonnement quantitatif en termes d'unités physiques et de taux d'équipement conduit à un raisonnement binaire («en avoir ou pas», sous-titre d'un article de D. Verger de 1985), qui est source d'uniformisation abusive. Le type du bien et son âge sont essentiels en termes d'explication de la demande de renouvellement, de satisfaction économique et d'ostentation sociale. Une procédure de valorisation du stock, même sommaire et imparfaite, paraît alors utile dans le cadre de comparaisons diachroniques et synchroniques.

---

[3] De plus, comme le remarque le Rapport du Conseil des impôts de 1986 concernant les impôts sur le capital, les impôts spécifiques aux biens durables sont classifiés de manière contradictoire : la redevance télévision (de même pour la taxe éphémère sur les magnétoscopes de 1984) est considérée comme un « *impôt sur service* » (inclus dans les impôts sur la production) alors qu'elle est fondée sur la propriété. Par contre, la vignette automobile fait partie de la catégorie « *impôts courants sur le revenu et patrimoine* », alors qu'elle est fondée sur l'usage (circulation du véhicule).

Section 2
MÉTHODOLOGIE D'UNE COMPTABILITÉ PATRIMONIALE

Deux types de mesure d'un stock sont envisageables, en quantités physiques et en valeur. En termes de **quantités physiques**, le stock, ici le parc de biens durables, est simplement la somme du nombre de biens achetés par le passé et encore survivants à la fin de l'année t (y compris ceux acquis durant l'année qui vient de s'achever). L'avantage de cette procédure est son extrême simplicité. Aucune hypothèse restrictive n'est nécessaire, et le bien-être d'une population ou d'une catégorie de ménage peut alors s'apprécier au regard de ses taux d'équipement. Mais ainsi que nous l'avons souligné, l'inconvénient évident pour l'analyse économique est que cela conduit à gommer entièrement l'extrême hétérogénéité des biens, de caractéristiques, de générations et d'âges différents (une Mercedes neuve est comptabilisée de la même façon qu'une 4L vieille de 25 ans par exemple). De plus, toute agrégation des divers types de biens durables est rendue impossible (comment additionner des automobiles, des réfrigérateurs, des lave-linge... ?), ce qui exclut la moindre comparaison avec l'ensemble des variables macro-économiques, et notamment avec le patrimoine global des ménages. Seule donc la tenue d'un comptabilité **en valeur** permet d'intégrer les biens durables aux comptes de patrimoine des ménages[4].

A / Principes généraux

1) La méthode de l'inventaire permanent

La technique généralement retenue de valorisation du parc de biens durables est copiée sur celle du stock de capital fixe productif, employée aussi bien par l'INSEE en France que par le BEA aux États-

---

4 en se rappelant cependant que les statistiques quantitatives de parc sont l'élément constitutif indispensable des tables de survie précédemment construites qui seront reprises ici.

Unis, à savoir la **méthode de l'inventaire permanent** (dite aussi chronologique), préférée aux autres méthodes traditionnelles de :

- valeur d'acquisition (ou valeur historique), car non conforme aux règles comptables courantes ;
- valeur de réalisation (ou valeur vénale), rejetée car pour les biens durables, hors automobiles, il n'existe pas de prix de marché de référence, soit en raison d'absence de transactions ou d'un manque d'observations synthétiques, soit parce que la fraction échangée peut donner un résultat non représentatif de l'état de l'ensemble de la population des biens (cas des « *lemons* », où les mauvais biens chassent les bons du marché de l'occasion) ;
- valeur de remplacement, qui pose un problème de comparabilité intertemporelle des actifs ;
- valeur de capitalisation des revenus futurs, une méthode trop complexe dans le cas de biens détenus par des ménages et non par des entreprises.

Pour les actifs reproductibles fixes (détenus par les unités productives, i.e. les entreprises et les administrations), cette méthode de l'inventaire permanent choisie par l'INSEE se fonde sur l'égalité suivante :

(1) $A(n)=A(n-1) + F(n) - CCF(n) + R(n)$ où :

- $A(n)$ est la valeur de l'actif en fin de période n (respectivement en n-1) ;
- $F(n)$ est le Flux annuel d'accumulation en termes monétaires, ici la Formation brute de capital fixe de l'année n ;
- $CCF(n)$ est la Consommation de capital fixe : « *La consommation de capital fixe représente la dépréciation subie au cours de la période considérée, par le capital fixe par suite* ***d'usure normale et d'obsolescence prévisible****. (...) La consommation de capital fixe est calculée selon la méthode de l'amortissement linéaire, c'est-à-dire en répartissant la valeur à amortir de manière égale sur toute la durée probable de l'utilisation d'un bien de capital.* » (SECN [1987], p. 200). Cet amortissement de nature économique est donc propre à la Comptabilité nationale et diffère des procédures d'amortissement fiscal ou de comptabilité d'entreprise.

- *R(n)* est la réévaluation nette due aux variations de prix des actifs, où « *les gains et pertes en capital contiennent les gains et pertes réalisés et les gains et pertes potentiels* » (p. 201), qu'ils résultent de la variation du niveau général des prix ou de la variation relative du prix de l'actif.

La méthode pour évaluer le patrimoine en biens durables sera similaire mais diffère sur un point essentiel, la prise en compte de la Consommation de Capital Fixe. Nous distinguerons en effet **comportements de retrait** (disparitions définitives) et **amortissement** (usure et obsolescence), à l'image de ce que fait le BEA, ce qui permettra de construire deux séries différentes, de stock brut et de stock net.

2) Stock brut et stock net[5]

Le **stock brut** d'un bien durable particulier est la somme des **valeurs à neuf** des biens survivants en t, à savoir **la somme des achats des années précédentes exprimés aux prix de l'année de base, en retirant la valeur des appareils qui ont achevé leur vie** (en utilisant les taux de retrait à chaque âge précédemment calculés).

En conséquence, comme les organismes nationaux de statistiques essaient dans les calculs à prix constants de prendre en compte les changements des spécifications techniques du bien, l'ensemble du stock est donc estimé au regard de la qualité (ou plus objectivement de la nature) du bien de l'année de référence, appelé « **produit élémentaire** » dont « *les caractéristiques distinctes physiques sont connues et restent stables au cours du temps* » (p. 215). En d'autres termes, la variation en volume « *reflète à la fois les variations de quantité, les variations de nature et les variations de*

[5] **Dans tout l'ouvrage, l'emploi des termes brut et net à propos du stock de biens durables est à rapprocher des concepts de Formation Brute de Capital Fixe (FBCF) et Formation Nette de Capital Fixe (FNCF), c'est-à-dire net d'amortissement, et non de ceux de patrimoine brut et net, i.e. net d'endettement.**

répartition des emplois [6]*: c'est par définition, une variation de valeur à prix constants.* » (p. 216).

La valeur du stock brut ainsi obtenue représente donc **le coût de remplacement à neuf aux prix de 1980** (i.e. en référence à la nature du bien existant en 1980, par opposition à la procédure traditionnelle de la valeur de remplacement évaluée aux prix courants) de l'ensemble des biens durables encore utilisés.

Le **stock net** résulte lui de l'addition des **valeurs en l'état** des biens survivants en t. Aux achats annuels exprimés aux prix de l'année de base et corrigés des retraits intervenus, on **appliquera une dépréciation linéaire en Francs constants par période** sur toute la durée de vie médiane ou moyenne. Il en résulte que le stock net croît plus vite que le stock brut en période de forte dépense en biens durables par rajeunissement du parc (i.e. diminution de l'âge moyen), et moins vite en période de ralentissement.

3) Valeur nette marchande, comptable ou d'usage ?

Afin d'apprécier la portée des résultats à venir, il nous paraît nécessaire d'expliciter ce concept de stock net, i.e. de valeur en l'état.

Comme nous l'avons souligné, en dehors de l'automobile, une **valorisation marchande** par les prix d'occasion est impossible. La méthode que nous emploierons et que nous venons d'exposer pourrait être qualifiée de **valorisation « quasi-marchande » ou comptable**. A chaque période, « l'évaporation » du stock net résulte de la combinaison des taux de survie et de l'amortissement, combinaison dont la justification est la suivante :

a) les taux de survie économique intègrent les deux sources de disparition :

- par destruction de toute production de services (mort technique, i.e. mise au rebut suite à une panne) ;

---

[6] au sein du même poste coexistent des biens aux caractéristiques pour partie différentes. Ainsi pour l'automobile, la préférence récente pour le diesel induit une déformation vers le haut de la structure des prix.

- par impossibilité de revente du fait d'une obsolescence totale et/ou de l'inexistence du marché d'occasion (mort économique, i.e. mise au rebut en état de marche) ;

b) l'amortissement, supposé uniforme sur la durée de vie moyenne[7] ou médiane rend compte de :
- la dégradation du service technique (par usure et par obsolescence) ;
- la perte de valeur au fur et à mesure que le bien vieillit, par disparition d'une partie de la quantité totale de services qu'il est susceptible de rendre sur le restant de son cycle de vie.

Or à partir de ce dernier aspect, et alternativement à cette distinction entre disparition et dépréciation, nous aurions pu choisir une « **valorisation d'usage** » (indifférenciée) déduite de l'efficacité productive du capital en ce bien durable sur l'ensemble de sa durée de vie.

L'idée est la suivante : à **prix de vente constant**, le rapport entre prix à l'âge x et prix du bien neuf (P_0) est égal au rapport entre l'espérance de vie résiduelle moyenne à l'âge x et l'espérance de vie moyenne à la naissance (dm étant la durée de vie maximale), soit :

$$(2)\ P_x / P_0 = \sum_{z=x+1}^{dm} s_z / \sum_{z=1}^{dm} s_z$$

ce qui donne par exemple pour le lave-linge, une courbe monotone décroissante :

---

[7] Ainsi, la plupart des entreprises d'assurance et de dépannage utilisent cet amortissement constant par période, où l'infériorité de services (par usure et obsolescence) est la même à toutes les périodes. En cas de sinistre assuré, cette valeur potentielle deviendra donc effective lors du remboursement. En général, elles appliquent un coefficient de vétusté (δ) de 10 % par année d'âge pour le ménager, et de 15 % pour la TV-Vidéo-Hi-fi-Son, ce qui finalement correspond à une durée d'amortissement proche des médianes d'espérance de vie précédemment calculées.

Figure 2.1 : Dépréciation d'usage de la valeur du Lave-linge[8]

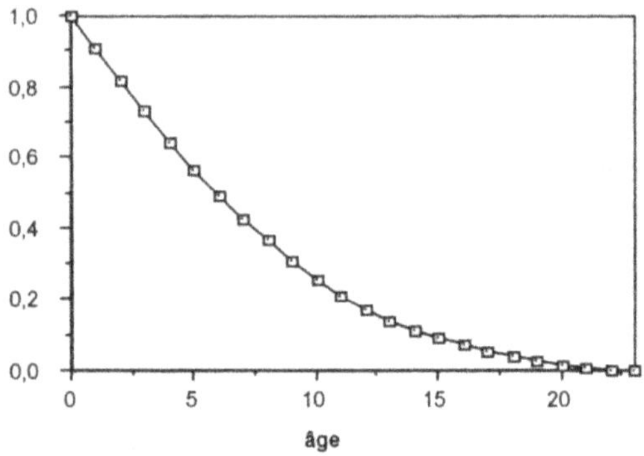

Cette dépréciation « d'usage » est ainsi plus continue, non linéaire et plus lente que la dépréciation « comptable ». Les biens âgés (i.e. d'âge supérieur à l'âge médian de 11 ans) conservant encore une certaine valeur, les valeurs estimées du stock net seraient plus élevées.

Implicitement, **ce calcul permettrait d'appréhender la valeur d'usage attribuée au bien par les ménages possesseurs** (une mesure du degré de leur satisfaction en relation avec un rythme de renouvellement), en somme une estimation personnelle du vieillissement économique à l'image de la remarque de l'INSEE à propos de l'évaluation du patrimoine en actifs productifs : « *il s'agit d'une valeur dans l'optique de la poursuite de l'activité qui ne se trouve pas toujours appréhendée par les marchés de biens d'occasion* » (SECN, 1987, p. 198). La valeur d'usage est donc toujours supérieure à la valeur d'échange du fait de l'imperfection des marchés d'occasion.

Malheureusement, du fait d'un manque de données statistiques concernant les biens durables d'occasion, cette dernière méthode est difficilement applicable à l'ensemble des biens durables (nous reviendrons sur les conséquences importantes de ce choix en conclusion de cette première partie).

---

8 La durée de vie maximale est ici de 23 ans, en supposant des taux de survie déclinant uniformément de 3 % par an à partir de 20 ans. La durée de vie moyenne est alors de 11,7 années (la médiane étant de 10,75 ans).

B / Construction des séries

La procédure générale que nous retiendrons est donc identique à celle du BEA, les seules modifications marginales concernent les hypothèses sur les comportements de retrait (loi de Weibull propre à chaque bien au lieu d'une loi dite de Winfrey[9] identique pour tous les biens) et les durées d'amortissement linéaire (fondées sur la durée de vie médiane au lieu de la durée de vie moyenne).

1) Articulation des quatre séries de patrimoine en biens durables

Le stock brut (en valeur à neuf) **d'un bien durable particulier (i) aux prix de 1980** est donc à la fin de l'année h[10] :

$$(3)\ STOCK\ Brut_h^{80}(i) = \sum_{n=h-20}^{n=h} \begin{pmatrix} Achats\ en\ n \\ aux\ prix\ de\ 1980 \end{pmatrix} * \begin{pmatrix} Taux\ de\ survie \\ à\ l'âge\ h-n \end{pmatrix}$$

Cette estimation à prix constants représente la valeur à neuf des biens durables possédés par les ménages au regard de la qualité de ces biens en 1980.

Le stock brut à prix courants s'obtient en multipliant chaque stock ainsi obtenu par l'indice des prix propre au bien considéré. Il s'agit alors, toujours au regard de la qualité des biens de 1980, d'une estimation de la valeur de remplacement à neuf des biens durables détenus par les ménages, soit pour chaque bien durable :

$$(4)\ STOCK\ Brut_h^{(h)}(i) = \left(STOCK\ Brut_h^{(80)}\right) * \begin{pmatrix} Indice\ de\ prix(i) \\ base\ 100\ en\ 1980 \end{pmatrix}$$

---

9 Le BEA opte pour sa part pour une loi dite de Winfrey L2 (hors automobiles pour lesquels il dispose directement des statistiques de retraits), où les retraits débutent à 25 % de la durée de vie moyenne et s'achèvent à 215 %, avec une concentration des abandons juste avant la moyenne (maximum de retraits à 85 %), et des abandons plus étalés par la suite.

10 **Afin de pouvoir construire des séries remontant suffisamment loin dans le temps, on suppose arbitrairement que tous les biens ont disparu au bout de 20 ans (loi de survie tronquée).**

Le **stock net** (en valeur en l'état) **aux prix de 1980** est calculé à partir de (3) par simple amortissement linéaire dont les limites supérieures sont les durées de vie médiane précédemment calculées (TELE 7 ans, LLING 11 ans, REFRI et CONGÉ 12 ans, LVAIS 11 ans). Par contre pour l'automobile, comme l'on dispose de données directes de dépréciation à partir des cotes de l'occasion (type Argus), nous utiliserons la loi d'amortissement suivante, issue des travaux de l'INSEE :

Tableau 2.2 : loi moyenne de dépréciation pour l'automobile[11]

âge	1	2	3 à 6	7 à 11	Total
Trognon (1980)	20 %	15 %	10 % par an	5 % par an	100 %

On a donc :

$$STOCK\ Net_h^{(80)}(i) =$$

$$(5)\quad \sum_{n=h-mé+1}^{n=h} \begin{pmatrix} Achats\ en\ n & * & Taux\ de\ survie & * & 1-amortissement\ cumulé \\ aux\ prix\ de\ 1980 & & à\ l'âge\ h-n & & à\ l'âge\ h-n \end{pmatrix}$$

La valeur calculée ici est donc celle des biens "en l'état", que nous avons intitulé valeur « quasi-marchande ».

Nous présentons également le **stock net** (en valeur en l'état) aux prix courants, obtenu selon la même procédure que pour le stock brut aux prix courants[12].

[11] En fait si les automobiles de plus de 10 ans (22 % du parc en 1994) ne sont plus cotées, leur valeur résiduelle est toutefois loin d'être nulle (En 1994, pour un véhicule « en état convenable », 8000 à 10 000 F pour une 4 à 6 CV, 5000 F pour une 7 CV et plus). D'ailleurs l'exonération de vignette n'intervient que pour les véhicules de plus de 25 ans (environ 5 % du parc). Le BEA applique ainsi une valeur nominale fixe aux automobiles de plus de 10 ans. A titre d'exemple en 1994, on aurait le résultat suivant : 24 200 millions de Francs soit environ 5 % de la valeur calculée du parc net de 1994.

[12] Pour l'automobile, nous aurions pu utiliser l'indice INSEE des prix des véhicules d'occasion (représentatif des véhicules d'âge 1 à 8). Mais cet indice n'existe que pour la période 73/92, et de toutes façons, son évolution est grandement similaire à celle de l'indice des automobiles neuves.

2) Un champ limité par les données disponibles

Enfin, il faut nous attarder sur quelques restrictions d'usage des séries ainsi obtenues. L'étude se restreint aux biens durables d'origine industrielle (actifs reproductibles), c'est-à-dire à l'exclusion des meubles d'époque, bijoux et objets d'art du fait de l'absence de recensements et de sources fiables de valorisation, chaque bien constituant presque un cas particulier.

En ce qui concerne l'ameublement courant, on dispose de séries longues de consommations annuelles, mais d'une seule enquête spécifique de l'INSEE qui ne permet pas d'évaluer une table de survie pour les raisons évoquées en introduction (« on se meuble pour la vie »). Néanmoins à titre complémentaire, nous proposons une estimation (sans doute exagérément simplificatrice) de ce patrimoine par une procédure d'amortissement linéaire global sur 20 ans. De même pour les autres biens durables importants[13] non couverts par les enquêtes de conjoncture et pour lesquels on ne dispose donc pas là encore de taux de survie, nous appliquons un amortissement linéaire forfaitaire homogène de 10 ans. Pour ces biens et l'ameublement, comme l'on ne peut différencier disparition technique et usure/obsolescence, nous ne calculerons donc qu'une approximation d'un stock net à Francs constants, et à Francs courants, tout en sachant que leur importance au sein de l'ensemble « biens durables » est loin d'être négligeable (la moitié du total des achats annuels dans les années 60, 43.7 % aujourd'hui) :

Tableau 2.3 : Part des différents biens dans le total des achats de biens durables (aux prix courants)

moyenne	1960-1969	1970-1979	1980-1989	1990-1997
Automobiles neuves	30.6 %	37.5 %	45.1 %	47.1 %
Réfri+Lling+Lvais+Télé	19.3 %	14.6 %	10.3 %	9.2 %
Meubles	25.6 %	26.4 %	24.3 %	22.9 %
Autres biens durables	24.5 %	21.5 %	20.3 %	20.8 %

Source : Série consommation des comptes nationaux

---

13 Par rapport à la classification de l'INSEE en termes de durabilité, nous avons extrait les lave-vaisselle de la catégorie « autres biens durables importants ». Restent donc dans cette catégorie : machines agricoles, micro-ordinateurs, matériel téléphonique, tous les appareils de son, les appareils de cuisine et de chauffage d'appoint, le petit électroménager, les caravanes, les cycles et les 2 roues à moteur.

Section 3
LE PATRIMOINE EN BIENS DURABLES DES FRANÇAIS

La portée des comptes patrimoniaux obtenus par la méthode de l'inventaire permanent (les données complètes figurent en annexe de ce chapitre ; tableaux A2.1 à A2.4). peut être appréciée à deux niveaux, diachronique (**A**) et synchronique (**B**).

A / Analyse des résultats globaux

1) 1970-1997 : malgré la crise, une croissance soutenue de la valeur du stock

Les séries disponibles de consommation en base 1980 débutent en 1960. En conséquence, pour le patrimoine brut, la rétropolation du stock ne peut se faire que jusqu'en 1980 puisqu'il faut pour cela remonter 20 ans en arrière (loi de survie tronquée après 20 ans). Par contre, la série de patrimoine net peut débuter dés 1970 puisque la durée d'amortissement la plus longue est de 11 ans (réfrigérateur), et donc plus aucun bien n'a de valeur au-delà de l'âge de 11 ans.

a) Patrimoine brut (valeur à neuf)

En 1997, aux prix courants, la valeur du patrimoine brut pour les 5 biens durables les plus importants (automobile, lave-linge, réfrigérateur et congélateur, lave-vaisselle, téléviseur) était de 1625 milliards de Francs (tableau A2.2 en annexe). **Par ménage, ce patrimoine brut est d'environ 70 000 F en 1997**. Ces 70 000 F représentent donc la valeur d'un remplacement à neuf de l'ensemble des biens durables détenus. Ce stock brut correspond environ à un tiers du Revenu Disponible Brut d'un ménage et en moyenne à plus de deux ans d'effort d'épargne. Ceci donne une idée du nombre d'années nécessaires pour reconstituer le stock en cas de destruction complète.

Entre 1980 et 1997, le stock total brut à prix constants, toujours pour les 5 biens durables les plus importants a cru de 74 % et rapporté au nombre de ménages, de 43 % :

Tableau 2.4 : Patrimoine brut à prix constants (1980), en milliards de Francs

	Auto	Lling	Lvais	Réfri+ Congé	Télé	Total	Total / ménage en Francs
1980	446	16	8	35	49	556	28 999 F
1997	753	26	19	50	117	967	41 533 F
97/80	+ 69 %	+ 62 %	+ 146 %	+ 40 %	+ 138 %	+ 74 %	+ 43 %

Sur la période, 1993 et 1997 sont les seules années où ce stock brut par ménage diminue, situation comparable aux phases de désinvestissement par non-remplacement en ce qui concerne le capital productif des entreprises (se reporter au tableau A2.1 en annexe).

Concernant le lave-vaisselle et le congélateur indépendant, la croissance provient essentiellement d'une forte progression des taux d'équipement des ménages. Pour le premier, 35 % des ménages étaient équipés en 1997 contre seulement 16 % en 1980, pour le second, 47 % en 1997 contre 28 % en 1980.

Concernant les autres biens, l'équipement était déjà généralisé à presque toute la population en 1980 et donc la diffusion a peu progressé depuis. Par contre s'est fortement développé le multiéquipement en automobiles et téléviseurs (le taux d'équipement en seconde voiture et second poste est respectivement de 28 % et 26 % en 1997). De plus on constate une hausse de la valeur moyenne unitaire des achats d'automobiles (plus 20 % en F80 sur la période), ce qui traduit une « montée en gamme » des achats des ménages.

b) Patrimoine net (valeur en l'état)

En 1997, la valeur théorique de marché à prix courants du patrimoine constitué des 5 biens durables les plus importants en possession des ménages serait d'environ 650 milliards de Francs (soit près de 28000 F par ménage). Si le ménage devait revendre tous ses biens durables pour faire face à des difficultés financières, cette valeur ne représenterait que 10 % de son Revenu

Disponible Brut, et selon l'évolution conjoncturelle du taux d'épargne entre 40 % et 100 % du montant de l'épargne brute. En terme de structure, et sans changement notable tout au long de la période sous revue, l'automobile constitue l'essentiel de ce patrimoine des ménages, en moyenne prés de 3/4 de la valeur totale du stock net (tableau A2.4).

S'agissant de stock, les fluctuations de ce patrimoine net en biens durables sont évidemment beaucoup plus amorties que les évolutions erratiques des flux annuels de consommation, et ces évaluations prennent donc toute leur valeur dans le cadre d'études en termes de bien-être :

Figure 2.2 : Taux de croissance annuels de la consommation et du stock net (à prix courants) de l'ensemble des 5 biens durables étudiés

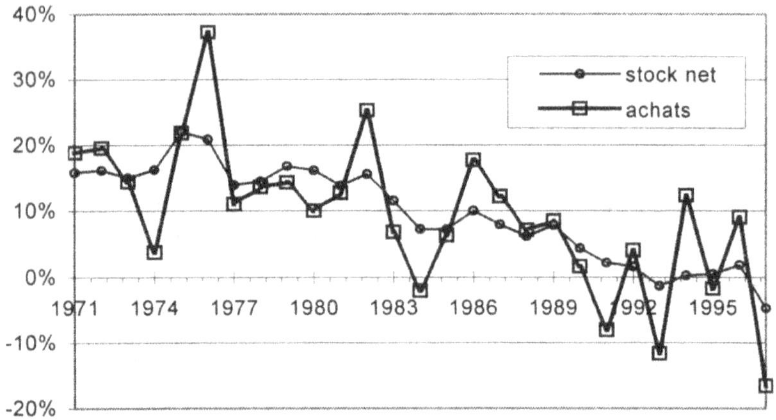

De 1970 à 1997, le patrimoine net en francs constants de ces 5 biens durables a quant à lui été multiplié par 2,95 (Tableau A2.3 en annexe). Sur 1980/97, la croissance a été de 47 %, légèrement plus faible que celle du patrimoine brut, car l'accroissement quantitatif du parc se traduit par une proportion supérieure d'automobiles récentes, se dépréciant donc plus rapidement, et par une diminution du poids des biens d'âge supérieur à la durée d'amortissement (intégrés dans le stock brut mais non dans le stock net). **Par ménage, le patrimoine**

net à prix constants aurait donc plus que doublé (figure 2.3) passant de 8200 F à 17000 F, soit une croissance moyenne d'environ 2 % par an, avec cependant une année de croissance négative (1985) **et une stagnation certaine depuis 1991**, conséquence logique des deux crises conjoncturelles particulièrement marquée sur le marché automobile. En effet en période de crise, une manière immédiate d'ajuster son budget est de faire durer un peu plus son automobile ou son électroménager en retardant l'achat de renouvellement, c'est-à-dire d'accepter des services dépréciés (cas du début des années 80 et de la première moitié des années 90)[14] :

Figure 2.3 : évolution du patrimoine net en biens durables (5 biens) par ménage à prix constants (1970/1997)

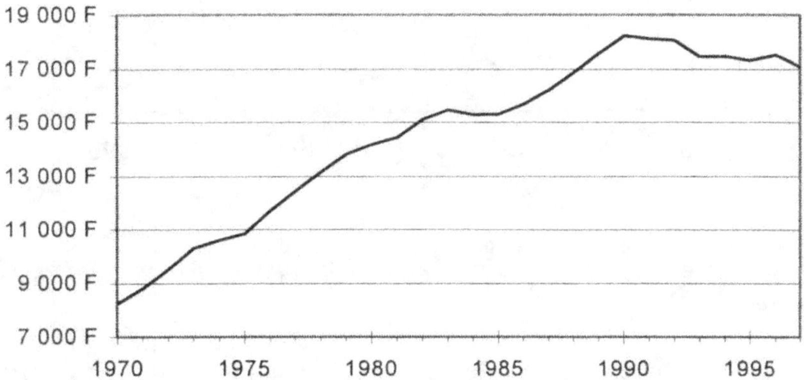

Si nous ajoutons maintenant aux 5 biens durables étudiés, les meubles et les autres biens durables (en utilisant une simple procédure d'amortissement respectivement sur 20 ans et sur 10 ans), **en 1997 aux prix courants la valeur du stock net du total des biens durables représenterait environ 1800 milliards de Francs, soit près de 77 000 F par ménage**.

14 A contrario, l'année 1998 devrait être exceptionnelle pour le secteur automobile, rattrapage logique du « retard » pris depuis 1991.

Exprimé en francs constants, le patrimoine net total par ménage se serait accru de 30 %, marqué toujours par une stagnation certaine durant les années 90 :

Figure 2.4 : évolution du patrimoine net en biens durables (tous biens) par ménage à prix constants (1980/1997)

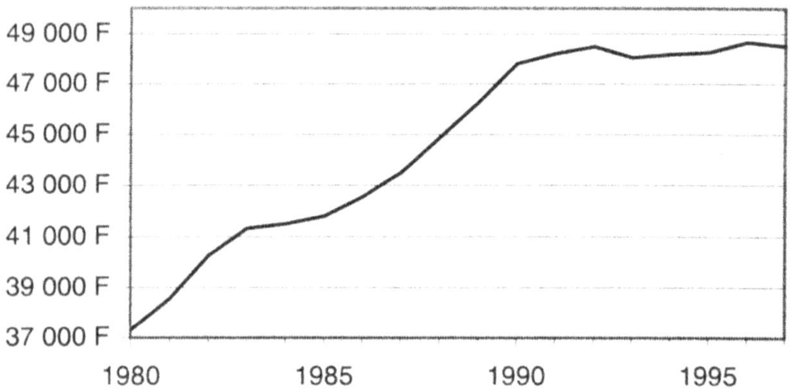

2) les biens durables : entre 7 et 8 % du patrimoine total des ménages

Si le stock des 5 biens durables étudiés s'est accru, son importance au sein du patrimoine total des ménages reste assez marginal, environ 2 % du total des actifs détenus et 3 % de la valeur nette (i.e. une fois déduit l'endettement) :

Stock net des 5 biens durables étudiés /	1970	1975	1980	1985	1990	**1995**
total actifs	1,84%	2,12%	2,31%	2,42%	2,39%	**2,54%**
valeur nette	2,12%	2,45%	2,67 %	2,81%	2,90%	**2,95%**
actifs fixes en logement	5,47%	5,40%	5,19%	5,26%	5,54%	**6,01%**

Source : calcul à partir du Rapport sur les comptes de la nation

Si nous ajoutons maintenant aux 5 biens durables étudiés, les meubles et les autres biens durables, nous aboutissons à une estimation proche de celle généralement retenue dans les divers ouvrages sur le patrimoine des français, soit entre 7 et **8** % du patrimoine total (voir par exemple Kessler, Masson, Strauss-Kahn [1982]) :

biens durables étudiés + meubles + autres biens durables /	1970 et 1975	1980	1985	1990	**1995**
total actifs	nd	6,61%	7,03 %	6,63%	**6,79%**
valeur nette	nd	7,63%	8,18%	8,03%	**7,87%**
actifs fixes en logement	nd	14,87%	15,30%	15,37%	**16,06%**

Enfin si l'on rapproche ces estimations des autres actifs réels en possession des ménages, principalement les résidences principales et secondaires (en excluant le patrimoine professionnel des entrepreneurs individuels), les 5 biens durables étudiés[15] et le total des biens durables en représenteraient respectivement 6 % et **16 %** (dernières lignes des deux tableaux).

A titre de comparaison, selon les estimations du BEA, l'ensemble des biens durables représenteraient environ 32 % de l'actif résidentiel des ménages américains, et **23 %** si l'on rend les nomenclatures française et américaine comparables. Si l'on suppose que l'offre de biens durables est relativement similaire dans les deux pays (caractéristiques, coûts de production, réseau de commercialisation), en guise de pistes de réflexion sur cette différence de détention relative, nous pouvons appliquer au domaine spécifique des biens durables les 5 groupes de facteurs qui selon D. Kessler et E. Wolff [1991] peuvent être à l'origine de différences entre pays dans la structure du patrimoine :

- la **structure démographique** propre à chaque pays, notamment la composition par âge (la population US globalement plus jeune est un facteur favorable à un poids plus grand des biens durables au sein

---

15 Si l'on fait le sous-total électroménager plus meubles, on obtient alors 8 %, pourcentage plus élevé que les 5 % du forfait mobilier notarial.

du patrimoine). Par contre la taille des ménages, légèrement plus élevée aux USA occasionnerait plutôt une certaine économie d'échelle sur l'électroménager ;

- l'**environnement économique** : le revenu par tête mais aussi la richesse plus grande des ménages américains engendrerait plutôt une moindre importance relative des biens durables mais ceci pourrait être compensée par une répartition des revenus et des richesses plus inégalitaire aux USA ; l'importance prise par le patrimoine-logement en France restreindrait d'autant les capacités financières pour « investir » dans les biens durables ;

- l'**environnement institutionnel** a sans doute ici une influence considérable. Aux USA, les intérêts payés sur tout type d'emprunt sont en partie déductibles du revenu pour le calcul de l'impôt sur le revenu (en totalité jusqu'en 1986), alors qu'en France ce n'est traditionnellement le cas que pour les emprunts immobiliers et sous plafond. On retrouve ici la faiblesse historique bien connue de l'importance du crédit à la consommation en France par rapport aux USA[16] ;

- la **liquidité de chaque marché d'actif patrimonial** : dans notre cas, la revente de biens durables serait plus courante aux USA du fait d'une plus grande mobilité géographique ;

- et enfin **les préférences** : celles-ci ne sont d'ailleurs pas seulement subjectives (le « sweet home » anglo-saxon ?), les besoins « objectifs » étant également différents (taux d'activité féminin, importance du réseau des transports collectifs, climatisation ...).

B / Biens durables et inégalités de patrimoines entre catégories sociales

1) Une méthode indirecte de calcul

L'élaboration directe de comptes de patrimoine par catégorie sociale selon la procédure de l'inventaire permanent est à double titre impossible :

---

[16] Les différences dans l'offre de financement et les facteurs culturels ne sont toutefois pas à négliger.

- on ne dispose pas des flux annuels d'achats ventilés par catégorie sociale ;

- on ne connaît pas la valeur des transferts de biens entre catégories sociales lors des ventes d'occasion (le don quant à lui intervenant à priori plutôt au sein d'un même milieu social, par liens de parenté ou de voisinage).

Aussi afin d'obtenir **le patrimoine net d'un ménage de PCS j en biens durables de type i**, il faudra procéder, selon une méthodologie proposée par A. Trognon [1980], à une triple correction à partir des informations contenues dans l'enquête *Budget des ménages* de 1989, concernant les taux d'équipement et de multiéquipement (*a*), la valeur moyenne d'achat (*b*), et, uniquement pour l'automobile, le comportement de renouvellement (*c*).

a) établissement d'un coefficient correcteur de possession

Les taux d'équipement et le degré de multiéquipement peuvent être considérablement différents entre catégories sociales, et selon le bien durable considéré. Ainsi, rapporté à cent ménages, un nombre d'appareils supérieur à 100 peut s'expliquer soit par la propriété d'une résidence secondaire, cas du réfrigérateur par exemple, soit par le multiéquipement de la résidence principale, téléviseur notamment (Tableau 2.5 page suivante).

Alors que le nombre d'appareils détenus est peu discriminant dans le cas du réfrigérateur (échelle de 1 à 1,18 entre les inactifs non retraités et les cadres supérieurs), par contre il l'est fortement dans le cas de l'automobile, du congélateur et surtout du lave-vaisselle (de 1 à 6 toujours entre inactifs et cadres supérieurs). Afin de tenir compte de ces différences, on établit donc pour chaque type de bien un coefficient correcteur de possession :

$$a = \frac{nombre\ d'appareils\ détenus\ pour\ 100\ ménages\ de\ CSP\ j}{nombre\ moyen\ d'appareils\ détenus\ pour\ 100\ ménages}$$

Tableau 2.5 : Nombre d'appareils pour cent ménages au milieu de 1989

1989	nb de ménages en milliers	en % de la pop. totale	AUTO	REFRI	LLING	TELE	LVAIS	CONGÉ
agriculteurs exploitants	678	3,2 %	143,9	104,6	96,5	105,9	39,9	***90,6***
artisans, commerçants et chefs d'entreprise	1187	5,6 %	141,4	113,6	98,1	***126,3***	55,6	55,4
cadres et professions intellectuelles supérieures	1781	8,4 %	***155,1***	***123,2***	***105,6***	125,3	***71***	47
professions intermédiaires	2862	13,5 %	137,3	114,3	98	116,1	44,8	42,8
employés	2311	10,9 %	97,1	105,6	91,4	106,4	25,8	30,4
ouvriers	4601	21,7 %	118,8	105,1	95,1	116,5	24,5	48,6
retraités	6064	28,6 %	65,8	106,5	84,2	109,3	16,5	36,1
autres inactifs	1717	8,1 %	***46,1***	***104,5***	***69,5***	***100,3***	***11,5***	***19,6***
ENSEMBLE	21203	100,0 %	102,4	108,7	**91,8**	113,2	29,8	41,9
échelle			1 à 3,12	1 à 1,18	1 à 1,52	1 à 1,26	1 à 6,17	1 à 4,62

Source : INSEE Résultats n°241; (pour ce tableau uniquement) les données y sont présentées selon les anciennes CSP de 1969, par conséquent : - pour les 6 premières catégories, nous avons assimilés CSP et PCS, ce qui peut introduire un léger biais du fait du transfert : 1) des contremaîtres de la CSP « ouvriers » à la PCS « professions intermédiaires » ; 2) des militaires et policiers qui passent de la CSP (qui disparaît) « autres actifs » à la PCS « employés ». Plus marginalement en termes d'effectifs, les salariés agricoles et les personnels de service (CSP qui disparaissent) intègrent respectivement les ouvriers et les employés.

- afin de différencier les retraités des autres inactifs (intégrés dans la même CSP de 1969), on a tenu compte des différences de taux d'équipement et de multiéquipement (dans ce cas le biais pourrait provenir de l'existence d'un troisième appareil de même type au sein du ménage, cas tout à fait marginal pour cette catégorie).

b) coefficient correcteur de valeur

Même si les écarts sont ici moins notables que dans le domaine des taux d'équipement, il faut néanmoins également prendre en compte les différences de prix d'achat entre catégories sociales :

$$b = \frac{\textit{prix d'achat moyen pour la PCS } j}{\textit{prix d'achat moyen pour l'ensemble des ménages}}$$

Tableau 2.6 : Prix moyen par achat

1989	LLING	TELE couleur*	LVAIS	CONGÉ
agriculteurs exploitants	***3 062 F***	4 345 F	3 773 F	***2 949 F***
artisans, commerçants et chefs d'entreprise	3 328 F	4 813 F	***4 455 F***	2 392 F
cadres et professions intellectuelles supérieures	3 509 F	4 570 F	3 709 F	2 828 F
professions intermédiaires	3 222 F	4 217 F	4 141 F	2 528 F
employés	3 393 F	4 148 F	3 551 F	***2 004 F***
ouvriers	3 214 F	4 071 F	3 863 F	2 577 F
retraités	***3 550 F***	***5 105 F***	3 738 F	2 446 F
autres inactifs	3 317 F	***3 919 F***	***3 110 F***	2 482 F
ENSEMBLE	3 346 F	4 436 F	3 855 F	2 487 F
échelle	1 à 1,16	1 à 1,30	1 à 1,43	1 à 1,47

Source : Budget des ménages, 1989 ; (*) Pour le prix moyen d'achat, on ne prend en compte que les récepteurs couleur car les achats, très faibles en 1989, de postes Noir et Blanc ventilés par PCS posent des problèmes de significativité dus aux petits échantillons.

Concernant l'automobile et le réfrigérateur, il est nécessaire de construire des indices pondérés :

- le coefficient correcteur de valeur pour l'automobile est la somme des prix moyens des achats neufs et des achats d'occasion pondérés du poids du neuf et de l'occasion dans le total des achats ;
- de même, pour le réfrigérateur, il s'agit de la somme des prix moyens des achats de réfrigérateurs simples et des achats de réfrigérateurs combinés pondérés de leur poids dans le total des achats de chaque catégorie sociale.

Tableau 2.6 (suite) : Prix moyen par achat

1989	AUTO (neuves)	AUTO (occasion)	coeff auto	REFRI combiné	REFRI simple	coeff REFRI
agriculteurs exploitants	70 918 F	26 591 F	0,71	2 608 F	***2 429 F***	0,89
artisans, commerç. & chefs d'entreprise	***100 579F***	29 909 F	1,28	3 544 F	2 377 F	1,08
cadres & prof .intel. sup.	87 338 F	***39 898 F***	1,30	***3 756 F***	2 118 F	1,11
Prof. intermédiaires	76 839 F	36 024 F	1,04	3 040 F	2 145 F	0,99
employés	73 942 F	30 395 F	0,93	3 249 F	2 220 F	1,02
ouvriers	75 677 F	27 393 F	0,78	3 266 F	2 158 F	1,00
retraités	76 950 F	33 011 F	1,14	3 281 F	2 202 F	1,01
autres inactifs	***70 690 F***	***24 755 F***	0,87	***2 447 F***	***1 518 F***	0,75
ENSEMBLE	79 986 F	31 245 F	1,00	3 227 F	2 157 F	1,00
échelle	1 à1,42	1 à 1,61	-	1 à 1,53	1 à 1,60	-

Sur la base de ces deux corrections (*a* et *b*), et à titre d'exemple, la valeur du parc net en lave-linge détenu par les agriculteurs exploitants s'obtient à partir des tableaux précédents de la façon suivante :

- coefficient correcteur de possession, *a = 96,5 / 91,8 = 1,051* (ils détiennent légèrement plus de lave-linge que la moyenne de la population) ;

- coefficient correcteur de valeur, *b = 3062 F / 3346 F = 0,915* (par contre la valeur unitaire du bien neuf acheté est plus faible) ;

- on multiplie ensuite le produit[17] (*a.b*, soit 0.962) par la valeur en F89 du patrimoine national net en lave-linge (28900 millions de francs) et par l'importance de la PCS « agriculteurs exploitants » dans l'ensemble des ménages (3,32 %) pour obtenir la valeur détenue par la PCS, soit 923 millions de francs. En divisant enfin ce résultat par le nombre de ménages de cette PCS (678 000 en 1989), on obtient la valeur du parc net de lave-linge par ménage d'agriculteur (923/0,678) : **1361 F** (la faiblesse apparente de ce chiffre provient du fait qu'il s'agit d'une valeur moyenne « en l'état » tenant compte des ménages équipés et non équipés).

[17] Cas particulier, pour l'ensemble réfrigérateur / congélateur, on prend en compte les possessions différentielles en réfrigérateurs et congélateurs (*a*) et les prix moyens des réfrigérateurs simples, des combinés, et des congélateurs (*b*).

c) *les effets de l'âge moyen du parc par PCS sur la valeur nette*

Deux éléments de nature différente peuvent justifier les différences d'âge moyen :

- les biens durables se sont diffusés plus ou moins rapidement au sein des catégories sociales. L'âge moyen du parc des ménages les plus récemment équipés est donc inférieur à ceux des plus anciennement équipés (à rythme de renouvellement identique). Ainsi parmi les inactifs hors retraités, la forte proportion de jeunes ménages explique le faible âge moyen du parc (sauf s'il y a eu achat d'occasion ou don de parents) ;
- l'intervalle de renouvellement est plus ou moins court selon les PCS, sans que cela soit forcément lié au niveau de revenu (les retraités et les agriculteurs ayant un comportement plus « conservateur »)[18].

Faute de données en dehors de l'automobile, nous supposerons ici que ces deux effets sont négligeables pour les 4 autres biens durables.

Tableau 2.7 : âge moyen du parc automobile (neuf+occasion)

1989	AUTO	coeff AUTO
agriculteurs exploitants	***7,1 ans***	0,43
artisans, commerçants et chefs d'entreprise	5,2 ans	0,73
cadres et prof. intellectuelles supérieures	3,7 ans	1,06
professions intermédiaires	3,7 ans	1,06
employés	***3,5 ans***	1,10
ouvriers	4,0 ans	1,00
retraités	4,8 ans	0,82
autres inactifs	4,5 ans	1,61
ENSEMBLE	4,0 ans	1

Source : Budget des ménages, 1989

[18] en fait ce conservatisme est pour partie très rationnel : les automobiles de retraités et d'agriculteurs ne parcourent respectivement que 50 % et 75 % du kilométrage moyen annuel d'une voiture de cadres moyens ou supérieurs (Enquête Budget des ménages de 1989).

Ainsi pour les agriculteurs, l'âge moyen du parc d'automobiles est de 7,1 ans alors qu'il n'est que de 4 ans pour l'ensemble de la population des ménages. En appliquant la loi d'amortissement spécifique à l'automobile, les valeurs nettes sont respectivement de 19,5 % et 45 % du prix neuf. En conséquence le coefficient correcteur (*c*) d'âge moyen pour la PCS « agriculteurs exploitants » est de 0,43 (=19,5 / 45).

2) *Résultats : une répartition à peine plus égalitaire que pour les autres actifs domestiques*

Toutes choses égales par ailleurs (âge, revenu, taille de la famille, citadins/ruraux...), les taux d'équipement des diverses PCS sont peu différenciés sauf pour le lave-vaisselle (voir par exemple INSEE, [1993]). Par contre la PCS est discriminante pour le multiéquipement, surtout pour l'automobile, le lave-vaisselle et le congélateur (dernière ligne du tableau 2.5). En dehors du cas particulier de l'automobile, les différences de valeur unitaire restant assez faibles (tableau 2.6), c'est donc principalement le nombre d'appareils qui explique les différences de valeur des stocks de biens durables entre PCS. **Concernant la valeur totale du patrimoine net en biens durables, l'écart en 1989 était ainsi de 1 à 3,3 entre les agriculteurs (13 201 F) et les cadres supérieurs (43 321 F)** (tableau 2.8 page suivante).

Par ailleurs la part de l'automobile représente toujours au moins les ¾ du patrimoine en biens durables (sauf pour les agriculteurs), et cette proportion a tendance à augmenter avec le niveau hiérarchique du chef de ménage. Pour l'automobile, plus encore que le multiéquipement, les différences de valeur unitaire (prix d'achat et âge moyen) jouent un rôle crucial.

Tableau 2.8 : Valeur du parc net par ménage, aux prix courants

1989	AUTO	REFRI +CONGÉ	LLING	TELE	LVAIS	Total	Auto/ total
agriculteurs exploitants	***7 699 F***	***2 279 F***	1 361 F	1 302 F	560 F	***13 201 F***	***58,3 %***
artisans, commerçants et chefs d'entreprise	22 993 F	1 602 F	1 441 F	***1 795 F***	922 F	28 753 F	80,0 %
cadres et professions intellectuelles supérieures	***37 329 F***	1 685 F	***1 636 F***	1 691 F	***980 F***	***43 321 F***	***86,2 %***
professions intermédiaires	26 394 F	1 384 F	1 394 F	1 446 F	690 F	31 307 F	84,3 %
employés	17 393 F	1 050 F	1 369 F	1 303 F	341 F	21 456 F	81,1 %
ouvriers	16 174 F	1 448 F	1 349 F	1 400 F	352 F	20 724 F	78,0 %
retraités	10 773 F	1 226 F	1 320 F	1 647 F	230 F	15 195 F	70,9 %
autres inactifs	11 216 F	***794 F***	***1 018 F***	***1 161 F***	***133 F***	14 321 F	78,3 %
ensemble	17 626 F	1 334 F	1 344 F	1 479 F	433 F	22 217 F	79,3 %
échelle	1 à 4,9	1 à 2,9	1 à 1,6	1 à 1,6	1 à 7,4	1 à 3,3	-

Sans surprise, **les biens durables étudiés ont une part relative plus élevée dans le patrimoine des salariés que dans celui des indépendants, et chez les ouvriers et les employés que chez les cadres**, et ceci que l'on se réfère au patrimoine brut ou au patrimoine net d'endettement (colonnes 1 et 2) :

Tableau 2.9 : importance du stock net en biens durables dans le patrimoine total des ménages

1989 Patrimoine en biens durables en % du	(1) Patrimoine total brut	(2) Patrimoine total net	(3) Patrimoine domestique
agriculteurs exploitants	***0,60 %***	***0,73 %***	***3,76 %***
artisans, commerçants et chefs d'entreprise	1,38 %	1,60 %	6,05 %
cadres et professions intellectuelles supérieures	2,41 %	2,70 %	6,07 %
professions intermédiaires	4,38 %	5,45 %	8,65 %
employés	5,35 %	6,60 %	***9,88 %***
ouvriers	***5,46 %***	***7,09 %***	8,72 %
retraités*	1,47 %	nd	nd
autres inactifs*	2,39 %	nd	nd
ENSEMBLE	2,44 %	2,74 %	6,72 %

* Les ratios pour ces deux catégories ont peu de sens du fait de leur grande hétérogénéité (ainsi les retraités salariés disposent d'un patrimoine total de 880 000 F et les anciens indépendants non agriculteurs de 2 080 000 F).

Néanmoins les écarts se restreignent sensiblement si l'on se réfère uniquement au patrimoine domestique en excluant donc les patrimoines professionnel et de rapport (colonne 3), puisque le patrimoine domestique représente 66 % du patrimoine total des ouvriers et seulement 17 % pour les agriculteurs et 24 % pour les artisans, commerçants et chefs d'entreprise.

La prise en compte des biens durables, vu leur faible importance, contribue donc très peu à la réduction de l'éventail des inégalités de patrimoine, malgré une répartition plus égalitaire que celle des revenus et du patrimoine :

Tableau 2.10 : inégalités de répartition des revenus et des patrimoines

1989	RDB	Patrimoine total brut	Patrimoine total net	Patrimoine domestique	**Patrimoine en biens durables**
agriculteurs exploitants	142	***240***	***223***	106	***59***
artisans, commerçants et chefs d'entreprise	***173***	229	221	144	129
cadres et professions intellect. supérieures	160	198	197	***216***	***195***
Profes. intermédiaires	110	79	71	109	141
employés	***79***	44	40	***66***	96
ouvriers	85	***42***	***36***	72	93
retraités	***79***	-	-	-	68
autres inactifs	-	-	-	-	64
ENSEMBLE	100	100	100	100	100
échelle	**de 1 à 2,2**	**de 1 à 5,8**	**de 1 à 6,2**	**de 1 à 3,3**	**de 1 à 3,3**

Enfin, bien que les deux évaluations ne reposent pas sur les mêmes critères de construction, ni sur la même définition des catégories sociales, il est toutefois intéressant de comparer nos évaluations obtenues pour 1989 (dernière ligne du tableau 2.10), à celle de Trognon pour l'année 1976 :

agriculteurs	98,6
salariés agricoles	88,6
patrons de l'industrie et du commerce	148,3
cadres supérieurs, professions libérales	***238,2***
cadres moyens	150,2
employés	100,1
ouvriers	93,7
personnels de service	90,5
autres actifs	106,1
inactifs	***49,0***
ensemble	100
échelle	**1 à 4,9**

Source : collections C de l'INSEE n°89/90, 1980

L'écart général entre les extrêmes se serait sensiblement réduit, passant environ d'un rapport de 1 à 5 à un rapport de 1 à 3. Les cadres supérieurs et professions libérales disposent toujours des patrimoines en biens durables les plus élevés, alors que les inactifs et les retraités auraient vu leur position relative s'améliorer à l'inverse de celle des agriculteurs.

3) Les limites de l'étude : le manque de données disponibles sur les biens « ostentatoires »

En premier lieu, faute de données sur la structure par âge du parc et sur le prix moyen d'achat par PCS, **il a été impossible d'évaluer la répartition par PCS des stocks de meubles et d'autres biens durables**, dont la valeur globale comme nous l'avons vu représente pourtant plus de deux fois celle des 5 biens durables étudiés[19]. De plus certains de ces biens sont de valeur élevée, notamment les gros instruments de musique (prix d'achat moyen en 1989 de 8355 F), les bateaux de plaisance (21 837 F) et les caravanes (18 282 F), et à taux de possession très discriminant :

Tableau 2.11 : Taux d'équipement en caravanes et bateaux au milieu 1989

	caravanes	bateau
agriculteurs	2,7 %	1,1 %
salariés agricoles	2,2 %	nd
patrons de l'industrie et du commerce	9,6 %	3,9 %
cadres supérieurs, professions libérales	8,1 %	***4,6 %***
cadres moyens	***10,1 %***	2,3 %
employés	3,9 %	***0,5 %***
ouvriers	8,8 %	0,9 %
personnels de service	5,7 %	nd
autres actifs	9,9 %	1,8 %
retraités	4,2 %	0,7 %
autres inactifs	***1,6 %***	***0,5 %***
ensemble	6,5 %	1,4 %

Source : Budget des ménages 1989

[19] On peut juste noter que les achats de meubles et literie selon les PCS sont légèrement plus discriminants que ceux d'électroménager, l'écart étant de 1 (inactifs hors retraités) à 4,4 (cadres et professions intellectuelles supérieures).

En second lieu, **la correction de valeur effectuée est sans doute trop simplificatrice** car fondée sur les seules valeurs d'achat de l'année 1989 alors que, selon les biens, et la conjoncture des revenus différente selon les catégories sociales, sur les 6 à 11 années précédentes nécessaires à la construction du stock net, les modifications des valeurs relatives d'achat des différentes catégories sociales ont pu être importantes.

Enfin, du fait de l'absence totale de données en France, **sont également « oubliés » les biens non reproductibles de valeur détenus par les ménages** (bijoux, tableaux, meubles d'époque, argenterie…) pourtant fortement discriminants, alors qu'ils sont intégrés dans les séries de patrimoine par le BEA aux USA :

Tableau A2.5 : composition du patrimoine en biens durables par le BEA

Type de biens	% du stock net en biens durables détenu par les ménages (1995) ; à prix courants
Véhicules à moteur	
automobiles	17,4 %
autres véhicules à moteur	10,6 %
pneus, chambres à air, et autres accessoires	1,5 %
Meubles et équipement ménager	
meubles, y compris sommiers et matelas	13,9 %
électroménager	5,9 %
vaisselle, porcelaine, verrerie	4,8 %
autres biens durables[20]	10,8 %
radio, télévision, appareils d'enregistrement, microordinateurs et instruments de musique	11,7 %
Autres	
bijoux et montres	9,2 %
produits ophtalmologique et orthopédique	1,7 %
livres et cartes	4,5 %
outillage, jouets, équipements de sport, bateaux et avions de plaisance	8,1 %

Source : Survey of Current Business (Août 1996)

[20] moquettes, édredons, couettes, oreillers, couvertures, tableaux, miroirs, objets d'artisanat, lampes portables, pendules.

ANNEXE CHAPITRE 2 : Séries de comptes de patrimoine en biens durables

Tableau A2.1 : Patrimoine brut à prix constants (1980), en millions de Francs

	Auto	Lling	Lvais	Réfri+ Congé	Télé	Total	Total / ménage en Francs
1980	446846	16145	8003	35968	49291	556253	28999 F
1981	468933	16608	8878	37413	53716	585548	30087 F
1982	498186	17045	9794	39077	58167	622269	31523 F
1983	524660	17154	10515	40264	61488	654081	32694 F
1984	541070	17126	11173	41000	64780	675149	33301 F
1985	559505	17426	11754	41397	67920	698002	33991 F
1986	582018	17933	12412	41891	72179	726433	34962 F
1987	608056	18698	13337	42572	76265	758928	36112 F
1988	635409	19968	14167	43483	81728	794755	37393 F
1989	664629	21218	15091	44544	86601	832084	38709 F
1990	691984	22207	15996	45739	91872	867798	40102 F
1991	707591	23084	16696	46701	95905	889977	40625 F
1992	722847	23894	17315	47530	99734	911320	41125 F
1993	724775	24458	17831	48012	103092	918168	40993 F
1994	736045	25168	18343	48638	106856	935050	41315 F
1995	742547	25663	18828	49224	110529	946791	41422 F
1996	756244	25874	19300	49706	113503	964627	41811 F
1997	753654	26160	19717	50267	117264	967062	41533 F

- les taux de survie des réfrigérateurs et des congélateurs sont supposés identiques.

Tableau A2.2 : Patrimoine brut à prix courants, en millions de Francs

	Auto	Lling	Lvais	Réfri +Congé	Télé	Total	Total / ménage
1980	446846	16145	8003	35968	49291	556253	28 999 F
1981	520985	18219	9475	41416	54951	645047	33 144 F
1982	608833	20662	11290	47108	59624	747517	37 868 F
1983	694405	22395	13073	53296	62083	845252	42 250 F
1984	776279	23253	14417	58015	65014	936978	46 216 F
1985	857314	24275	15187	60861	67893	1025530	49 941 F
1986	957803	25606	16209	62881	73160	1135659	54 657 F
1987	1034675	26885	17912	64798	80548	1224818	58 280 F
1988	1098519	27879	18839	66581	84505	1296323	60 992 F
1989	1188357	29594	20075	69024	84530	1391580	64 737 F
1990	1240727	30868	21356	72451	85191	1450593	67 033 F
1991	1299137	31948	22455	74488	85907	1513935	69 107 F
1992	1344495	33069	23251	75668	86746	1563229	70 543 F
1993	1378522	33605	23788	76195	86887	1598997	71 390 F
1994	1398486	34002	24121	75097	85164	1616871	71 442 F
1995	1427176	34440	24627	75559	84886	1646687	72 043 F
1996	1450475	34749	25264	76746	83425	1670659	72 414 F
1997	1407825	34636	25396	77763	80091	1625711	69 821 F

Tableau A2.3 : Patrimoine net à prix constants (1980), en millions de Francs

	Auto	lling	Refri+ congé	lvais	télé	**Total 5**	meubles	Autres biens durables	**Total**
1970	104837	9890	10938	1085	8046	134795	-	64962	199757
1971	113525	11121	11500	1392	9085	146623	-	68614	215237
1972	124953	12276	12231	1749	10606	161816	-	73491	235307
1973	136670	13617	13308	2187	12401	178183	-	79848	258031
1974	139653	14785	15000	2659	14171	186268	-	88141	274409
1975	142570	15605	16197	2988	16102	193462	-	95825	289287
1976	156642	16440	17343	3397	18502	212324	-	105074	317398
1977	168593	17111	18170	3770	20918	228562	-	114122	342684
1978	181257	17551	18836	4208	23177	245029	-	122837	367866
1979	193929	18015	19356	4698	25072	261069	-	132236	393305
1980	201097	18517	19846	5119	27123	271702	302357	141361	715420
1981	207355	19064	20293	5547	28929	281188	318789	150550	750527
1982	220961	19577	21006	5999	30669	298211	334894	161706	794811
1983	230787	19757	21250	6238	31223	309254	347777	169503	826534
1984	230444	19757	21099	6418	31879	309597	356636	175149	841382
1985	234314	20068	20701	6538	32513	314135	363391	180587	858113
1986	243251	20622	20468	6763	34397	325501	370289	188156	883946
1987	255289	21448	20497	7268	36073	340575	376398	197532	914505
1988	267995	22807	20865	7674	39138	358480	382525	212547	953552
1989	282290	24204	21453	8179	41434	377560	388741	228095	994396
1990	294126	25346	22187	8662	44062	394383	394434	245808	1034625
1991	293633	26357	22663	8931	45276	396859	396605	262818	1056282
1992	294571	27293	23034	9127	46306	400331	396772	277394	1074497
1993	283513	27981	23112	9239	46904	390750	395157	290188	1076095
1994	285421	28812	23442	9378	48059	395111	393584	301990	1090685
1995	283526	29449	23840	9504	49189	395508	391931	315598	1103037
1996	290539	29776	24064	9625	49795	403800	389876	329271	1122947
1997	281683	30142	24358	9711	51388	397282	387039	345492	1129813
97/70	2,69	3,05	2,23	8,95	6,39	2,95	-	5,32	5,66

Remarque : l'attribution d'une valeur de 5 % du prix d'achat à tous les véhicules de 11 ans et plus augmenterait, selon les années, la valeur du parc automobile de 2 à 3 %.

Tableau A2.4 : Patrimoine net à prix courants, en millions de Francs

	Auto	Lling	Réfri+ congé	Lvais	Télé	Total5	Meubles	Autres biens durables	**Total**
1970	38094	6155	6123	787	6631	57790	-	35895	-
1971	44964	7080	6611	1031	7256	66941	-	39240	-
1972	52707	8003	7235	1328	8496	77769	-	43794	-
1973	61109	8922	7896	1635	9894	89455	-	48772	-
1974	69686	10442	9968	2107	11803	104007	-	59544	-
1975	86437	11848	12065	2444	14109	126903	-	70756	-
1976	107504	12932	13410	2799	16796	153440	-	81387	-
1977	123690	13998	14611	3232	19293	174823	-	92903	-
1978	143353	15104	15874	3782	22039	200152	-	106497	-
1979	171013	16558	17438	4454	24365	233828	-	122327	-
1980	201097	18517	19846	5119	27123	271702	302357	141361	715420
1981	230371	20913	22464	5920	29594	309264	354493	161390	825146
1982	270036	23731	25323	6915	31437	357443	413366	186523	957333
1983	305455	25793	28128	7755	31525	398656	467473	206857	1072986
1984	330621	26825	29855	8281	31994	427576	510061	222511	1160148
1985	359033	27956	30434	8447	32500	458370	545709	228262	1232340
1986	400308	29446	30724	8832	34865	504174	583315	238582	1326070
1987	434403	30839	31198	9761	38099	544300	614284	248495	1407079
1988	463320	31842	31949	10205	40468	577784	644260	259520	1481564
1989	504735	33759	33243	10880	40443	623060	677645	273258	1573962
1990	527368	35231	35144	11564	40858	650165	713926	285137	1649228
1991	539110	36478	36147	12012	40556	664303	746014	300401	1710718
1992	547902	37774	36670	12256	40276	674877	770531	309572	1754980
1993	539242	38446	36679	12326	39531	666223	782411	317175	1765809
1994	542300	38925	36194	12332	38303	668054	788349	316184	1772587
1995	544937	39521	36594	12431	37777	671260	799539	321279	1792078
1996	557254	39989	37155	12599	36599	683596	812502	328612	1824710
1997	526184	39908	37682	12508	35098	651379	813169	324762	1789311

Conclusion

« DE L'INEXACT À L'À PEU PRÈS »

« *Quand, avec de l'inexact, le statisticien est parvenu à faire de l'à peu près, il peut estimer avoir rempli sa tâche* ». A l'image de cette réflexion d'Alfred Sauvy (*La prévision économique*, PUF, 1948, p.37), nous voudrions revenir sur le « prix à payer » pour agréger des machines de « cru » et de caractéristiques différentes. Nous avons déjà largement insisté sur certaines hypothèses potentiellement réductrices, de stabilité des durées de vie des générations de biens[21], et d'homogénéité des comportements de renouvellement des ménages au cours du temps. Mais il faut également citer quatre autres difficultés.

1) **l'homogénéité de nature (de qualité) des biens à l'intérieur d'une même catégorie** :

- quelque soit le prix d'achat du bien, les probabilités de disparition sont identiques, supposition que la diéselisation du parc automobile pourrait à terme remettre en cause ;
- de même les taux de dépréciation sont égaux pour un type de bien donné, ce qui revient à dire qu'une Porsche se déprécie au même rythme et vit la « même vie » qu'une R5. Dans les faits plus un modèle est onéreux et/ou de grande dimension, plus la dépréciation est rapide.

2) **la valorisation des biens innovants et nouveaux**. Si le bien amélioré est plus coûteux à produire que le bien ancien en termes réels, la valeur du stock s'élève. Si par contre l'introduction d'une

[21] Cependant le raccourcissement de certaines durées de vie économiques (tel le téléviseur) résulte beaucoup plus des changements technologiques (accélération de l'obsolescence) et de la montée du multiéquipement, que d'une plus forte consommation de capital (accélération de l'usure). En conséquence l'application de durées de vie différentes selon les générations aurait conduit à sous-estimer l'accroissement réel de qualité du stock en biens durables.

technologie plus efficace permet de produire un bien amélioré au même coût que le bien désuet, la substitution n'a pas de conséquence sur le niveau du stock[22]. **Les estimations proposées ici ne traduisent donc qu'imparfaitement l'amélioration de la satisfaction du consommateur-propriétaire de biens durables. Du fait de cette confusion entre variation de prix et variation de qualité**, selon Robert Gordon (cité par A. Moreau, [1991]), l'estimation officielle de l'inflation pour les biens durables (de consommation et de production), serait en moyenne surestimée des deux tiers aux USA sur 1947-1982. Et il n'y a aucune raison de penser que cela ne soit pas le cas en France ou que la complexité de la mesure de l'évolution des prix des biens durables ait diminué depuis, bien au contraire. En conséquence les évaluations à « prix constants » sont à prendre avec une extrême prudence.

De même il est très difficile d'intégrer rapidement les biens nouveaux dans les évaluations de stock, non tant du fait d'une méconnaissance de la future durée de vie technique probable du bien, mais surtout en raison de l'absence d'information, sur le comportement du consommateur vis à vis de ce bien nouveau, et sur le rythme de l'obsolescence[23].

3) les évaluations obtenues du stock net dépendent fortement de l'**hypothèse d'amortissement linéaire sur la durée de vie médiane**. Or les trois termes de cette hypothèse sont discutables :

- **l'existence de coûts de transaction sur le marché de l'occasion remet en cause la linéarité de l'amortissement.** La perte de valeur la première année, comme pour l'automobile, est sans doute supérieure à celle des années suivantes ;

---

22 Il suffit de songer aux micro-ordinateurs, dont le prix des produits d'introduction de gamme se sont stabilisés mais dont les performances (mémoire, vitesse d'horloge) sont en constante progression, ou encore au changement fondamental de consommation de carburant aux 100 km des automobiles entre 1975 et 1985. Selon Gordon, seules les méthodes hédonistes, tenant compte des caractéristiques de chaque bien, et l'emploi d'indices chainés (restreignant les comparaisons à des produits existant à deux périodes successives) sont susceptibles de venir à bout de ce problème (mais à quel prix ?).

23 ainsi combien de temps le C.D. restera-t-il le support musical dominant ?

- comme nous l'avons souligné, l'amortissement sur la durée de vie médiane est conforme à une approximation marchande (argus, compagnies d'assurance,...), mais **dans une perspective de « bien-être » une procédure de dépréciation d'usage serait sans doute mieux adaptée**, et rien ne permet d'affirmer là encore que la décroissance de l'utilité soit linéaire ;

- **les valeurs estimées sont très sensibles à la médiane choisie et cette sensibilité de l'évaluation est d'autant plus forte que la durée de vie est courte**. Ainsi pour le téléviseur[24] si l'on avait procédé à un amortissement sur 8 ans au lieu de 7, la valeur du parc aurait été accrue d'environ 8 %.

4) Enfin, la dépréciation calculée des automobiles est aussi sujette à caution. En effet **les variations du prix du neuf sont paradoxalement relativement inconnues**, du fait de la différence variable selon la conjoncture entre le tarif officiel et les conditions faites au client (-10 % ou même plus en 1997 par exemple).

Grâce aux diverses enquêtes de l'INSEE (conjoncture et biens durables notamment), et au prix de quelques approximations, **la durée de vie des biens durables, et donc indirectement le comportement d'usage de leurs propriétaires peuvent être estimés avec une précision suffisamment acceptable. Par contre l'attribution d'une valeur monétaire, d'une valeur d'échange, aux biens usagés demeure fragile du fait de l'absence de « prix unique » fourni par un marché structuré de l'occasion (hors automobile).** Aussi les méthodes de calcul de patrimoine net (valeur en l'état) que nous proposons conduisent probablement à une sous-estimation de la satisfaction réelle que les ménages tirent de leur stock de biens durables. Le patrimoine brut (valeur à neuf) quant à lui évite le choix imposé et arbitraire d'une loi de dépréciation. En termes de variation de stock, il est peut-être au final plus conforme à une perspective de « Welfare ».

---

[24] D'autant que pour ce bien, la détermination de la médiane est difficile car les réponses aux enquêtes de conjoncture paraissent encore plus entachées d'erreurs de mémoire que pour les autres biens.

Seconde Partie

LES BIENS DURABLES, CAPITAUX PRODUCTIFS DE SERVICES

Introduction

« LE MÉNAGE EST UNE USINE D'UTILITE »[1]

Pour Michel Glaude et François De Singly [1986], « *l'espace domestique peut être structuré en domaines, un peu comme une grande entreprise est divisé en services, correspondant aux fonctions de production, d'approvisionnement, d'entretien des machines, d'investissement, de direction du personnel, aux services commerciaux, aux services administratifs, à la direction générale* », et ils ajoutent : « ***l'équivalent de l'investissement c'est le domaine de l'équipement ménager*** ».

Gary Becker dans son article désormais célèbre de 1965, opérait déjà la même analogie : « *le ménage est véritablement une petite usine* » et constatait que : « *l'intégration de la production et de la consommation est à l'opposé de la tendance des économistes à les séparer fermement, la production concernant les entreprises, la consommation, les ménages* ». Au même moment ou presque, en 1966, paraissent les premiers travaux de Kelvin Lancaster. Il souligne que ce que les comptables nationaux nomment *la consommation finale des ménages* n'est en fait qu'un ensemble de consommations intermédiaires, que l'on peut considérer comme les divers inputs d'une fonction de transformation de biens marchands en utilité directe[2].

Le consommateur ne doit plus alors être considéré comme un « maximisateur passif », effectuant un simple arbitrage entre revenu et loisir en fonction de préférences comme dans la théorie néoclassique traditionnelle de Marshall et Hicks. Il est un « maximisateur actif », jouant non seulement sur le niveau et la structure de ses achats de consommation, mais aussi sur des activités

---

[1] M. Bruce Johnson [1971]

[2] Pourtant aux « antipodes » de la Science économique, Galbraith [1973] souligne également que, « *chez les néoclassiques, la consommation est un plaisir curieusement sans nuages. Un effort de réflexion est nécessaire pour choisir les biens et les services, mais leur usage ne pose aucun problème.* ».

entrepreneuriales d'investissement et de production domestique[3]. Et ce sont donc des contraintes contrastées, monétaires, techniques et temporelles, et non des préférences qui expliquent des choix « productifs » différents d'un ménage à l'autre. A la suite des deux « pères fondateurs » de la Nouvelle Théorie du Consommateur (aux travaux plus complémentaires que rivaux), il est alors possible d'adopter **une vision productive des activités du ménage**, où coexistent au sein d'une fonction de production domestique : biens intermédiaires (les achats de biens fongibles et de services), travail humain, et biens durables en tant que « **facteur capital** ».

L'utilisation de ce capital composé de biens durables est ainsi un élément fondamental de la gestion du temps du ménage, soit qu'il en consomme (télévision), soit au contraire qu'il ait pour but d'en économiser (lave-vaisselle, micro-ondes), ou encore qu'il soit une aide au développement autarcique (outils de bricolage). Et s'il n'existe pas d'enquêtes spécifiques sur les temps d'utilisation des différents biens durables, nous verrons néanmoins qu'il est possible à partir des enquêtes « *Budget-temps* » de l'INSEE, de dresser un panorama des interactions entre biens durables et usages du temps par les ménages (*chapitre 3 : firme ménagère et utilisation des biens durables*).

Alternativement, il est également possible de mettre l'accent sur le fait que **la détention de ce capital en biens durables constitue une immobilisation de fonds**, dans le but de se procurer un certain niveau optimisé de services sur plusieurs périodes. Le calcul économique de ce consommateur-investisseur en biens durables nous conduira alors à déterminer une rentabilité financière par défaut, que la littérature économique dénomme sous le vocable de coût d'usage (*chapitre 4 : la rentabilité des immobilisations corporelles en biens durables*).

---

[3] Dans le Système Élargi de Comptabilité Nationale, le caractère productif des activités des ménages n'est reconnu que dans trois cas :
- *la production des jardins familiaux* des ménages non agriculteurs, évaluée aux prix de détail des biens alimentaires ainsi obtenus ;
- *la production à compte propre de bâtiment* par les ménages, évaluée au montant des inputs matériels, donc sans prise en compte de la valeur du temps de travail utilisé ;
- *la production de services logement des ménages propriétaires* (loyers fictifs).

Chapitre 3

FIRME MÉNAGÈRE ET UTILISATION DES BIENS DURABLES

Après un bref rappel du modèle originel de « firme ménagère » exposé par Gary Becker en 1965 dans l'*Economic Journal*, nous verrons en quoi certaines modifications nous paraissent utiles à la prise en compte du rôle spécifique des biens durables (**Section 1**). Puis nous présenterons dans ce cadre la façon dont le ménage optimise ses achats de biens durables en fonction d'arbitrages entre temps de travail rémunéré, temps de travail domestique et activités de loisirs (**Section 2**). Enfin, en nous appuyant sur cette grille de lecture, nous proposerons une analyse du rôle des biens durables dans l'évolution des modes de vie en France entre 1965 et 1985 (**Section 3**).

Section 1
UN MODÈLE BECKERIEN

A / Le modèle de base : « une théorie de l'allocation du temps »

Sous ce titre, Gary Becker en 1965 développe une analyse qui part de la simple observation suivante : « *pour le salarié moyen des pays industrialisés, depuis déjà longtemps le temps non travaillé est largement supérieur au nombre d'heures travaillées.* ». Du point de vue du bien-être économique du ménage, **l'allocation rationnelle du temps hors travail** paraît donc au moins aussi importante que le montant monétaire de la rémunération totale du temps de travail. Dés lors, Becker va s'attacher à appliquer un appareil théorique bien connu, l'analyse micro-économique, à la « vie privée » du ménage. Il reproche en effet à ses « prédécesseurs » de s'être arrêtés aux « portes marchandes » du foyer, à savoir l'offre de travail et les achats de biens de consommation, dont la structure relevait « *de l'immaculée conception des préférences* » (selon l'expression imagée de Boulding).

Pour Becker, les ménages sont à la fois des unités de production et des maximisateurs d'utilité. Ils tirent leur satisfaction de divers **services personnalisés** (« basic commodities »)[1] Z_i :

(1) $U = U(Z_1,...,Z_i,...,Z_n)$

Ces services personnalisés sont issus de la combinaison « productive » de divers biens achetés sur le marché (vecteur X_i) et de temps domestique (vecteur T_i), soit :

(2) $Z_i = f_i(X_i,T_i)$

Becker justifie l'utilisation d'un vecteur temporel T_i par le fait que « *les heures utilisées durant le jour et en semaine doivent être distinguées de celles de nuit ou de week-end* » car leur coût d'opportunité est différent. Il peut s'agir d'un salaire horaire plus élevé (équipes de nuit ou de fin de semaine dans l'industrie) ou, au contraire d'un coût d'opportunité nul pour des raisons administratives (interdiction du travail de nuit des femmes par exemple). En conséquence, les *commodities* Z_i sont clairement **datées et localisées**. Un exemple des plus classiques en est le repas à domicile. Ce service

[1] Louis Levy-Garboua [1976], l'auteur français traditionnellement le plus proche de cette décomposition en deux étapes du processus de consommation, propose l'expression de *biens finals non marchands*. Pour notre part, nous préférons le terme de « service personnalisé » pour le vocable *commodity*, en suivant en cela Galbraith [1973] qui évoque le concept de « *service domestique personnel* ». En effet, outre le fait que la comptabilité nationale française retient par ailleurs la terminologie de consommation finale à propos des achats des ménages, l'analogie avec les services paraît plus grande, car toujours pour la comptabilité nationale, les biens sont des objets matériels, alors que les services sont caractérisés comme « *des dépenses d'énergie humaine* ».

personnalisé est caractérisé par la personne du ménage qui le produit, et par les dates et les heures de sa production **et** de sa consommation. Produit ou consommé, à un autre moment ou par un autre ménage, il ne s'agirait alors plus du même service personnalisé, car son coût d'opportunité serait différent.

Dans le schéma beckerien, toute activité de consommation implique ainsi un coût monétaire direct (le prix identique pour tous des biens marchands de consommation utilisés), et un coût indirect en temps (le coût d'opportunité personnel du temps domestique consacré à la production et à la consommation de la « *commodity* »). La somme de ces deux coûts de « production » constitue le **prix fictif** (« *full price* » en 1965, « *shadow price* » en 1977) d'une *commodity* Z_i, prix fictif puisqu'elle ne peut être ni achetée, ni vendue. Et à cet égard, les deux exemples cités par Becker montrent clairement la volonté extensive du pouvoir explicatif de la construction : profiter d'une pièce de théâtre est valorisé au prix du billet plus le salaire non perçu durant la durée du spectacle ; ou encore le coût de revient du sommeil est constitué, du prix du lit et de l'abri (logement), et du salaire ainsi « perdu ».

De plus selon Becker, cette fonction de production particulière est toujours à facteurs substituables (le plus souvent imparfaitement). En modulant le nombre et le calendrier des heures de travail rémunéré, le consommateur peut donc opérer des substitutions rationnelles entre biens marchands et temps domestique, à condition de respecter **la contrainte budgétaire globale** suivante :

$$(3)\ S \equiv V + T.\overline{w} = \sum_{1}^{n} p_i X_i + \sum_{1}^{n} T_i.\overline{w}$$

où V est le revenu non salarial (revenus du patrimoine, pensions de retraites, transferts entre ménages d'une même famille comme dons, legs ou héritages), T le vecteur de temps total disponible (que l'on peut assimiler par exemple aux 168 heures de la semaine) et w le vecteur de salaires horaires (de jour, de nuit, du dimanche…), donnée exogène fournie par le marché du travail.

S est alors le **revenu de plein-temps** (« *full income* »), revenu maximum que l'individu peut théoriquement atteindre si tout son temps disponible est consacré au travail rémunéré. Ce revenu maximal est entièrement épuisé par l'acquisition de biens marchands (X_i) aux prix p_i et par l'achat « fictif » d'heures passées au domicile (T_i) aux prix implicites w par application du principe de coût d'opportunité.

En ce qui concerne plus spécifiquement les biens durables, Becker note que : « *quand des biens de capital ("capital goods"), comme des réfrigérateurs ou des automobiles sont utilisés, X* [i.e. le vecteur de biens marchands] *se réfère aux services rendus par ces biens* »[2]. Les services rendus par les biens durables sont ainsi un élément du calcul d'optimisation élargie du consommateur par arbitrage entre temps domestique et biens marchands, biens acquis à travers le temps de travail extérieur rémunéré.

Cependant dans le cadre de notre étude, la mise en évidence du rôle particulier des biens durables va nécessiter la construction d'une double fonction d'activité domestique, distinguant au sein du temps non rémunéré, temps de travail ménager et temps de consommation « pur ».

B / Le modèle ad-hoc avec biens durables

1) Présentation

En effet, s'inspirant en partie des travaux de Wolfesperger [1969] et de Strauss-Kahn [1977], le modèle que nous proposons ici repose sur deux fonctions de production imbriquées, de services personnalisés (combinant services et temps de consommation) et d'autoproduction de services domestiques (à partir de biens marchands et de travail ménager) :

---

[2] Mais il n'explicite nulle part le mode d'évaluation choisi pour la comptabilisation de ces services. Il nous semble néanmoins que la procédure du coût d'usage qui sera développée au chapitre suivant est en tout point conforme à l'esprit de cette citation.

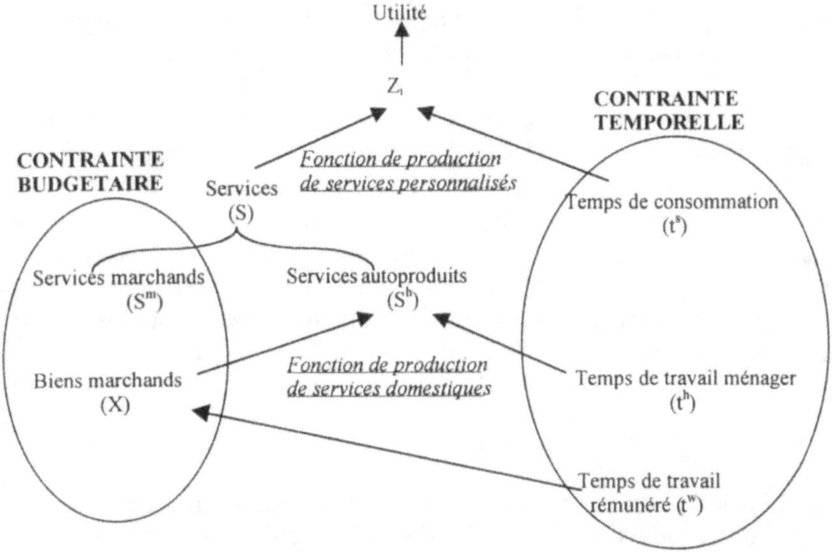

Le consommateur tire sa satisfaction des divers *services personnalisés* (Z_i), qui proviennent de la combinaison de services (S) et de temps de consommation (t^s). **Ces services sont soit le résultat d'une activité domestique (S^h), soit des achats de services marchands**[3] (quantité S^m au prix unitaire p^m). Les services domestiques sont issus de la combinaison productive de temps de travail ménager (t^h) et d'achats de biens marchands (quantité X au prix unitaire p^x).

Pour notre sujet, cette construction séparant temps de travail ménager et temps de consommation nous semble plus satisfaisante que celle de Becker assimilant les deux au sein d'un temps domestique indistinct. Cette distinction permettra de mieux intégrer

[3] Il est à noter que l'expression services marchands employée ici ne correspond pas à la distinction opérée par la Comptabilité nationale selon le secteur institutionnel producteur entre services marchands et services non marchands. Nous entendons par service marchand, tout service produit par un agent économique extérieur au ménage (hors entrepreneur individuel), que ce service soit payant, partiellement ou totalement gratuit.

l'analyse des biens durables au sein de l'économie de la famille en différenciant les utilisations respectives des biens d'équipement ménager et des biens durables de loisirs.

En effet, l'introduction de « produits blancs », en tant qu'input, au sein de la fonction de production ménagère, affecte forcément l'allocation rationnelle du temps du ménage entre travail extérieur, travail domestique et consommation si on les considère comme des biens permettant **d'économiser du temps**. Par contre les « produits bruns », **consommateurs de temps**, ne relèvent que du partage entre temps de travail total (extérieur et domestique) et temps de consommation.

2) Le critère de la tierce partie

Mais cette opposition entre biens durables ménagers et de loisir, implique la nécessité de tracer une frontière nette entre le « loisir de consommation », source directe de bien-être, et le travail en général, considéré comme une charge. Or même une activité traditionnellement considérée comme une tâche domestique, le repassage, peut être vécue, selon l'expression de Max Weber, de manière « enchantée » ou au contraire « désenchantée ». Selon la durée, l'instant et la personne concernée, la façon de ressentir la tâche ne sera vraisemblablement pas identique. Tout critère de classification reposant sur les notions de désutilité du travail et de satisfaction du loisir resterait donc éminemment subjectif.

Comme la délimitation entre les deux activités ne peut pas dépendre entièrement de leur caractère plus ou moins agréable, il est alors commode d'adopter le critère dit de la ***tierce partie***, proposé par Hill en 1979, et repris par l'INSEE pour la construction de ses enquêtes sur l'emploi du temps des français (se reporter à l'annexe de ce chapitre). Le « *travail domestique* » consiste en la production non rémunérée par le ménage de biens et services dont il existe des

substituts marchands[4] alors que le « *temps libre* » (ou de consommation au sens strict) est constitué d'activités dont on ne peut déléguer la mise en œuvre (on ne peut par exemple payer personne pour dormir à sa place).

Ainsi, le travail extérieur et le travail domestique seront supposés apporter de la satisfaction à l'individu uniquement à travers les biens et services qu'ils procurent.

Cependant comme le « *contexte émotionnel* » (pour reprendre une expression de Chadeau et Roy [1986]) n'est pas neutre, pour une tâche strictement équivalente, les différentes façons de ressentir le travail pour soi-même et le travail « pour un patron » se traduiront par une efficience théoriquement plus élevée dans l'activité domestique. La diversité de satisfaction est alors indirectement intégrée au modèle à travers les écarts de productivité.

C / Vue panoramique du rôle des biens durables au sein du foyer

Comme nous l'avons souligné, la grille d'analyse beckerienne prétend à l'universalité d'explication des activités humaines. L'ensemble des interactions possibles entre biens durables et satisfaction des ménages est alors extrêmement vaste.

Afin de démêler cet écheveau, et en s'inspirant d'un travail d'Edith Archambault [1985], il est possible de mettre en correspondance chaque catégorie de biens durables répertoriée dans l'enquête *« Biens durables et ameublement »* de 1988, avec une fonction principale, caractéristique d'un type de services personnalisés (4e et 1e colonnes du tableau 3.1).

---

[4] Il ne s'agit pas en fait d'un critère technique universel. Il s'agit, comme l'indique Ann Chadeau [1992], d'un jugement à l'égard des pratiques et normes sociales courantes dans un espace et un temps déterminé. Aujourd'hui, se laver et s'habiller relève du temps physiologique et non d'un travail domestique, alors qu'il existait bien un substitut marchand, le valet de pied, au temps du « Roi-Soleil ».

Tableau 3.1 : biens durables et activités des ménages

SERVICES PERSONNALISÉS (Z)		Services domestiques autoproduits S^h			Services marchands substituts S^m	Temps de Consommation t^s
FONCTIONS	OUTPUTS (En quantités physiques ou en heures)	INPUTS: Biens intermédiaires	**Biens d'équipement domestique** (X)	**Temps de travail ménager** (t^h)		
Alimentation	nombre de repas	produits de l'agriculture et des IAA	appareils de froid appareils de cuisson, petit éqpt de cuisine, lave-vaisselle	préparation	cantines, cafés, restaurants	OUI (inclus dans le temps physiologique)
Habillement	vêtements portés	tissu, laine, etc...	machines à coudre, à tricoter, etc..	couture, tricot	location et achat de vêts.	NON
	kg lavés, repassés	vêtements, lessive, etc.	lave-linge, sèche-linge, fer	lavage, repassage	blanchisserie teinturerie	
Aménagement et entretien du logement	M^2 aménagés	bois, quincaillerie…	meubles, équipements de bricolage	bricolage	artisans	NON
	M^2 chauffés	énergie	appareils de chauffage			
	M^2 entretenus	produits d'entretien	aspirateurs, cireuses	ménage	personnels de service	
	M^2 jardinés	engrais	matériel de jardinage, forestage	jardinage	jardiniers	

Loisir	temps passé au loisir jours de vacances	livres, disques, cassettes...	TV, magnétoscope, appareils de son, de photo, de sport, téléphoniques et informatiques, instruments de musique matériel de camping, caravanes	activités préparatoires	services récréatifs, culturels et sportifs services touristiques	OUI (inclus dans le temps libre)
Sommeil	temps de repos	drap, couvertures	literie, réveils	activités préparatoires	hôtels, foyers	OUI (inclus dans le temps physiologique)
Soins personnels	temps ?	produits d'hygiène	appareils électriques d'hygiène	NON*	coiffeurs, instituts d'esthétique	OUI* (inclus dans le temps physiologique)
Soins aux autres personnes du ménage	temps	jouets	appareils d'enseignement et de surveillance	soins aux enfants*	garderie, école, nourrices,...	NON*

Sources : Archambault [1985], p.200 ; modifié par nos soins en fonction de la nomenclature des enquêtes INSEE « *Biens durables et ameublement* » de 1988, et « *Budget-temps* » de 1985, et en différenciant temps de travail ménager et temps de consommation.

* classification arbitraire, l'interversion de qualification entre temps de travail domestique et temps de consommation serait tout aussi justifiable.

Ce tableau appelle quelques commentaires.

1) Tout d'abord, le bien durable principal des ménages, **l'automobile**, ne figure nulle part dans ce tableau. L'isoler au sein d'une catégorie spécifique « *transports et télécommunication* », comme le fait la nomenclature de la consommation par fonction de l'INSEE serait peu conforme à l'approche choisie, car il s'agit en fait d'**un bien participant à la mise en œuvre de l'ensemble des activités retenues**[5].

2) Le mode de classement choisi est forcément simplificateur, certains biens pouvant **concourir à la production de services personnalisés de type différent**. Ainsi, exemple parmi d'autres, le fusil de chasse est à la fois un bien de loisir et un bien participant à la chaîne alimentaire du ménage.

3) **Les qualificatifs biens (intermédiaires) et services (domestiques) sont à prendre parfois « avec modération ».** Certains inputs fongibles de la production ménagère peuvent être des services, mais complémentaires et non substituts de la possession de biens durables (abonnement au câble et téléviseur par exemple). A l'inverse certains outputs de cette activité domestique productive peuvent être des biens (auto-production de meubles et de vêtements), mais comme leur destination est à usage privé, ces produits finis ne sont pas assimilables à la catégorie biens marchands.

4) **Des produits-joints peuvent apparaître** à tous les niveaux du processus « productif ». Au même moment, l'individu peut satisfaire deux fonctions différentes, repasser en écoutant la radio, regarder la télévision en mangeant par exemple (ce qui pose un problème d'addition temporelle dans le budget-temps, dont la somme

---

5 A cet égard, les enquêtes « budget-temps » permettraient éventuellement de distinguer trois motifs d'utilisation de l'automobile : 1) l'usage professionnel (trajets domicile-travail) ; 2) l'usage en vue de l'approvisionnement en biens et services et de l'accompagnement de personnes (dénommés *autres trajets*) ; 3) l'usage à but touristique (*excursion en automobile*). En termes complémentaires d'usure, les enquêtes « budget des ménages » fournissent le kilométrage annuel moyen effectué pour raison professionnelle (en 1989, 49 % du kilométrage total pour la première voiture, 59 % pour le second véhicule).

journalière pourrait alors être supérieure à 24 heures. L'INSEE contourne ce problème en comptabilisant uniquement ce que le ménage considère comme l'activité principale et ignore les activités secondaires)[6].

5) **Certaines activités du ménage figurent dans ce tableau à titre accessoire ou sont même purement et simplement omises, car impliquant très peu la mise en œuvre de biens durables** (en dehors toujours du cas particulier de l'utilisation de l'automobile) :

- les soins aux autres personnes du ménage, notamment aux enfants (garde, leçon, conversation, jeux), sont une activité très intensive en temps et très peu en biens durables (dernière ligne du tableau). Il n'est peut-être pas inutile de rappeler que les jouets et les livres ne sont pas des biens durables. Les autres biens utilisés par les enfants n'impliquent pas en général la participation active des parents (télévision, vidéo, consoles de jeux) et figurent donc parmi les biens de loisir ;
- l'activité entrepreneuriale de gestion du ménage, i.e. de « combinaison des facteurs de production » et d'arbitrage entre les divers services personnalisés (impliquant des tâches de comptabilité, de courrier, des démarches administratives...), aurait pu être ajoutée, mais l'usage de l'informatique à cette fin est encore balbutiant ;
- le bénévolat, les visites, les réceptions (sans repas), les soins médicaux et les soins aux animaux ne nécessitent l'usage d'aucun bien durable spécifique ;
- le temps d'étude et de formation (en tant qu'investissement en capital humain) est également exclus car considéré comme du temps professionnel. Il n'est supposé procurer aucun plaisir immédiat mais seulement une satisfaction indirecte en tant qu'espérance de gain futur de pouvoir d'achat.

6) Pour chaque service personnalisé, figurent en ligne les deux modes concourant à leur obtention, production de services domestiques ou achats de services marchands. Bien évidemment la

---

6 production jointe très répandue selon l'enquête *Biens durables* de l'INSEE de 1988, où à la question « *Écoutez-vous la télévision en dînant le soir ?* » les ménages français déclaraient : jamais ou presque : 35 % ; parfois : 20 % ; toujours ou presque : 44 % (71 % des agriculteurs).

substituabilité entre les deux n'est jamais parfaite. Manger au restaurant n'est pas totalement équivalent à manger chez soi. Regarder la télévision n'est pas identique à aller au cinéma. Néanmoins, et même pour les services « affectifs » déjà cités, **l'hypothèse de substituabilité est moins restrictive qu'il n'y paraît**. Comme le notent Lemennicier et Levy-Garboua [1981], « *L'étude de l'arbitrage autarcie-marché n'impose pas de considérer les biens et services comme parfaitement échangeables. L'existence à priori concevable d'un équivalent à ces produits suffit. La difficulté à obtenir effectivement un tel substitut peut s'analyser séparément comme le résultat d'obstacles fondamentaux à l'apparition de marché.* » Ainsi les deux types de services peuvent être assimilés à des substituts parfaits, mais le prix du service marchand peut être tellement élevé (notamment du fait de coûts de transaction sur lesquels nous reviendrons) que le marché demeure purement contingent. **En fait, la conséquence la plus gênante de cette hypothèse est qu'elle implique également que les temps de consommation des deux modes de services soient identiques**.

Au final, l'intérêt de ce tableau est d'illustrer les deux motifs « productifs » à la source de l'utilisation de biens durables dits de consommation. Notons t^{t} **le total du temps consacré à l'obtention de services domestiques**, soit la somme du temps de travail extérieur (t^{wx}), en vue de l'achat de biens marchands, fongibles et durables, et du temps ménager (t^{h}).

(1) Pour une durée t^{t} donnée, le ménage opère un **arbitrage entre le temps de travail rémunéré (t^{wx}), via la productivité des biens durables qu'il permet de se procurer[7], et le temps de travail ménager.** Ainsi le ménage peut choisir d'accroître son offre de travail afin d'acheter un four micro-ondes, en remplacement ou en supplément d'un four traditionnel, dans le but d'économiser du temps ménager (on peut remarquer que ce choix a également des effets sur le montant et la structure des achats de biens fongibles, plats préparés de préférence à des aliments « bruts ») ; ou au sein de la fonction

[7] la productivité des biens fongibles pondérée de leur prix est égale à un puisqu'il s'agit de consommations intermédiaires.

entretien du logement de détenir un aspirateur à la place d'un simple balai. Certes, certains biens, notamment de loisir, ne sont que peu en relation avec du travail ménager. Néanmoins l'existence de tâches préparatoires, même faibles en durée, laisse la place à certaines substitutions. Ainsi l'investissement plus coûteux dans un magnétoscope disposant d'un système *show-view* permet de diminuer le temps de « travail ménager » de programmation.

(2) Le second terme du choix se fait par **arbitrage entre services produits au domicile (induits par t^f) et services marchands (acquis par du travail extérieur t^{wSm})**. Ainsi, cas extrême, l'individu peut choisir de prendre tous ses repas à l'extérieur et renoncer à la détention d'un réfrigérateur et d'un bien de cuisson. Chacun peut aussi (en fonction de son capital humain, nous y reviendrons) se trouver devant l'alternative entre un investissement en outils de bricolage et l'appel à un professionnel.

Ce sont ces deux « étages » de l'analyse que nous allons maintenant formaliser.

Section 2
LA GESTION MÉNAGÈRE

A / Optimisation individuelle de l'achat de biens durables

Il s'agit tout d'abord de montrer comment le consommateur individuel optimise ses comportements quant à l'utilisation des biens durables. A cette fin, il est commode de procéder à une présentation de l'équilibre du consommateur en deux étapes successives, en l'absence puis en présence de services marchands substituts[8].

---

[8] Dans les deux étapes, nous nous limiterons au cas d'un seul type de service personnalisé. L'arbitrage entre les divers services envisageables est supposé être préalablement effectué. En conséquence, en excluant ainsi tout ce qui relève du domaine des préférences, l'optimisation du consommateur se réduit à un calcul type du producteur.

1) Optimisation en l'absence de services marchands

Lorsque le système économique n'offre pas de services marchands substituts, le consommateur doit produire à domicile l'ensemble des service personnalisés désirés. Le programme du consommateur est alors le suivant[9] :

Maximiser le volume de services personnalisés	(4) $Z = Z(S, t^s)$
avec la fonction de production ménagère	(5) $S = S(X, t^h)$
sous les contraintes, budgétaire	(6) $X = \frac{w}{p}.t^w + \frac{V}{p}$
et temporelle	(7) $t^w + t^h + t^s = 24\ h$

En formant un lagrangien et en annulant ses dérivées partielles de premier ordre, on obtient le résultat suivant :

$$(8)\ \lambda = \frac{\partial Z}{\partial S}\frac{\partial S}{\partial X}\frac{\partial X}{\partial t^w} = \frac{\partial Z}{\partial S}\frac{\partial S}{\partial t^h} = \frac{\partial Z}{\partial t^s}$$

égalité que l'on peut dissocier en deux éléments. Tout d'abord :

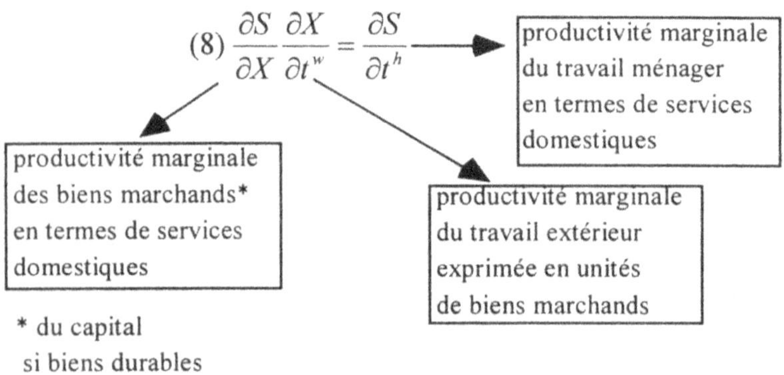

[9] Le mode de production des services étant unique, nous supprimons dans cette section les exposants de $S^{(h)}$, services domestiques et de $p^{(x)}$, prix des biens marchands.

Autrement dit, **l'optimum du processus productif de services domestiques** est obtenu par égalisation de la productivité marginale des biens (durables) acquis grâce au temps de travail extérieur, et de la productivité marginale du temps de travail ménager.

Si le taux de salaire est indépendant du nombre d'heures travaillées (pas de tarif particulier pour les heures supplémentaires ou pour le temps partiel), i.e. $\partial X / \partial t^{w} = w/p$, alors (8a) peut se réécrire :

$$(8'a)\quad \frac{\dfrac{\partial S}{\partial t^{h}}}{\dfrac{\partial S}{\partial X}} = \frac{w}{p}$$

On retrouve ici le résultat bien connu de la théorie microéconomique de la production : **à l'équilibre, le taux marginal de substitution technique entre deux facteurs de production** (le temps ménager en tant que facteur travail ; les biens durables en tant que facteur capital) **est égal au rapport du prix des facteurs**, ici le salaire réel (coût d'opportunité du travail domestique rapporté au prix des biens durables).

Second élément de l'égalité (8) :

$$(8b)\quad \frac{\partial Z}{\partial S}\frac{\partial S}{\partial X}\frac{\partial X}{\partial t^{w}} = \frac{\partial Z}{\partial t^{s}}$$

L'optimum du processus de consommation est obtenu par égalisation de la productivité marginale du temps de travail rémunéré (en termes de services personnalisés), et de la productivité marginale du temps de consommation (exprimée également en termes de services personnalisés). Comme (8b) peut se réécrire :

$$\frac{\partial Z}{\partial S}\frac{\partial S}{\partial X}\frac{w}{p} = \frac{\partial Z}{\partial t^{s}}, \quad \text{soit encore : } (8'b)\quad \frac{\dfrac{\partial Z}{\partial t^{s}}}{\dfrac{\partial Z}{\partial X}} = \frac{w}{p},$$

l'on retrouve la conclusion classique **qu'à l'optimum le taux marginal de substitution de la consommation au « loisir »** (au sens ici de temps de consommation) **est égal au taux de salaire réel**. Cependant cette apparence usuelle est trompeuse : le taux marginal de substitution ne représente pas ici les préférences relatives de l'individu pour le loisir et les biens de consommation, mais résulte des productivités marginales des deux fonctions de production imbriquées, de services domestiques puis de services personnalisés.

En comparaison d'un modèle traditionnel du consommateur en termes d'arbitrage entre biens et loisir, le facteur de la demande de biens durables est toujours le taux de salaire réel (8'a et 8'b), mais **les paramètres ne sont plus les préférences de l'individu mais ses productivités marginales dans chacune de ses activités quotidiennes**, **conformément à l'esprit beckerien d'un consommateur-producteur**, ce qui conduit à des conclusions sensiblement différentes. En effet **une augmentation du taux de salaire réel** affecte la demande de biens durables de trois façons :

- s'agissant d'une hausse du prix (du coût d'opportunité) du travail domestique, elle engendre un changement de technique de production ménagère en faveur du facteur bien durable et au détriment du temps de travail ménager ;
- elle correspond à un relâchement de la contrainte budgétaire, ce qui induit une hausse des achats de biens durables (si ceux-ci sont des biens normaux[10]) ;
- en tant que hausse simultanée du coût d'opportunité du travail ménager et du coût de l'heure de consommation, elle provoque un changement de technique de « consommation » de services personnalisés, dont l'effet sur la demande de biens durables est potentiellement indéterminé.

Contrairement à une hausse du taux de salaire**, une augmentation du revenu non salarial *V***, suite par exemple à l'apparition d'une allocation sociale spécifique à un certain type de ménage (une augmentation du taux d'intérêt en tant qu'élément du

---

[10] les biens durables inférieurs, dont le taux d'équipement diminue au fur et à mesure de la progression dans l'échelle des revenus, sont en général des biens déclassés par l'apparition de biens plus performants (télé noir et blanc, machine à coudre mécanique).

revenu financier aurait les mêmes effets), laisse par définition inchangé le prix du travail ménager et du temps de consommation. L'analyse de ses conséquences exclut tout effet-prix à ce niveau, et l'impact sur la demande de biens durables est donc en revanche toujours positif.

2) Optimisation en présence de services marchands

Réintégrons maintenant les services marchands substituts[11]. Grâce à la possibilité technique de déléguer l'activité à une tierce personne, le consommateur peut arbitrer entre des services personnalisés produits au domicile (S^h), et un service extérieur marchand (S^m) : par exemple aller au restaurant plutôt que de produire lui-même le repas, ou encore apporter son linge au pressing au lieu de le laver personnellement.

En sachant que dorénavant l'individu peut vendre une certaine quantité de travail extérieur t^w contre l'achat de services marchands S^m (au prix unitaire p^m), et que **services marchands et services domestiques sont imparfaitement substituables**, le programme du consommateur est le suivant :

Maximiser	*(4bis)* $Z = Z\left(S^m, S^h, t^s\right)$
sous les contraintes :	
technologique,	*(5bis)* $S^h = S^h\left(X, t^h\right)$
monétaire,	*(6bis)* $p^x X + p^m S^m = w.t^w + V$
et temporelle	*(7bis)* $t^w + t^h + t^h = 24\ h$

Toujours en utilisant un lagrangien, on obtient :

$$(9)\ \lambda = \frac{\partial Z}{\partial S^m} \Big/ p^m = \frac{\partial Z}{\partial S^h} \cdot \frac{\partial S^h}{\partial X} \Big/ p^x = \frac{\partial Z}{\partial S^h} \cdot \frac{\partial S^h}{\partial t^h} \Big/ w = \frac{\partial Z}{\partial t^s} \Big/ w$$

---

[11]Les services marchands complémentaires à l'utilisation de biens durables ne sont pas ici concernés. Ils sont supposés être inclus dans le « prix global » du bien durable (par exemple l'assurance automobile obligatoire).

A l'équilibre, il y égalité des contributions marginales, pondérées de leurs prix, de chaque input à l'obtention de services personnalisés (services marchands S^m; biens marchands X ; temps de travail ménager t^h et de consommation t^s).

En particulier, **les services marchands sont économiquement rentables dés lors que leur prix p^m est inférieur au prix fictif du service équivalent produit au domicile, prix fictif qui inclue les coûts des inputs en consommations intermédiaires (les biens fongibles), en capital (les biens durables) et en travail ménager**[12].

Il se peut que le coût des services marchands soit trop élevé pour le consommateur qui choisira alors de produire intégralement à domicile tous les services, ce qui correspond finalement au cas de figure du paragraphe précédent, mais ici non comme la conséquence d'une hypothèse mais comme le résultat d'un calcul économique. Cette « **introversion** », l'individu ne travaillant à l'extérieur que pour se procurer les biens marchands (fongibles et durables) nécessaires à sa production de services domestiques, peut provenir de diverses sources :

- sa productivité marchande (et donc son salaire) est trop faible au regard de sa productivité domestique (personnes peu qualifiées) ;
- le coût du service marchand est trop élevé, cas par exemple du service de garde d'enfants pour les mères de famille nombreuse (l'enfant dans la terminologie de Becker étant un bien durable intensif en temps...) ;
- les goûts de l'agent le poussent à valoriser très fortement le temps de consommation à domicile, ce qui correspondrait selon les termes du marketing, au socio-type « mollasson » (*couch-potato*).

A l'inverse, le consommateur totalement « **extraverti** » n'emploie que des services marchands, n'effectue aucun travail ménager, et ne possède alors aucun bien durable. Ce cas n'est pas aussi irréaliste qu'il y paraît. Il suffit de songer aux maisons de

---

12 On trouvera une démonstration complète et une présentation graphique de ce point dans notre thèse [1997].

retraite, où le prix journalier de pension est finalement le prix du service marchand substitut global de l'activité ménagère. Au Royaume-Uni, une étude utilise d'ailleurs le prix des institutions de pension complète pour enfants et adultes afin d'évaluer la valeur monétaire de l'output de la production domestique nationale (citée par A. Chadeau, [1992]).

L'extraversion du ménage provient alors de l'existence d'un pouvoir d'achat de services marchands élevé c'est-à-dire, soit d'un salaire w très élevé, soit d'un prix de service marchand quasi gratuit (hospices publics, aide ménagère à caractère social).

Si le pouvoir d'achat est un des déterminants de l'extraversion, la productivité du travail ménager en est un autre. Si l'individu est « impotent »[13], alors il s'orientera évidemment de préférence vers l'achat de services marchands.

Enfin, il faut souligner que nous nous sommes volontairement limité à une seule voie d'interaction entre biens durables et services marchands (diagonale du tableau ci-dessous dont les cases (1) et (4) constituent les deux cas polaires évoqués), alors qu'en fait il existe deux autres « technologies » repérables en fonction du mode de mise en œuvre respectif des deux facteurs de production de services :

	Force de travail du consommateur	**contrat de louage de services**
biens durables possédés par le consommateur	(1) consommateur « introverti » (autoproducteur)	(3) emploi de personnel domestique
biens durables d'entreprises	(2) entreprises fonctionnant en self-service (ex : laveries automatiques)	(4) consommateur « extraverti » (appel à des prestataires de services « prêt à consommer »)

Le cas (2) correspond en fait à l'alternative achat/location, tel qu'il sera étudié au chapitre 4.

---

13 en fait il faut supposer, soit que sa productivité pour le travail extérieur est largement supérieure à celle de son activité ménagère, soit que cette productivité faible coexiste avec un revenu non salarial conséquent (retraite par exemple).

Alternativement en (3), le consommateur se comporte comme un véritable entrepreneur. Il emploie du personnel domestique qu'il « combine » éventuellement avec une certaine quantité de capital, ses biens durables, afin de déléguer les différentes tâches domestiques. Par définition toutes les activités de l'intitulé « travail ménager » sont couvertes par cette seconde possibilité technique : soit en termes de substitut global (aide ménagère), soit en termes de substituts spécialisés (précepteur, nurse, cuisinier, jardinier), ce qui correspond à l'ensemble « services domestiques » dans la terminologie de la comptabilité nationale.

B / Implications au plan méso- et macro-économique

1) Les rendements d'échelle dus à la taille du ménage

Le modèle présenté s'appuyant sur le comportement du consommateur individuel omettait jusqu'à présent les déterminants démographiques de la demande de biens durables. Passer au niveau supérieur, l'optimisation des activités d'un groupe, le ménage, ne peut évidemment se résumer à la simple agrégation des comportements indépendants des individus qui le constituent.

Il ne s'agit pas ici d'étudier les effets de la composition du ménage. La demande de biens et services ne sera évidemment pas la même si « s'ajoute » un enfant ou une personne âgée à la charge d'un ménage. De même les besoins d'un couple d'adultes sont vraisemblablement différents de ceux d'une famille monoparentale avec un enfant.

Notre but sera plutôt d'isoler un effet technique spécifique « taille du ménage » sur la structure de la demande. L'idée est la suivante : *ceteris paribus* (à goûts, revenu, taux de salaire inchangés), selon que J individus vivront indépendamment, ou qu'ils vivront sous le même toit, l'usage et donc l'achat de biens durables ne sera pas le même, car **la firme productive ménagère dégage des économies d'échelle.**

Ces économies d'échelle du processus de production-consommation peuvent être introduites sous la forme d'une relation entre achats du ménage en bien i (X_i) et consommations individuelles de ce bien par les divers membres j du ménage (X_{ij}) :

(10) $X_{ij} = c_i (J) . X_i$

• S'il n'existe pas d'économies d'échelle, alors $c_i (J) = 1/J$. Ainsi s'il s'agit d'un couple, chacun consomme la moitié du bien i acheté (aliments par exemple).

• S'il existe des rendements d'échelle croissants, alors la simple existence du ménage permet la transformation d'un franc de bien i acheté en plus d'un demi-franc de bien réellement consommé par chacun de ses deux membres, soit : $c_i (J) > 1/J$ *pour* $J > 1$.

Les rendements d'échelle induits par l'équipement en biens durables peuvent provenir de deux sources : directement à travers la possibilité d'utilisation collective du bien, indirectement à travers les prix d'achat et les gains de temps ménager (Nelson, [1988]).

a) Effet direct : les biens durables comme biens publics

Comme nous l'avons souligné dans l'introduction générale, certains biens durables sont au sein du ménage des **biens publics**, c'est-à-dire dont l'utilisation par un membre de la famille ne peut exclure, du moins totalement, son usage par un autre membre (critère de non-rivalité). Algébriquement, $c_i (J)$ est alors le degré de « publicité »[14] du bien durable i.

---

[14] satisfaisant les 3 restrictions suivantes :

(a) $c_i (1) = 1$ (Ce qui ne fait qu'exprimer qu'un bien public est un bien privé lorsque le ménage se compose d'un seul individu.)

(b) $1/J \leq c_i (J) \leq 1$ (La limite inférieure 1/J est atteinte pour un bien purement privé, chaque personne du ménage recevant une Jième part des services. A l'inverse, pour la borne supérieure, le bien est alors purement public puisque chacun reçoit cent pour cent du montant de l'achat.)

(c) $dc_i/dJ \leq 0$ (Quand la taille du ménage augmente, l'encombrement augmente et donc les économies d'échelle diminuent.)

Cependant, Lazear et Michael [1980] pensent que les biens durables ne sont pas en général à proprement parler des biens publics. Pour eux, « *la lumière électrique dans une pièce, la beauté d'un tableau sur un mur ou la sécurité provenant d'un verrou installé sur la porte d'entrée* », sont des exemples de vrais biens publics de consommation. Les biens durables sont plutôt caractérisés par un **surdimensionnement** du à leur indivisibilité : « *le téléphone, la télévision, la douche, l'espace d'un réfrigérateur est souvent inoccupé et le taux d'utilisation s'accroît avec la dimension de la famille* ». Toutefois, le résultat en termes de rendements d'échelle est identique : le partage des biens réduit le besoin d'acheter une configuration individuelle pour chaque membre du ménage. Seul alors l'**encombrement** est un facteur limitatif (espace de vision disponible, capacité de réfrigération ou de lavage par exemple).

Mais le caractère public ou surdimensionné peut entrer en conflit avec des comportements d'individualisation (Verger [1984a]). C'est ainsi le cas du téléviseur (les cas de l'automobile ou de la hi-fi sont similaires). Si les divers membres de la famille se trouvent au domicile à des horaires différents, il y a en effet hausse du taux d'utilisation des capacités productives par rapport à un individu isolé[15]. Si maintenant leur présence dans le logement est simultanée et s'il existe une chaîne unique, alors le téléviseur est un bien public au sens strict. En revanche dés lors qu'il existe plusieurs chaînes, et si les goûts différent, il peut y avoir **rivalité**. L'individualisation de l'usage du bien pousse alors à la multipossession.

La présence d'économies d'échelle résulte donc non seulement des caractéristiques techniques du bien mais aussi de l'existence de préférences similaires.

b) Effet indirect : biens durables et gains de temps

Lorsque la dimension du ménage s'accroît, deux autres sources d'économies d'échelle apparaissent au sein du processus de gestion ménagère :

---

[15] Cependant en ce cas, la croissance du taux d'utilisation provoque une usure accélérée de l'appareil et donc un renouvellement plus rapide. Raisonner uniquement en termes de taux d'équipement paraît alors partiellement réducteur.

- **du fait de la productivité croissante du temps ménager**. Préparer un repas pour deux ne prend en général pas deux fois plus de temps que de le faire pour une seule personne. Cette productivité croissante occasionne des substitutions en faveur de productions plus intensives en temps ménager (moins de repas au restaurant, achats d'aliments moins élaborés) ;

- **du fait de la possibilité d'achat à prix de gros**. Acheter en plus grande quantité revient vraisemblablement moins cher que l'achat à l'unité (le célèbre « trois pour le prix de deux »), surtout si l'on prend en compte l'ensemble des coûts de transaction (déplacement et recherche du meilleur rapport qualité/prix). Dans le cas de biens durables, cet effet-prix aura cependant une influence plus indirecte puisque l'achat en gros de biens durables a peu de sens pour un ménage (au contraire des biens d'investissement pour les entreprises importantes). Et même en cas de multipossession, il est rare que leurs dates d'acquisition soient identiques. Par contre l'équipement en biens durables peut engendrer certaines économies sur le coût de revient des biens fongibles. Ainsi la possession d'un congélateur permet de stocker et donc de réduire les déplacements d'approvisionnement et de profiter d'offres promotionnelles[16].

c) Effet global

Au total, ces économies d'échelle, directes et indirectes, se traduisent par un prix fictif (prix de marché plus coût d'opportunité) des services domestiques décroissant avec la taille du ménage. Par conséquent, plus le ménage est important, plus le bien durable est relativement bon marché (en termes de productivité) par rapport aux services privatifs substituts. Selon D. Verger [1984], l'effet couple serait ainsi prédominant. A partir d'une analyse logistique, il met en évidence un sous-équipement quasi généralisé des personnes seules (lave-linge, congélateur, lave-vaisselle, outils de bricolage), sauf pour la télévision du fait de l'importance du temps libre des retraités. La

---

16 c_i (J) représente alors un rendement d'échelle croissant, de temps ménager et d'usage de biens fongibles, qui se traduit par : $c_i(1) = 1$; $c_i(J) \geq 1$; $dc_i/dJ \geq 0$

personne de rang 3 et les suivantes auraient des effets moins sensibles sur l'équipement en biens durables[17].

2) Consommateur-producteur et débats sur l'avenir de la « société industrielle »

Au terme de cette section, il est important de dresser un bref bilan de l'analogie construite entre le ménage et l'entrepreneur. Dans le cadre de la théorie économique de la famille, l'objectif du ménage est donc de maximiser la production[18] - i.e. l'output final, les services personnalisés - pour un coût total donné, le revenu de plein temps (taux de salaire horaire multiplié par les 24 heures de la journée). Les techniques de production possibles relèvent de deux fonctions de production successives, d'activité ménagère et de consommation. A l'image des entreprises, ce schéma général traduit la possibilité d'une certaine intégration verticale des activités, optimisée rationnellement en fonction des productivités marginales et des prix respectifs des divers inputs. Le ménage fait donc un choix parmi un éventail de technologies allant de l'intégration totale du processus de production-consommation à l'achat exclusif de services marchands à des entreprises extérieures.

En première analyse, le modèle présenté permet de comprendre les deux interprétations contrastées du rôle des biens durables de consommation dans l'évolution de la société industrielle.

L'idée la plus communément émise, à partir de comparaisons de données transversales, est que vraisemblablement avec la croissance du revenu par habitant, la possession de biens durables ne peut que croître du fait du gain de temps qu'ils permettent (application de la substitution temps ménager / biens marchands).

---

[17] Selon une étude plus récente portant sur la consommation totale des ménages (L. Olier [1998]), un couple n'a besoin que de 1,5 fois le revenu d'un célibataire pour atteindre le même niveau de vie en 1995 (1,6 pour la fonction *équipement du logement*).

[18] En théorie du producteur, un raisonnement équivalent est de minimiser le coût pour un output donné. L'analyse présentée aurait donc pu alternativement être faite en terme dual de prix fictifs, c'est-à-dire sélectionner les techniques optimales afin de minimiser la dépense, en biens et en temps, pour un niveau donné de services personnalisés.

A l'inverse Galbraith [1973], s'appuyant sur l'évolution des sociétés développées depuis deux siècles, soutient la thèse que la croissance du niveau de vie va engendrer « *un transfert vers la petite entreprise et l'entrepreneur indépendant de nombreux services personnels assurés jusqu'alors par le foyer domestique* » et donc qu'il « ***se produira dans la demande un glissement des biens vers les services*** »[19] (sorte d'application de l'arbitrage au sein de notre modèle entre services produits au domicile et services marchands).

Cependant, si l'on adhère à la théorie de la croissance déséquilibrée de W. Baumol [1967], la productivité du secteur dit « stagnant », celui des services, est supposée croître beaucoup moins rapidement que celle du secteur « progressif » industriel. Comme de plus Baumol suppose qu'il existe un alignement de la progression des salaires nominaux des deux secteurs sur les gains de productivité du secteur le plus performant, il conclut à une hausse uniforme du coût salarial et donc du prix des services relativement à celui des biens manufacturés. Cette hausse du prix relatif des services par rapport aux biens, et notamment aux biens durables, devrait conduire à une substitution de services autoproduits aux services marchands.

Ce cas de figure rejoint ainsi **la théorie de l'économie de self-service** de J. Gershuny [1978] selon laquelle la tendance à long terme des sociétés développées va vers un arbitrage des ménages favorable à la demande de biens d'équipement ménager au détriment des services extérieurs[20], résultat opposé à la conclusion des tenants de la « société postindustrielle » pour lesquels la demande de biens durables devrait stagner à moyenne échéance et la demande de services « exploser ».

L'objet de la section suivante sera justement d'illustrer ces deux positions (société de services marchands contre société de self-service) sur le cas français.

---

[19] Impliquant un développement des désormais célèbres « petits boulots ».

[20] A condition que les coûts des services marchands complémentaires des biens durables soient intégrés aux prix de ces derniers. Ainsi une hausse des tarifs d'assurance automobile provoque une hausse du coût d'utilisation de ce bien durable et est donc à priori favorable à une substitution en faveur des transports collectifs.

Section 3
LA RELATION TEMPS / BIENS DURABLES EN FRANCE

Le principal défaut de l'analyse beckerienne est celui de son ambition première : sa volonté d'expliquer l'ensemble des comportements des individus, nécessite pour vérifier sa pertinence une quantité considérable d'informations statistiques. Un test des résultats théoriques du modèle concernant la demande de biens durables se heurte ainsi à l'indisponibilité de plusieurs séries de données :

- en premier lieu, la plupart des études de l'INSEE sur la consommation et plus particulièrement sur l'équipement en biens durables confrontent, entre autres[21], revenu et demande du ménage, mais **en aucune façon la variable explicative choisie n'est le taux de salaire ou le revenu salarial**. Cette perspective, héritée d'une longue tradition keynésienne du traitement de la consommation liée au revenu disponible, est inapplicable directement à une approche beckerienne en termes de coût d'opportunité ;

- en second lieu, **le temps d'utilisation des biens durables est inconnu** (hors automobile et télévision pour lesquels les temps liés sont exclusifs), ce qui rend impossible la détermination de leur degré effectif de substituabilité ou de complémentarité vis-à-vis du temps domestique et du temps de consommation ;

- en troisième lieu, en dehors partiellement de l'alimentation pour lesquels le nombre de repas pris à domicile et à l'extérieur est connu, **il n'existe aucune quantification des outputs domestiques obtenus**. Ainsi par exemple, l'économie de temps permise par le développement du lave-linge est en partie compensée par un accroissement du nombre de kilos lavés (on change plus souvent les enfants qu'auparavant par exemple). En faisant abstraction du volume produit, les gains de productivité seraient sous-estimés, même si le lien temps/biens durables était parfaitement décrit.

---

[21] les décompositions se font selon 7 dimensions : la Catégorie Socioprofessionnelle, l'âge, le revenu annuel, le nombre de personnes du ménage, le type de ménage, la catégorie de commune, la Zone d'Étude et d'Aménagement du Territoire (ZEAT).

Une recherche économétrique satisfaisante sur les interactions économiques entre biens durables et allocation temporelle impliquerait donc un travail de mobilisation de données sur la production domestique des ménages (au sens beckerien du terme) qui déborderait largement notre domaine d'étude[22]. La seule approche envisageable est alors purement descriptive en termes de statique comparative, malgré tous les défauts de degré de généralité et de risques de conclusions hâtives que cela comporte.

De plus, la période d'analyse est contrainte par les enquêtes « Budget-temps » disponibles, à savoir les enquêtes de 1965, 1975 et 1985 (ces bornes temporelles ont cependant l'avantage indirect de permettre de repérer une éventuelle rupture de tendance dans les comportements des consommateurs face à la crise).

Dans ce cadre « imposé », le modèle présenté permet néanmoins de dresser un aperçu global et systématique de la place des biens durables dans l'évolution des modes de vie des français. Cette « lecture ordonnée » décrira successivement, l'évolution des variables exogènes du modèle (**A**), puis les changements de comportement de consommation en biens durables et en services marchands (**B**), afin de dégager certaines « relations observables » avec les résultats des enquêtes sur le « budget-temps » des français (**C**).

A / Variables exogènes

Conformément aux développements précédents, les variables pouvant influencer la demande de biens durables sont, le taux de salaire et les revenus non salariaux, le prix des services marchands, et la taille des ménages.

---

22 En 1987 était créé un comité de programme CNRS « *Production domestique* », auquel l'INSEE était associé. Il envisageait la mise en œuvre d'une enquête « modes de vie, production domestique » qui entre autres devait s'intéresser aux utilisations des biens d'équipement ménager, ainsi qu'à la mise en place d'une expérimentation psycho-sociale afin de déterminer les prix fictifs des diverses activités du ménage (Lemel, [1988]). Devant le coût élevé d'un tel programme, ces projets semblent actuellement en sommeil.

1) Un doublement du taux de salaire réel

Les données du Ministère du Travail quant à la rémunération horaire n'existent que pour la catégorie des ouvriers (et uniquement pour les établissements de plus de 10 salariés), les autres catégories sociales étant traditionnellement mensualisées. Néanmoins, il est possible de procéder à une approximation d'un taux théorique de salaire horaire moyen, toutes catégories salariées confondues (hors fonctionnaires), en divisant le salaire net annuel[23] par la durée annuelle moyenne du travail :

	Octobre 1965	Octobre 1975	Octobre 1985
(1) salaire net annuel moyen	10743 F (100)	29482 F (274,4)	86110 F (801,5)
(2) indice des prix à la consommation	100	190,3	494,4
(3)=(1)/(2) salaire réel net annuel moyen	**100**	**144,2**	**162,1**
(4) durée annuelle du travail	**2020 h**	**1840 h**	**1650 h**
(5) =(1) /(4) gain horaire net	5,31 F (100)	16,02 F (301,7)	52,18 F (982,7)
(6)=(5)/(2) gain réel horaire net	**100**	**158,5**	**198,8**

Source : INSEE, Annuaire rétrospectif de la France 1948-1988 ; le choix du mois d'octobre provient d'une part de la semestrialité des enquêtes sur l'emploi, et d'autre part du fait que les enquêtes budget-temps ont été réalisées à cheval sur deux années : 1965/66, 1975/76 et 1985/86.

Le coût d'opportunité réel[24] du temps « libre » aurait donc été multiplié grossièrement par deux en 20 ans (ligne 6), hausse marquée sans surprises par un ralentissement du taux de croissance annuel moyen de 4,7 % entre 1965 et 1975 à 2,3 % entre 1975 et 1985.

---

23 le choix de la série « salaire net annuel » possède l'avantage de prendre en compte les changements de structure de la population concernée (âge, ancienneté et qualification), et d'intégrer le salaire de base, les rémunérations pour heures supplémentaires et les primes de périodicité mensuelle. Or à priori la demande de biens durables dépend de la progression du gain horaire quelle qu'en soit l'origine.

24 Pour être parfaitement rigoureux, il faudrait également tenir compte des variations sur la période des taux et de la structure des impôts sur les revenus du travail.

En termes de pouvoir d'achat, la progression du revenu du travail salarié (ligne 3) est moindre du fait de la décroissance générale des heures travaillées (ligne 4 ; le taux de croissance annuel diminuant de 3,7 % avant 1975, à 1,2 % après cette date). L'effet-revenu l'aurait donc emporté sur l'effet-substitution, le temps de travail rémunéré ayant globalement cédé du terrain au profit du temps « libre » (travail ménager et loisirs).

En ce qui concerne le Revenu Disponible Brut réel par habitant, qui intègre les diverses sources de revenu non salarial (*V*) (lignes 10 à 12), la rupture du taux de croissance après 1975 est légèrement plus marquée (ligne 7)[25] :

	1965	1975	1985
(7) RDB réel par habitant (après impôts) Taux de croissance annuel moyen 65/75 et 75/85	**100** -	**148,9** (+4,1 %)	**168,9** (+1,3 %)
(8) Part de l'IRPP	5,8 %	6,4 %	8,6 %
(9) Part des salaires nets	42,0 %	48,0 %	43,6 %
(10) Part de l'EBE des Entrepreneurs individuels	25,8 %	18,5 %	14,9 %
(11) Part des revenus de la propriété	3,5 %	3,4 %	3,8 %
(12) Part des prestations sociales	21,4 %	24,3 %	30,2 %

Source : INSEE, Comptes de la nation ; (8) à (12) exprimés par rapport au RDB avant impôts ; le total n'est pas égal à 100 % car : 1) ne figurent pas les loyers fictifs ; 2) les cotisations sociales ne sont pas déduites de l'EBE.

Schématiquement, la période est donc caractérisée par la montée des prestations sociales (ligne 12) et par une réduction de la part des revenus du travail, non salarié en permanence depuis 1965 (ligne 10), et salarié depuis la crise (ligne 9). Théoriquement, l'effet du revenu non salarial sur la demande des biens durables (toujours positif comme nous l'avons souligné) aurait vu son importance accrue par rapport aux effets (indéterminés) de la progression des taux de salaire.

25 Bien évidemment, là encore la comparaison est en majeure partie artificielle puisque le RDB couvre l'ensemble des ménages, salariés et non-salariés, actif et inactifs. Mais il s'agit uniquement de disposer d'un ordre de grandeur des divergences entre revenu et coût d'opportunité.

2) *L'envolée du prix des services marchands*

La catégorie « services » de la nomenclature INSEE de la consommation par durabilité est trop hétérogène pour être d'une quelconque utilité. En conformité avec le tableau 3.1, une sélection des services ayant une relation de substituabilité avec les biens durables et/ou le travail ménager est plus adaptée. L'évolution défavorable du prix relatif des services marchands est générale et très nette :

Tableau 3.2 : Comparaison des indices 1985 des prix des biens durables et de quelques services marchands substituts (indice 100 en 1965)

services domestiques	1192,7
réparations automobile	850,5
artisans du BTP (petit entretien)	752,7
cantines, foyers, hôtels, cafés, restaurants	635,1
établissements pour personnes âgées	607,4
coiffeurs et esthétique corporelle	592,1
services récréatifs, culturels et sportifs	584,5
transports en commun	574,3
blanchisserie, laveries, teinturerie	565,7
réparations hors automobile	555,3
Automobile	**500,7**
ENSEMBLE DES PRIX A LA CONSOMMATION	*494,4*
électroménager (Blanc)	**252,9**
matériel électronique ménager (Brun)	**112,4**

Source : INSEE, Comptabilité nationale

Depuis 1985, la baisse du prix relatif des produits bruns s'est encore accentuée, puisqu'il apparaît une diminution du prix absolu depuis 1965 (indice 67 en 1997 pour un indice 100 en 1965).

3) *Réduction de la taille des ménages*

Au niveau national, le nombre moyen de personnes par ménage est en constante diminution (phénomène qui perdure encore : 2,517 personnes par ménage en 1997) :

1965	1975	1985
3,183	2,952	2,692

Source : INSEE, Recensements de la population et division « logement »

La perte de potentiel d'économies d'échelle en découlant justifierait donc, toutes choses égales par ailleurs (notamment à revenus identiques), une moindre progression des taux d'équipement (notamment du lave-vaisselle, voir plus bas).

Par contre, en termes de volume, la croissance du nombre total des ménages devrait provoquer un accroissement des achats afin d'équiper les nouveaux foyers issus de l'éclatement des familles (si la productivité du bien durable considéré est suffisamment élevée).

B / Variables à expliquer

Le développement de l'importance « productive » des biens durables peut être appréhendé de deux façons complémentaires, par les taux d'équipement d'une part et par les coefficients budgétaires à prix constants d'autre part.

1) Les taux d'équipement : l'exception du lave-vaisselle

Choisir comme indicateur du facteur capital le taux d'équipement, revient à raisonner en termes de choix binaire de technique de production. Le consommateur-producteur se trouve face à l'alternative unique d'utiliser ou non un bien durable.

Concernant les principaux biens durables, le processus de diffusion depuis le début des années 1950 a suivi classiquement une courbe en S[26]. La période sous revue a été cruciale à cet égard car débutant approximativement au point d'inflexion de ces courbes :

---

[26] processus que l'on peut approcher par une loi logarithmique inverse, en fonction du temps comme sur le graphique, *Log Q=a - b/t*, ou en fonction du revenu : *Log Q=a -b/R*, équation utilisée par l'INSEE pour l'estimation de l'élasticité-revenu de la plupart des biens durables.

Figure 3.1 : Taux d'équipement des ménages pour les principaux biens durables

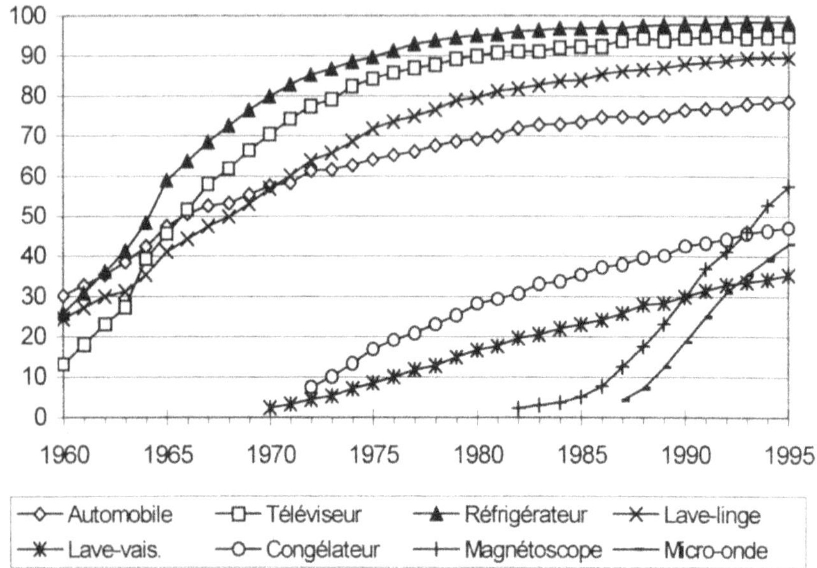

Source : INSEE

La fin des Trente Glorieuses marque la démocratisation de ces équipements, et la période suivante 75/85 correspond à la généralisation de leur présence dans la presque totalité des foyers.

Seule exception[27], **le lave-vaisselle** qui, même si son apparition est plus récente, demeure un bien relativement peu diffusé au regard des autres biens. Cette exception, encore valable aujourd'hui, est confirmée par une analyse de sa diffusion selon les CSP. L'équipement des cadres supérieurs et des professions libérales, pionniers pour ce bien, stagne depuis quelques années et le rattrapage des catégories les plus défavorisées est beaucoup plus lent que ce qu'il a été par le passé pour les autres biens (peut-être en partie du fait de la crise) :

---

27 Le congélateur se trouve en concurrence avec le combiné inclus dans la série réfrigérateur. Comme nous l'avons déjà souligné le taux d'équipement global en appareils de congélation atteint actuellement les 70 %.

Figure 3.2 : Taux d'équipement en lave-vaisselle selon la CSP[28]

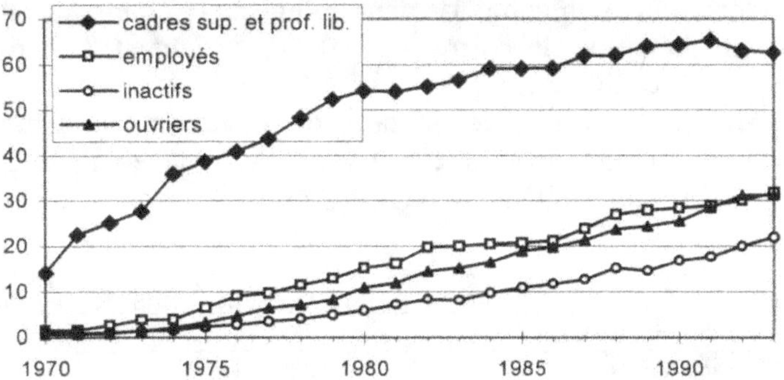

Bien qu'il concerne une tache incontournable, universelle (sauf ustensiles jetables) et à priori peu gratifiante (en 1985, le temps moyen de vaisselle d'un français était de 1h30 par semaine), le seuil de saturation de l'équipement en lave-vaisselle semblerait assez largement inférieur à celui des autres biens.

L'enquête INSEE 1988 comprenait une série de questions spécifiques sur l'usage du lave-vaisselle (à la demande des fabricants). A l'aide des résultats d'une des questions posées (« *si vous n'avez pas de lave-vaisselle actuellement, pouvez-vous en indiquer les raisons* »), il est possible d'illustrer l'intérêt d'une approche beckerienne en termes de facteurs de diffusion. A cette fin, les réponses peuvent être regroupées en 6 catégories de motifs de non-possession :

(1) préférences (« *pas besoin ou envie pour l'instant* ») : 33 %

(2) comparaison prix/coût d'opportunité défavorable (« *intéressé mais trop cher compte tenu des services que ça rend* ») :15 %

(3) contrainte de revenu (« *ne peut l'acheter pour l'instant* ») : 8 %

(4) environnement, dimensions externes (« *intéressé mais pas la place pour l'installer* », « *pas l'installation nécessaire* ») : 14 %

(5) surdimensionnement (de capacité) du bien (« *rarement de grosses vaisselles* », « *demande trop de vaisselle* ») : 29 %

(6) technologie non perçue (« *ne connaît pas suffisamment ces appareils* ») : moins de 1 %.

---

28 Source : INSEE ; il est important de noter que les retraités ont un taux d'équipement supérieur à celui des autres inactifs. A coût d'opportunité identique et égal à zéro, l'effet-revenu l'emporte donc sur les effets de génération et de taille du ménage.

Ainsi, au sein des 73 % de ménages non équipés en 1988, 48 % le sont suite à un comportement optimisé (1+2), 44 % pour des raisons d'inadaptation de l'offre (4+5+6), et seulement 8 % du fait d'une insuffisance de revenu (3).

Malgré la croissance du taux de salaire et donc du coût d'opportunité du temps consacré à la vaisselle, le lave-vaisselle reste donc un bien essentiellement public, familial, à forts rendements d'échelle :

Tableau 3.3 : Taux d'équipement en lave-vaisselle selon le nombre de personnes du ménage

	Ensemble	1	2	3	4	5	6 et plus
1975	**8 %**	1 %	5 %	10 %	16 %	17 %	13 %
1985	**23 %**	5 %	19 %	29 %	41 %	41 %	29 %
1995	**35 %**	13 %	35 %	43 %	56 %	56 %	40 %

Source : INSEE

De plus, selon le Comité des fabricants de lave-vaisselle, les facteurs psycho-sociaux ne sont pas non plus à négliger, et notamment une réticence de la part des deux membres d'un couple. La vaisselle à la main est en effet l'une des très rares taches ménagères à laquelle certains maris acceptent de participer. L'apparition d'un lave-vaisselle, bien que libérant les deux époux, serait ainsi synonyme de la fin d'un temps partagé de conversation. De plus, l'épouse serait en droit de demander des compensations concernant d'autres tâches ménagères plus lourdes…

Pour les autres biens durables, non retenus par les enquêtes de conjoncture, la construction « impressionniste » du tableau 3.4 repose sur deux éléments.

En premier lieu, cette sélection est contrainte par les données disponibles, le bien durable doit être apparu avant le milieu des années 70 pour être pris en compte par au moins deux enquêtes successives.

En second lieu, les regroupements ont été effectués en fonction des diverses possibilités de substituabilité de ces biens au sein du processus productif, et sont à cet égard relativement symptomatiques des évolutions de modes de vie :

Tableau 3.4 : Un classement « productif » des biens durables[29]

	1962	1979	1988
Biens durables « remplacés » par des biens fongibles :			
Moulin à café électrique	67 %	80 %	63 %
Rasoir électrique[30]	42 %	50 %	46 %
Biens durables « substituts » de temps ménager :			
Robot, mixer	24 %	72 %	83 %
Aspirateur (tout type)	33 %	70 %	87 %
Sèche cheveux	14 %	63 %	75 %
Biens durables « complémentaires » du temps ménager :			
Machine à coudre (électrique + mécanique)	50 %	48 %	51 %
Machine à tricoter	-	3 %	4 %
Tondeuses à moteur[31]	nd	19 %	30 %
Bloc moteur ou perceuses	nd	36 %	45 %
Biens durables « combinés » à du temps de consommation :			
Appareil photo	35 %	59 %	70 %
Chaîne Hi-fi	-	11 %	33 %
Fusil de chasse	nd	18 %	12 %
Caméra (super 8+camescope)	3 %	11 %	10 %
Caravanes	nd	5 %	6 %
Tentes	5 %	11 %	14 %
Magnétoscope	-	1 %	19 %
Piano	nd	7 %	6 %
Bien durable de production jointe :			
Auto-radio	nd	34 %	49 %

Source : classement opéré par nos soins à partir des Enquêtes Biens durables de l'INSEE ; nd : données non disponibles ; - : bien non encore apparu sur le marché

---

29 les taux d'équipement de ces biens ne sont pas suivis par les enquêtes semestrielles de conjoncture mais par les enquêtes *Biens durables* à périodicité variable. Les années ne coïncident donc pas avec celles des budget-temps.

30 Bien plutôt masculin (sauf épilation), le rasoir électrique ne peut évidemment prétendre à une diffusion à l'ensemble des ménages. La régression du taux d'équipement peut donc provenir, soit de substitution par des rasoirs jetables, soit d'une transformation de la structure des ménages (l'éclatement d'un couple conduit automatiquement à une division par deux du taux d'équipement en rasoir électrique).

31 Le taux d'équipement en tondeuses à gazon est à rapprocher du taux d'habitat individuel : 38 % en 1965, 44 % en 1975, 49 % en 1985, ce qui donnerait le taux corrigé suivant (taux d'équipement/taux d'habitat individuel) : nd en 1965, 43 % en 75, 63 % en 85.

2) Coefficients budgétaires aux prix de 1980 : la percée des produits bruns

Le choix du consommateur n'est plus ici binaire, mais porte sur une fonction technique de production à facteurs continus : le montant de l'investissement en biens durables est relié à la « capacité de production » et/ou à la qualité de services désirés. Implicitement, cela revient à supposer que lorsque le prix unitaire d'achat augmente, les services rendus par le bien durable s'élèvent proportionnellement.

Dans ce cadre, une approche par les coefficients budgétaires à prix fixes permet à la fois d'apprécier la place réelle, productive du bien ou du service considéré (hors variation du prix), et d'annuler les effets de modifications du taux d'épargne. Aux prix de 1980, l'évolution du coefficient budgétaire de la catégorie *Biens durables* est caractéristique de l'usage croissant en volume des biens durables (avec une certaine stagnation sur la dernière décennie, phénomène sur lequel nous reviendrons) :

Figure 3.3 : coefficients budgétaires aux prix de 1980 (tous biens durables)

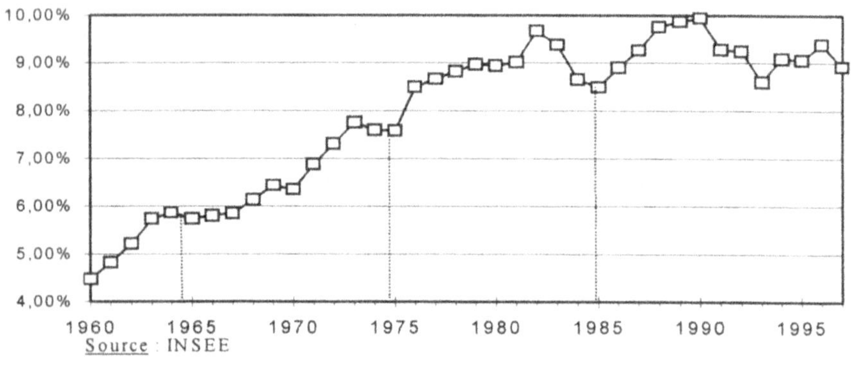

Source : INSEE

En distinguant au sein de l'électroménager, les produits blancs (**équipement ménager**, code 30 de la NAP) des produits bruns (**matériel électronique ménager**, code 292), on constate une évolution très nettement différenciée, les biens de loisir, consommateurs de temps, prenant le pas sur les biens de production ménagère, économiseurs de temps :

Figure 3.4 : coefficients budgétaires aux prix de 1980 (Blanc/Brun)

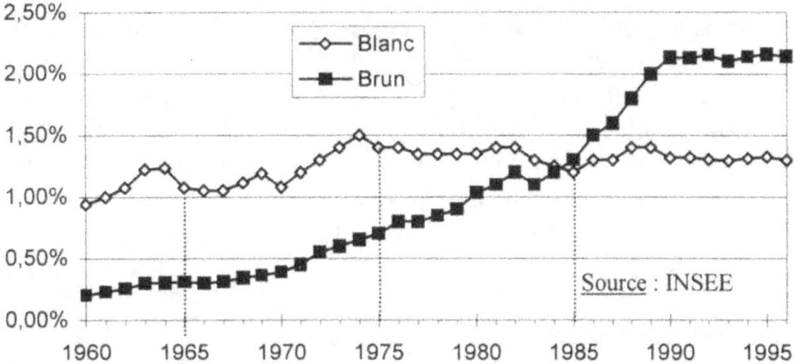

A l'inverse, malgré le fait que l'élasticité par rapport au revenu de la plupart des services précités soit supérieure à un, la hausse continue de leur prix provoque globalement un déclin de leur usage relatif (en dehors des établissements pour personnes âgées) :

Tableau 3.5 : taux de variation des coefficients budgétaires de divers services aux prix de 1980

	1975/1965	1985/1975	1995/1985	1995/1965
Artisans du BTP (petit entretien)	-1,2%	-18,7%	-6,8%	-25,2%
Transports en commun	-4,0%	4,9%	-3,7%	-3,0%
Réparation automobile	-15,7%	-15,5%	-8,0%	-34,5%
Réparation hors automobiles	-33,9%	+11,8%	-4,8%	-29,6%
Etablissement pour personnes âgées	-9,6%	+12,4%	+11,4%	+13,2%
Services récréatifs, culturels et sportifs	-20,7%	-9,2%	-10,0%	-35,2%
Blanchisserie, laveries, teinturerie	-33,1%	-35,1%	-17,7%	-64,2%
Coiffeur et esthétique corporelle	-1,3%	-5,8%	-7,7%	-14,2%
Cantines, foyers, hôtels, cafés, restaurant	-11,1%	-6,0%	-9,5%	-24,4%
Services domestiques	**-48,4%**	**-40,9%**	**0,9%**	**-69,2%**
Total	-16,7%	-8,8%	-6,4%	-28,9%

Source : INSEE, Comptabilité nationale

A cet égard, le phénomène le plus marquant est la division par près de 3 du poids des dépenses en services domestiques (femme de ménage, aide ménagère, garde d'enfants à domicile...) dont le prix a augmenté deux fois plus vite que l'inflation sur la même période. Cette croissance du coût de la main d'œuvre peut justifier en partie une hausse de l'autoproduction occasionnant un usage accru de biens durables. On trouve ici une illustration parfaite de la thèse de l'économie de self-service que nous avons précédemment évoquée.

C / Relations observables

Les enquêtes *Budget-temps* de l'INSEE permettent d'illustrer les diverses substitutions de techniques de « production » du ménage entre, détention de biens durables, achats de services marchands, temps de travail ménager et temps de consommation.

Les trois enquêtes de 1965, 1975 et 1985 (dont la nomenclature est présentée en annexe de ce chapitre)[32] n'ont malheureusement pas un champ d'investigation identique : celle de 1965 portait uniquement sur les citadins de 18 ans à 64 ans de Paris et de 6 grandes villes de province ; celle de 1975 s'intéressait aux urbains de plus de 18 ans ; l'enquête de 1985 est la plus complète car effectuée sur un échantillon de l'ensemble des français de plus de 15 ans, urbains et ruraux. Les comparaisons temporelles ne sont donc possibles que pour les citadins de 18 à 64 ans, en sachant que les résultats de 1965 sont représentatifs uniquement des ménages des grandes villes.

---

[32] Quelques changements sont intervenus dans la nomenclature agrégée entre les 3 enquêtes : le repos sans sommeil a été transféré du temps libre au temps physiologique ; le temps de formation du temps libre au temps professionnel ; les « ouvrages de dame » (terme de 1965 pour la couture et le tricot) et le bricolage du temps libre au temps domestique (effet de la crise ?). Les résultats présentés ci-dessous tiennent compte de ces changements.

Tableau 3.6 : Budget-temps des adultes citadins de 18-64 ans pour une journée moyenne (y compris samedi, dimanche)[33]

	1965	1975	1985
Temps physiologique[34]	11 h 25	12 h 05	11 h 53
Temps professionnel et de formation	5 h 00	4 h 01	3 h 32
Temps domestique	4 h 30	4 h 26	4 h 31
Temps libre	3 h 05	3 h 28	4 h 04

Source : INSEE, Enquêtes Budget-temps

Première constatation globale, le temps dit domestique (que nous avons nommé temps de travail ménager) **est resté relativement inchangé, et la substitution majeure s'est opérée entre temps professionnel et temps libre** (temps de consommation dans la terminologie de notre modèle).

La durée des trajets pour motif professionnel restant inchangée (1ère ligne du tableau 3.7), la diminution du temps professionnel est entièrement due à la baisse de la durée hebdomadaire moyenne du travail (de 47 h en 1965 à 39 h en 1985 pour les ouvriers), et au développement du temps partiel féminin (doublement de la proportion de 12 % à 22 % des femmes actives), qui font plus que compenser la progression du taux d'activité féminin (de 44 % en 1965 à 70 % en 1985 pour les 25-49 ans) et la montée du chômage.

---

33 Les enquêtes se sont faites sur une année complète, seules deux périodes de 15 jours ont été éliminées, les fêtes de fin d'année et durant les vacances d'été. La faiblesse apparente du temps professionnel résulte donc d'une moyenne entre jours ouvrés et non ouvrés. D'autre part, seuls sont pris en compte les temps d'activité principale.

34 L'évolution du temps physiologique, relevant plus du domaine des préférences que du cycle de production-consommation de notre modèle, résulte de trois phénomènes contrastés : 1) une durée très stable du temps de sommeil et de repos moyen (entre 8h et 8h30 selon l'activité ou l'inactivité de la personne) ; 2) un accroissement du temps d'hygiène corporelle, accroissement plus sensible avant 1975 à relier sans doute à l'amélioration des installations sanitaires durant cette sous-période ; 3) une inversion de tendance du temps de prise de repas (hausse de la durée des repas avant 1975, baisse depuis).

Pour les deux autres catégories d'activités (temps domestique et temps libre), qui impliquent directement l'usage éventuel de biens durables (si l'on excepte les appareils électriques d'hygiène pour le temps physiologique et l'usage professionnel de l'automobile), une analyse plus fine des diverses activités est nécessaire.

Tableau 3.7 : activités pouvant impliquer la présence de biens durables

	1965	1975	1985	écart 85/65
trajets liés au travail professionnel et aux études	0h24	0h24	0h24	0 %
autres trajets	0h36	0h43	0h47	+ 30 %
cuisine, vaisselle, ménage	2h30	2h25	2h23	- 5 %
linge	0h24	0h19	0h16	- 33 %
couture, bricolage	0h20	0h21	0h23	+ 15 %
télévision	0h54	1h22	1h48	+100 %
sport	0h03	0h03	0h08	+166 %

Source : INSEE, Enquêtes Budget-temps

1) Des relations fortes entre biens durables et temps ménager

Concernant **le temps ménager**, le tableau 3.7 fait apparaître trois évolutions notables entre 1965 et 1985.

La rurbanisation de l'habitat et le déclin du commerce de proximité au profit des grandes surfaces, induisent un accroissement sensible du **temps des « autres trajets »** (i.e. hors trajets à motif professionnel, et à but touristique intégré dans le temps libre). Il s'agit ici d'une des justifications bien connue du développement de l'automobile, et notamment de la multimotorisation en zone rurale, du fait d'un besoin de service de transport individualisable. La lutte contre cette perte de temps accrue, passe également par l'emploi de congélateurs (combiné ou indépendant) qui permettent de stocker des produits sur une plus longue période (si les produits semi-frais sont préférés aux conserves).

La diminution du temps des **tâches ménagères traditionnelles** est assez décevant, le gain de temps est très faible. Certes certaines de ces activités sont technologiquement indépendantes de tout bien durable, comme le rangement. Cependant depuis 1985, la poursuite de la diffusion, même lente, du lave-vaisselle et l'apparition du micro-ondes pourraient changer quelque peu les choses.

En ce qui concerne l'**entretien du linge**, le gain de temps est entièrement induit par la généralisation du lave-linge. La tâche lourde de lavage a disparu[35] (seul demeure un petit lavage à la main du textile délicat). Par contre le temps de repassage demeure incompressible. Il représentait ainsi en 1985 treize du total des seize minutes journalières consacrées au linge (« service tout compris », à savoir : tri du linge, mise en machine, lavages à la main, séchage/étendage, repassage, rangement), et 70 % des personnes qui s'adonnent au repassage déclarent y passer entre 1 et 4 heures par semaine (la machine à repasser n'a pas eu un gros succès commercial, moins de 2 % des ménages en étaient équipés en 1988).

Pour les activités moins quotidiennes[36] de **couture** et de **bricolage**, la progression globale cache en fait un effondrement du

---

[35] A titre d'illustration du changement technologique considérable qu'introduit ce bien durable dans la vie de la ménagère, on peut citer cet extrait consacré au « *linge et à la lavandière* », du rapport d'Hubert Bouchet sur « *Les leviers immatériels de l'activité économique* » (Journal Officiel, Avis et Rapport du conseil économique et social, n°16, Mardi 5 juillet 1994) :
« *Laver le linge en ce temps-là* (i.e. les années 1930) *est l'une des activités les plus fastidieuses, faite d'une succession d'actes constituant une chaîne qui, depuis la première manipulation jusqu'au repassage, consomme de l'énergie manuelle. Il y a d'abord la première opération qui consiste au passage en lessiveuse à température adéquate.* (...) *L'opération "bouillir le linge" durait un certain temps durant lequel la surveillance était nécessaire. D'autre part, l'agitation du contenu de la lessiveuse était opérée à la main et il convenait d'entretenir le feu en l'approvisionnant de combustible, transporté à l'aide d'une brouette,* (...) *une fois le linge avéré propre, intervenait le rinçage à grande eau opéré dans le lavoir* ». De plus, la lourdeur de la tâche de la ménagère était accrue du fait que « *le linge connaissait alors une rotation incessante là où le rechange était limité par la faible disposition des moyens.* » (p.168). Aujourd'hui le choix de la périodicité et de l'horaire est libre, et la dureté et la durée de l'activité d'entretien du linge sont considérablement amoindries.

[36] Comme le remarque E. Archambault [1985], le temps est aussi partiellement indivisible. Ainsi une diminution du temps de travail global par augmentation des congés annuels, ou la mise en place du week-end de 3 jours serait plutôt favorable au bricolage, alors que la diminution de la durée de la journée de travail bénéficierait plus à des activités quotidiennes (soins des enfants, cuisine, télévision).

temps passé à la couture et une très forte progression du temps de bricolage (le jardinage se développe également suite au développement de l'habitat individuel). Logiquement, ces changements de comportements se répercutent sur les biens durables correspondants : l'équipement en machine à coudre stagne, la possession de perceuses est en hausse, y compris chez les femmes isolées.

Une étude du CREDOC (Zarca [1989]) menée en 1986 auprès des ménages propriétaires ou accédant à la propriété (sauf exploitants agricoles), permet de cerner un peu mieux les motifs du bricolage et donc indirectement de savoir si les biens durables d'outillage doivent être considérés plutôt comme des biens de loisir, ou plutôt comme des biens productifs substituts de services marchands d'artisans du BTP, dont on a vu le déclin de la part relative dans le budget des ménages[37].

Il ressort de cette enquête que le motif principal du bricolage est d'ordre économique (63 % des réponses), l'aspect distrayant, créatif de l'activité étant largement en retrait (même si le caractère objectif de la réponse déclarée peut être mis en doute, la symbolique de la « virilité » du bricolage pouvant engendrer une survalorisation de son utilité réelle). Cette autoproduction domestique « contrainte » est confirmée par le fait que le recours au marché croît avec le revenu (là encore malheureusement la variable choisie n'est pas le salaire) : moins de 50 % des ménages au revenu mensuel inférieur à 12 000 F font appel à des artisans contre plus de 80 % pour les revenus supérieurs à 18 000F. Certes la compétence technique reste un des facteurs essentiels du choix (92 % des personnes enquêtées s'affirment *compétents pour effectuer tout ou la plupart des travaux* de peinture et papier peint, 54 % pour la réparation d'automobile et de deux-roues, mais seulement 36 % pour la plomberie et 30 % pour la réparation d'électroménager), mais l'élargissement de l'offre de produits de bricolage destinés aux ménages, à la fois spécialisés et d'accès simplifié (décolleuse de papier peint par exemple), est un des autres mobiles majeurs d'une diffusion de plus en plus large de la pratique.

---

37 Même si la substitution enregistrée est en partie biaisée par la possibilité de faire appel à une personne extérieure non déclarée.

2) La toute-puissance du (plus si) petit-écran au sein du temps de consommation

La croissance du **temps de loisir** (+59' entre 1965 et 1985) est accaparée presque exclusivement par **la télévision** (+54' y compris usage de la vidéo). Dans ce domaine si l'activité est reliée obligatoirement à la possession d'un bien durable (téléviseur, magnétoscope), les implications en termes économiques sont plus complexes qu'il n'y paraît :

- **la baisse constante des prix des appareils** provoque un développement considérable des volumes, par multiéquipement et par une sensibilité accrue à l'obsolescence technique (raccourcissement de l'intervalle entre deux achats), sensibilité accrue lors de Coupes du monde de football ;
- en cross-section, une analyse intéressante serait d'étudier à revenu global identique**, la corrélation éventuelle entre temps passé devant la télévision et prix d'achat**. A titre indicatif, en 1989 le prix d'achat moyen d'un téléviseur couleur était le plus élevé chez les retraités (5105 F contre 4435 F pour l'ensemble de la population[38]), pour un temps quotidien d'écoute de 2 h 36 pour les plus de 65 ans contre 1 h 48 pour les 18/64 ans.

En variation relative, le sport est l'activité qui connaît la plus forte extension temporelle (+166 % entre 1965 et 1985). Mais s'agissant d'une pratique aux possibilités multiples, l'usage de biens durables peut être variable :

- la mode du jogging n'implique ainsi aucun bien durable, alors que le tennis ou le cyclisme (l'explosion des ventes de VTT est ultérieure à l'enquête de 1985, on ne peut donc pas savoir s'ils ont été utilisés…) sont liés par nature à un bien durable ;
- sa classification comme loisir peut parfois être discutée, le sport pouvant être vécu comme de la stricte hygiène corporelle. Cette remarque n'est pas inutile car en ce cas les biens durables peuvent servir à économiser du temps et non à en perdre (si le sport est une activité de loisir, alors le plaisir est lié à la durée). Le développement

---

[38] en 1985, les exploitants agricoles les dépassaient encore (enquêtes *Budget des ménages*).

des clubs de forme nous paraît symptomatique en partie de cette recherche de gain de temps. En sens inverse, la progression récente des ventes d'appareils de musculation à domicile constitue un autre exemple de substitutions biens durables /services marchands.

Ce survol de l'influence des biens durables sur les modes de vie doit être complété par deux remarques, qui montrent une fois de plus la complexité d'un éventuel test du modèle complet.

Un bien durable déterminé n'est pas à usage unique, et peut donc intégrer la chaîne productive du ménage de diverses façons. Trognon [1979] étudie ainsi l'utilisation du congélateur. Pour les ménages modestes, il offre une facilité de groupement des achats et de stockage de préparations maison en grosses quantités, sources d'économie de dépenses monétaires. Pour les ménages favorisés, sa possession est liée à l'acquisition de plats préparés coûteux mais économes en temps de conception et de préparation des repas.

L'optimalité du choix productif dépend également du capital humain, domestique et « informatif » du consommateur. Il faudrait en effet distinguer trois ensembles au sein des techniques de production domestique et de consommation (Verger [1985], Levy-Garboua [1986]) :

- l'ensemble des techniques **disponibles**, non seulement présentes mais aussi à venir dans un cadre d'optimalité multipériodique. L'approche des innovations en termes de modification du panier de caractéristiques serait alors particulièrement utile ;
- l'ensemble des techniques **perçues**, en fonction des processus d'acquisition de l'information. L'information la plus fiable, la plus pertinente en ce domaine est bien souvent de profiter de l'expérience du voisin, motif économiquement rationnel du phénomène d'imitation ;
- l'ensemble des techniques **envisageables**, accessibles en fonction du savoir-faire, réel ou ressenti, du consommateur-producteur. Ainsi une des constantes chez les fabricants de produits bruns ces dernières années a été de simplifier leur maniement de manière à accroître au maximum le marché potentiel.

ANNEXE CHAPITRE 3 :
Nomenclature de l'enquête INSEE « *emplois du temps* » 1985/86

1) **Temps professionnel et de formation** :
- travail rémunéré (y compris travail à domicile), ainsi que les activités liées (trajets domicile-travail, pauses), sortes de biens fatals du travail.
- études et formation (y compris trajets liés)

2) **Temps physiologique** :
- sommeil, repos
- toilette, soins médicaux et esthétiques
- repas à domicile et hors domicile

3) **Temps domestique** :
- alimentation (cuisine, vaisselle, service...)
- ménage intérieur (nettoyage et rangement)
- entretien du linge (lavage, repassage, réparations)
- achats de biens et services (temps passé dans les commerces)
- semi-loisirs (confection de vêtement, couture, tricot, créations artistiques, réparations et entretien de véhicules et autres biens, bricolage, jardinage, soins aux animaux domestiques) [39]
- soins aux adultes du ménage et d'éducation aux enfants[40]
- trajets autres

4) **Temps libre** (temps laissé disponible par les trois agrégats précédents) :
- visites reçues, réceptions (sans repas, ni apéritif)
- conversations, téléphone, courrier et autres
- spectacles et sorties
- pratique sportive
- bénévolat
- promenades, tourisme, pêche et chasse
- télévision et vidéo
- radio, écoute de musique
- jeux
- lecture
- ne rien faire, réfléchir

---

[39] Il s'agit ici au sein d'une catégorie « objective » (définie par la possibilité de faire appel à un remplaçant) de la prise en compte du degré subjectif de l'utilité.

[40] Si logiquement on peut trouver des substituts marchands (gardes, bonne, précepteur...), il n'est pas sur que le rendement (notamment affectif) soit exactement comparable...

Chapitre 4

LA RENTABILITÉ DES IMMOBILISATIONS CORPORELLES EN BIENS DURABLES

Dans une optique beckerienne, l'analyse économique du bien durable en tant que facteur capital de la firme ménagère se développe autour des interactions, de substitution ou de complémentarité, avec le facteur travail domestique. Or, afin de ne pas accroître les difficultés de lecture d'une analyse déjà suffisamment complexe, le raisonnement se construit le plus souvent dans le cadre simplifié d'une seule période temporelle.

Alternativement, il est possible de mettre plutôt l'accent sur **le caractère multipériodique des services rendus par les biens durables**. L'objectif central de ce chapitre sera ainsi de chercher à évaluer le taux de rentabilité d'un investissement sous forme de bien durable sur l'ensemble de sa durée de vie, en considérant que l'achat d'un bien durable n'est pas un acte de consommation, mais le choix d'une immobilisation de fonds dans un certain type d'actif réel.

Deux techniques comptables traditionnelles d'évaluation du rendement périodique d'un actif sont alors envisageables pour les biens durables : l'évaluation directe par le prix de marché de services substituts, qui nous le verrons est difficilement transposable à notre objet, ou, par défaut, l'évaluation par le coût d'opportunité de l'immobilisation (**Section 1**). En usant de cette seconde procédure, nous proposerons un calcul du coût d'usage des biens durables sur l'intervalle 1972/1997 (**Section 2**), puis une évaluation des services rendus par les biens durables depuis 1980 (**Section 3**).

Section 1
MODES D'ÉVALUATION

A / Évaluation par le « loyer fictif »

La satisfaction du consommateur, qui dépend des services rendus par le bien durable, peut être atteinte soit par la location, soit par la possession. **Si, en être rationnel, il choisit la possession c'est que celle-ci lui procure pour un coût donné une utilité au moins égale à celle de la location**.

1) Évaluation au coût d'un service marchand substitut

En premier lieu, la rentabilité de l'achat d'un bien durable (d'un investissement dans une machine à laver, dans une automobile) peut être estimée **ad minima** au coût locatif sur la période de services équivalents.

Cette procédure simple d'évaluation est déjà utilisée en comptabilité nationale à propos des services rendus par la propriété d'un logement. Le **loyer fictif** (plus exactement « *loyers imputés des logements occupés par leurs propriétaires* ») est la somme que le propriétaire-occupant paierait s'il était locataire, somme estimée d'après les loyers effectifs existants sur le marché pour des logements comparables. **Ce loyer fictif est alors inclus dans la consommation finale du ménage au titre des dépenses de logement, alors que l'achat du logement est pris en compte comme FBCF du ménage**. Mais concernant les biens durables de consommation comment appréhender les services rendus :

- s'agit-il de services provenant exclusivement de l'utilisation (kilos de linge nettoyés, nombre d'heures de divertissement, kilomètres parcourus) ?
- ou bien s'agit-il également de « services de possession » ? Cette option est justifiable, soit par un désir d'ostentation (Porsche garée devant le garage, de même que pour un coût équivalent, le fait d'être propriétaire d'un logement ne procure pas la même « sensation » - et donc utilité - que celle d'en être simplement locataire), soit par une

imperfection économique (incertitude sur la durée d'utilisation ou existence de coûts de transactions, d'autant plus importants lorsqu'il s'agit d'une location fractionnée).

Dans le premier cas, les services du bien acheté seront évalués aux coûts de location de services équivalents, aux périodes et pour la durée où le consommateur en a besoin. Ainsi, dans le cas de l'automobile, l'évaluation se fera à partir du nombre de journées d'utilisation et/ou du nombre de kilomètres parcourus.

Dans le second cas, l'évaluation sera fondée sur le coût d'une location longue durée (d'un an ou plus), procédure qui de plus permet de conserver un certain caractère impersonnel, puisqu'elle ne tient pas compte du degré d'utilisation individuelle[1].

En toute rigueur, dans le cadre d'une évaluation ad minima, s'il ne fallait pas faire d'hypothèse sur la qualité du service rendu, il faudrait choisir le coût le plus bas des deux versions.

Une étude de l'Auto-Journal de novembre 1993 fournit un bon exemple de ce type d'arbitrage entre location et possession : par rapport à un achat[2], la location d'une automobile serait rentable jusqu'à 90 à 110 jours d'utilisation annuelle, et pour 9000 à 11 000 km. La rationalité de nombreux ménages serait alors mise en doute puisque selon l'INSEE, le kilométrage annuel moyen par voiture était en 1989 de 12 825 km (de 10 929 km pour une 4CV à 14 699 km pour une 8CV et plus), à moins justement que le statut de propriétaire apporte « un plus » en termes d'utilité par rapport à celui de locataire.

2) Évaluation à la valeur marchande d'opportunité locative

En second lieu, nous pouvons renverser la proposition précédente. Certes le propriétaire-usager d'un bien durable économise

---

[1]L'utilisation du logement étant en général quotidien, le choix entre les deux procédures d'évaluation ne se pose pas.

[2] En tenant compte du prix d'achat, des intérêts du capital immobilisé, de la dépréciation annuelle (22 à 25 % de la valeur d'achat selon les modèles) de l'entretien (3 à 6 %) et de l'assurance tous risques avec franchise (6 à 12 %), en sachant que l'âge moyen des voitures louées est de 9 mois.

le prix de services marchands substituts, mais il renonce également à un revenu en n'offrant pas son bien en location. Là encore, s'il choisit de l'utiliser lui-même, c'est qu'il y trouve **au moins** autant son intérêt que dans la perception d'un loyer. Tout se passe comme si l'individu se louait son propre bien à lui-même. Ainsi Alfred Marshall définit de manière ample un revenu comme : « *l'ensemble des bénéfices de toute sorte qu'une personne dérive de l'usage de ses propriétés : cela inclut par exemple les bénéfices qu'il obtient de l'usage de son propre piano, qui sont égaux à ceux qu'un loueur de piano gagnerait en mettant un piano en location.* » (*Principles of Economics*, cité par Katz [1983]).

En situation de concurrence pure et parfaite, ce prix d'offre et le prix de demande de location (du paragraphe précédent) d'un bien durable sont équivalents. Toutefois dans les faits, certaines différences s'imposent :

- l'imposition n'est pas la même pour une entreprise de location (prix soumis à TVA) et pour un particulier choisissant de louer son bien (imposition sur le revenu) ;
- il existe des économies d'échelles de mise en location (coûts de transaction et de publicité). Louer un seul bien durable n'est sans doute pas rentable ;
- étant donné que le taux d'utilisation des biens loués n'est pas le même que celui des biens possédés, les coûts marginaux de fonctionnement associés (maintenance, assurances,...) ne sont pas identiques.

Mais **le principal handicap de ces procédures** (pour justifier ou infirmer la rationalité des consommateurs !), **est qu'elles révèlent les préférences des locataires et non celles des propriétaires-usagers de biens durables**. Or la location de moyenne et longue durée, sous toutes ses formes, est un phénomène très marginal, y compris pour le bien le plus loué, l'automobile : si 96,4 % des véhicules appartiennent aux ménages et 2,4 % sont mis à leur disposition par un employeur, des parents ou des amis, seulement 1,1 % sont acquis en leasing (surtout par les professions intellectuelles supérieures et pour des véhicules de plus de 7 CV) et 0,1 % sont loués pour plus d'un mois (source INSEE).

B / Évaluation indirecte par le coût d'opportunité

Du fait de cette extrême marginalité des marchés locatifs, et donc de l'absence et/ou du manque de représentativité des prix de location, une procédure indirecte d'évaluation s'impose. **Par défaut, la rentabilité estimée d'un bien durable** (sa productivité en tant que capital) **est alors au moins égale au revenu alternatif tiré d'un placement équivalent dans sa durée et son risque**. Dés lors en transposant la procédure d'actualisation utilisée dans le calcul de rentabilité d'un investissement productif ou financier (Jorgenson [1963]), il est possible d'obtenir une évaluation indirecte des services, sous la forme d'un coût d'usage.

1) La notion de coût d'usage d'un bien durable

Le prix d'offre d'un bien d'investissement est égal à la valeur présente escomptée des bénéfices futurs. Si $C^e_{s,t}$ est la valeur anticipée (exposant e) des services rendus au cours de l'année t par un bien durable d'âge s, acheté au prix $P_{s,t}$ au début de l'année t, et d'espérance de vie résiduelle m, alors r^e_t est le taux anticipé de rentabilité interne du bien durable qui vérifie :

$$(1)\quad P_{s,t} = \frac{C^e_{s,t}}{1+r^e_t} + \frac{C^e_{s+1,t+1}}{(1+r^e_t)(1+r^e_{t+1})} + \cdots + \frac{C^e_{m-1,t+m-s-1}}{\prod_{i=t}^{t+m-s-1}(1+r^e_i)}$$

De même, $P^e_{s+1,t+1}$, prix anticipé du même bien pour l'année t+1, i.e. lorsqu'il a vieilli d'un an, s'écrit :

$$(2)\quad P^e_{s+1,t+1} = \frac{C^e_{s+1,t+1}}{1+r^e_{t+1}} + \frac{C^e_{s+2,t+2}}{(1+r^e_{t+1})(1+r^e_{t+2})} + \cdots + \frac{C^e_{m-1,t+m-s-1}}{\prod_{i=t+1}^{t+m-s-1}(1+r^e_i)}$$

En divisant les deux côtés de (2) par $(1+r^e_t)$, et en le soustrayant de (1) on obtient :

(3) $P_{s,t} - \frac{P^e_{s+1,t+1}}{1+r^e_t} = \frac{C^e_{s,t}}{1+r^e_t}$ soit : (4) $\boxed{C^e_{s,t} = r^e_t P_{s,t} + (P_{s,t} - P^e_{s+1,t+1})}$

A l'équilibre, **la valeur du service annuel (anticipé) du bien durable est égale aux coûts (anticipés) supportés du fait du renoncement à sa vente en début d'année**, soit :

- **le déclin anticipé de la valeur de marché du bien** $(P_{s,t} - P^e_{s+1,t+1})$;
- **et le revenu** $(r^e_t P_{s,t})$ **qu'il aurait reçu en investissant différemment ce capital monétaire**, où r^e_t est le taux de rendement anticipé des investissements alternatifs.

En cas de concurrence parfaite (absences de comportement de marge des entreprises de location, de coûts de transaction, et de taxes différentielles sur les divers revenus), ce coût d'usage (*user cost*) est égal au prix marchand de location présenté plus haut, ce qui explique qu'il soit parfois remplacé par la terminologie de prix (implicite) de location (*rental price*). Dans le cas inverse, la comparaison coût d'usage/loyer permet d'expliciter par les imperfections du marché, le choix opéré au sein de l'alternative location/possession du bien durable.

Enfin le coût d'usage (4) peut également s'exprimer sous la forme du **rendement d'une unité monétaire placée sous la forme d'actif « bien durable »** :

$$(5)\quad \frac{C^e_{s,t}}{P_{s,t}} = 1 + r^e_t - \frac{P^e_{s+1,t+1}}{P_{s,t}}$$

2) <u>Relation prix neuf/prix d'occasion</u>

Mais comme nous l'avons déjà mentionné, pour la plupart des biens durables, hors automobiles, les données sur les prix d'occasion ne sont pas disponibles. Il est alors nécessaire d'introduire une hypothèse supplémentaire quant au **rapport entre le prix neuf** ($P_{0,t}$) **et les prix d'occasion** (les $P_{s,t}$ pour s supérieur ou égal à 1), en posant la relation suivante en t, entre les prix de biens d'âge successifs :

$$(6)\ P_{s,t} = (1-\delta_{s,t})P_{s-1,t}$$

où $\delta_{s,t}$ intègre à la fois les effets du vieillissement du bien et la dévalorisation due à l'obsolescence.

Par itération on a donc :

$$P_{s,t} = \left[\prod_{i=1}^{s}(1-\delta_{i,t})\right]P_{0,t} \text{ et de même : } P^{e}_{s+1,t+1} = \left[\prod_{i=1}^{s+1}(1-\delta_{i,t+1})\right]P^{e}_{0,t+1}$$

Il est à noter qu'il s'agit là d'une analyse en termes de coûts de remplacement, et non de coûts historiques puisque la relation s'exprime en fonction du prix courant en t d'un bien neuf de même type ($P_{0,t}$), et non du prix neuf d'origine en *t-s* du bien considéré ($P_{0,t-s}$).

En substituant dans (5), on obtient :

$$\frac{C^{e}_{s,t}}{P_{s,t}} = 1 + r^{e}_{t} - \frac{\left[\prod_{i=1}^{s+1}(1-\delta_{i,t+1})\right]P^{e}_{0,t+1}}{\left[\prod_{i=1}^{s}(1-\delta_{i,t})\right]P_{0,t}}$$

L'estimation du coût d'usage ne dépend plus alors que des prix du neuf, en t ($P_{0,t}$) et anticipé pour t+1 ($P^{e}_{0,t+1}$).

Si maintenant, comme nous l'avons fait aux chapitres 1 et 2, nous supposons qu'il n'existe pas d'effet de génération, que les taux de dépréciation par âge demeurent identiques entre deux périodes, c'est-à-dire $\delta_{i,t+1} = \delta_{i,t}; \forall i$, alors (8) se simplifie en :

$$\frac{C^{e}_{s,t}}{P_{s,t}} = 1 + r^{e}_{t} - \left[(1-\delta_{s+1}).\frac{P^{e}_{0,t+1}}{P_{0,t}}\right]$$

que l'on peut réécrire sous la forme :

$$(7)\ \boxed{u^{e}_{s,t} = r^{e}_{t} + \delta_{s+1} - (1-\delta_{s+1})\pi^{e}_{t}}$$

Le coût d'usage d'une unité monétaire placée en bien durable d'âge *s* dépend **positivement** du taux d'intérêt auquel le consommateur renonce (r^{e}_{t}) et du taux de dépréciation entre l'âge s et l'âge s+1 (δ_{s+1}), et **négativement** du taux de croissance anticipé du prix du bien durable ($\pi^{e}_{t} = 1 - P^{e}_{0,t+1}/P_{0,t}$), appliqué à la partie non dépréciée de la valeur du bien (si ce taux est négatif, i.e. le prix nominal du bien durable baisse, alors ce facteur contribue au contraire à accroître le coût d'usage). De plus, en rapportant le tout à la hausse générale des prix, on peut également exprimer l'ensemble en termes de pouvoir d'achat, ce que nous nommerons le coût d'usage réel.

Section 2
CALCUL DU COÛT D'USAGE DES BIENS DURABLES NEUFS (1972/1997)

Avant de passer à l'estimation, restent à spécifier dans l'équation (7), $P^e_{0,t+1}$ et r^e_t.

A / Spécification des variables

1) Détermination du prix neuf futur d'un bien ($P^e_{0,t+1}$)

Tout d'abord, il faut faire une hypothèse sur la **relation entre prix actuel** ($P_{0,t}$) **et prix futur anticipé** ($P^e_{0,t+1}$) **d'un bien neuf**. Dans le cadre d'une étude rétrospective, comme c'est le cas dans ce chapitre, le plus simple sera de faire l'hypothèse de prévisions parfaites, i.e. $P^e_{s+1,t+1} = P_{s+1,t+1}$. Pour une étude prospective, il faudrait construire un modèle de formation des anticipations, anticipations extrapolatives ou adaptatives en fonction de l'évolution des prix du passé, à partir par exemple du trend tendanciel à la baisse du prix relatif des biens durables.

2) Quel(s) taux d'escompte ? (r^e_t)

Le coût d'usage dépend également *du revenu alternatif anticipé*[3] *tiré d'un placement équivalent dans sa durée et son risque*. Cette définition nous amène à préciser quatre points.

---

[3] La difficulté de l'anticipation du taux (le e de l'exposant) n'est donc pas une caractéristique du bien durable puisqu'elle porte également sur le placement alternatif.

a) Taux créditeur et taux débiteur

La notion de coût d'opportunité repose de manière générale sur l'hypothèse d'unicité du taux d'intérêt. Cependant, au vu de la différence importante et surtout variable entre taux d'emprunt et taux de placement, la logique voudrait que le taux du placement financier équivalent soit appliqué à la part autofinancée de l'achat, et le taux du crédit à la consommation à la part financée par emprunt. En effet, comme pour l'investissement industriel, une baisse des taux débiteurs accroît la rentabilité financière de l'actif bien durable par effet de levier. Mais ce choix n'est évident qu'en apparence, et cela pour deux raisons.

(1) Il faudrait en fait distinguer **deux groupes de ménages, ceux n'ayant aucun emprunt personnel et ceux endettés pour une raison quelconque** (pour l'acquisition antérieure de biens durables, pour un investissement immobilier ou autre (santé, étude, voyages,...), mais aussi pour motif professionnel dans le cas des entrepreneurs individuels).

Pour les ménages « vierges » de tout emprunt (50,5 % des ménages en 1997 selon l'enquête *Actifs financiers des ménages* de l'INSEE), le raisonnement présenté en termes de double coût d'opportunité est effectivement valable : pour eux **l'alternative se trouve bien entre achat d'un bien durable (au comptant ou par emprunt) et placement**.

Par contre, pour les ménages déjà endettés, il existe un unique coût d'opportunité, le taux d'emprunt : s'ils choisissent de renoncer à l'achat d'un bien durable cela se fera vraisemblablement au profit d'une réduction de leur dette antérieure et non au profit d'un investissement dans un actif financier au rendement en général plus faible. On retrouve tout simplement le fait que le coût d'opportunité est toujours le prix le plus élevé parmi les divers « renoncements ». **L'alternative est donc ici entre achat et désendettement**.

Mais, faute de ventilation des achats à crédit de biens durables entre ménages endettés et ménages non endettés, nous emploierons par défaut la première procédure exposée, de double coût d'opportunité, ce qui revient à supposer que les ménages empruntant pour l'achat d'un bien durable n'ont aucune dette préalable.

(2) Un calcul rigoureux nécessiterait de connaître la **durée des crédits** pour calculer le coût d'usage annuel. Or pour l'électroménager et les téléviseurs, le crédit est souvent de courte durée, inférieure à l'année. Ainsi le rendement d'un bien financé intégralement par un crédit sur 3 mois devrait être obtenu par pondération, pour 1/4 par le taux d'emprunt (qui peut être de 0 % s'il s'agit d'un « paiement en 3 fois sans frais »), et pour 3/4 par le taux de prêt. Mais là encore, faute de données nous supposerons arbitrairement que la durée moyenne d'un crédit est d'au moins un an quelque soit le bien durable considéré.

b) La complexité des conditions d'emprunt

De plus, les données disponibles rendent obligatoires deux simplifications.

(1) **Selon la catégorie du bien durable**, le taux du crédit n'est pas le même. Les gros biens durables, notamment l'automobile, supportent généralement des taux inférieurs (frais fixes de dossier moindres, possibilité de gager l'emprunt sur le bien...). Il faudrait donc utiliser des taux différents selon le type de biens durables, voire même selon l'âge du bien acheté (le taux du crédit sur les véhicules d'occasion est supérieur à celui sur véhicules neufs), et selon le poids respectif des réseaux de financement (taux réduit, « d'appel », proposé par les concessionnaires par exemple).

Mais comme il n'est pas toujours possible de connaître l'affectation précise de certains crédits à la consommation (hors vente à tempérament (VAT)), nous choisirons un unique taux d'emprunt, celui des crédits de trésorerie sous forme de découverts, prêts permanents et VAT d'un montant supérieur à 10 000 F[4].

---

[4] Dans le cadre de la réforme de la législation sur le taux de l'usure, la Banque de France mène depuis 1990, une enquête sur le coût du crédit aux particuliers sur le modèle de celle beaucoup plus ancienne sur le coût du crédit aux entreprises. Outre les crédits immobiliers, trois types de crédits de trésorerie sont distingués : 1) les prêts inférieurs à 10 000 F, et parmi ceux d'un montant supérieur, 2) les découverts, prêts permanents et VAT, 3) les prêts personnels et autres prêts. La concordance avec les séries établies avant 1990 impose le choix du second taux qui a toutefois l'avantage d'être le taux intermédiaire.

(2) Les informations, fournies par les enquêtes sur le budget des ménages, concernant la part des achats à crédit, posent deux difficultés supplémentaires :

- il ne s'agit pas de données annuelles, mais de **données épisodiques** (1972, 1979,1985,1989,1995). Il faut donc procéder par interpolation entre ces dates avec tous les aspects réducteurs que cela comporte pour une étude conjoncturelle (les enquêtes de conjoncture quant à elles donnent la part des biens du stock achetés avec un crédit. Il est donc impossible de connaître la date de début des crédits et par suite leurs conditions en termes de taux) ;
- la part des achats à crédit y est établie **en référence aux quantités** vendues (nombre d'immatriculations de l'année,...) et non à des valeurs. En conséquence, il ne s'agit pas de la valeur des achats financée par le crédit (on ne connaît pas la part du versement au comptant) mais du nombre de contrats d'emprunts négociés. Il faut donc supposer que la part des achats à crédit est la même quelque soit le prix d'achat du bien considéré, en clair que la proportion de la valeur des véhicules haut de gamme financée par un crédit est la même que pour ceux de bas de gamme.

c) Négociabilité et risque

L'idée directrice est ici d'insérer la détention de biens durables au sein d'un arbitrage reposant sur la combinaison risque/rendement.

Si l'on se réfère tout d'abord à la notion de durée d'immobilisation, il faudrait donc estimer le taux d'escompte par le rendement sur des placements dont l'échéance est comparable à la durée de vie médiane du bien durable concerné. Mais le terme de durée nous paraît ici impropre et nous lui préférons celui de **négociabilité**, c'est-à-dire la facilité de cession, de conversion de l'actif en disponibilités pour le règlement. Or comme nous l'avons vu, hormis les cas de l'automobile et marginalement du réfrigérateur, l'absence de marché de revente se traduit par un engagement presque irréversible, par une négociabilité quasi-nulle.

En ce qui concerne le second aspect, le **risque** encouru, il nous semble utile de distinguer classiquement risque de taux et risque en capital :

- **le risque en capital** est à exclure ici puisqu'il est pris en compte à un autre niveau de l'équation ($P_{0,t} - P^{e}_{0,t+1}$ dans l'équation (7)) ;

- concernant **le risque de taux**, les craintes du ménage résultent de la malchance de voir la durée de vie du bien raccourcie par une panne inopinée ou par une accélération de l'obsolescence. Or ces risques sont intégrés par application des tables de survie économique, et dans ce cadre le risque de taux est déjà inclus dans le taux de dépréciation. En conséquence, à ce niveau, le bien durable est un actif sans risque (sauf si brutalement les nouvelles générations de biens suivaient un « cycle de vie » différent des précédentes, mais comme nous l'avons vu ce n'est pas le cas car en ce domaine les évolutions sont très lentes).

En résumé, la qualité du placement en biens durables peut s'appréhender en termes de liquidité : sa négociabilité et le risque encouru, en taux et en capital, seraient tout deux quasi nuls, du fait de l'absence de marché secondaire et d'un traitement du risque déjà fait par ailleurs. En conséquence, ceci plaide pour une mesure du coût d'opportunité par le taux des obligations d'État de l'année d'achat. En ne tenant pas compte des plus ou moins values en capital, le ménage est fictivement obligé de conserver son titre jusqu'à échéance, de la même manière qu'il ne peut revendre son bien durable.

d) Rendement brut et rendement net

Logiquement les choix de portefeuille s'appuient sur un raisonnement en termes de rendement net après impôts. Or si la TVA supportée par les biens durables neufs est déjà incluse dans les prix d'achat, et si l'ISF (qui intègre les biens durables suivants : meubles meublant, automobiles, bateaux et avions de tourisme) ne concerne qu'un nombre très limité de ménages, par contre les placements financiers sont soumis à posteriori à diverses taxes (CSG, impôts de bourse...) et à l'impôt sur le revenu. Il faudrait donc utiliser des taux de rendement après impôt. Mais le caractère universel recherché du coût d'usage en souffre alors puisque le taux marginal de l'impôt sur le revenu est différent selon les ménages, impliquant ainsi un coût d'opportunité de l'achat de biens durables propre à chaque catégorie de contribuables. Nous nous contenterons donc de calculer un taux de rendement moyen avant impôt[5].

Coté taux débiteur, l'évaluation devrait également prendre en compte les possibilités de déduction des intérêts sur les emprunts. Mais cet aspect est sans objet ici puisque la déductibilité est cantonnée en France à l'immobilier (en dehors de l'année 1995).

3) Qu'en est-il des dépenses de fonctionnement ?

Il reste à souligner que la notion de coût d'usage telle qu'elle vient d'être définie n'a rien à voir avec ce que le sens commun qualifierait sous ce terme, du type des enquêtes « ce que vous coûte votre voiture ». Il s'agit en fait d'un coût de pure possession et non d'un coût d'utilisation incluant les frais de maintenance et d'énergie. Ce choix permet :

- d'une part, conformément à la perspective patrimoniale du bien durable ici privilégiée, de conserver l'universalité du coût d'usage, les coûts de fonctionnement étant par nature fonction du degré d'utilisation propre à chaque ménage ;

- d'autre part d'éviter de trancher sur le caractère complémentaire ou substitut de certains coûts. En effet certaines dépenses permettent de repousser l'achat d'un nouveau bien. Ainsi un échange standard moteur en allongeant la durée de vie du bien devrait être capitalisé[6].

---

[5] De plus, l'imposition sur les revenus financiers s'est affaiblie en France depuis 1982 (Pour 100 F de revenu financier, 47 F seraient en fait exonérés [CERC, 1993]). Nous aurions pu aussi choisir de défalquer du taux d'intérêt le taux du prélèvement libératoire mais celui est demeuré stable sur la période.

[6] « *l'entretien courant des biens de capital fixe est traité en consommation intermédiaire. Par contre une dépense visant à prolonger la durée de vie, améliorer le rendement ou la capacité de production d'un bien de capital, sera considéré comme une FBCF (par exemple remplacer le moteur d'un camion)* » (INSEE, SECN).

B / Résultats et analyse

D'après (7), **sous l'hypothèse de prévisions parfaites** (ce qui permet de supprimer les exposants e), le rendement d'usage en t d'un bien durable **neuf** peut s'écrire :

(8) $u_{0,t} = r_t + \delta_1 - (1 - \delta_1)\pi_t$ où :

- r_t est le **taux de rendement alternatif** à la détention du bien, dépendant des taux d'intérêt servis sur les placements en obligation (r_t^P) et du coût du crédit à la consommation (r_t^c) effectifs durant l'année t, pondérés par l'importance respective du comptant (*1-a*) et du crédit (*a*) dans les achats du bien considéré, soit : $r_t = a \cdot r_t^c + (1 - a) \cdot r_t^P$;
- δ_1 est le **taux de dépréciation totale** du bien neuf durant la première année ;
- π_t est le **taux de croissance du prix du bien neuf** au cours de l'année t.

Pour les divers biens durables étudiés, le tableau 4.1 (page suivante) donne les estimations de taux réel de rendement d'usage pour un bien neuf (taux (8) déflaté par l'indice des prix à la consommation).

Comme le taux de dépréciation est supposé identique pour toutes les générations de biens neufs d'un même type (dernière ligne du tableau), la variation du coût d'usage entre deux années consécutives résulte, d'une part de l'évolution du coût d'opportunité composite tel qu'il a été défini (r_t), et d'autre part des variations du prix du bien neuf (π_t). Pour l'analyse de ces résultats du fait de différences dans l'évolution des prix relatifs et de la place prise par le crédit dans le financement des achats, il faut globalement distinguer deux groupes, l'automobile et les autres biens durables.

Tableau 4.1 : estimation du coût d'usage réel à neuf pour différents biens[7]

	AUTO	REFRI+CONGÉ	LLING	LVAIS	TELE
1972	18,15%	8,28%	10,04%	9,17%	16,55%
1973	19,20%	10,59%	11,93%	12,78%	17,27%
1974	10,45%	-3,38%	1,46%	2,14%	8,76%
1975	4,14%	-2,53%	2,53%	5,57%	9,22%
1976	12,38%	6,33%	7,80%	9,75%	12,67%
1977	18,06%	6,86%	8,06%	7,80%	14,93%
1978	17,13%	6,10%	6,91%	7,13%	13,69%
1979	12,84%	2,94%	4,09%	5,25%	12,84%
1980	11,44%	-0,10%	2,71%	5,41%	12,32%
1981	15,47%	2,47%	4,31%	6,71%	15,09%
1982	17,38%	5,00%	4,71%	6,71%	17,88%
1983	19,72%	4,82%	7,63%	7,43%	20,04%
1984	21,20%	8,33%	11,84%	11,89%	20,63%
1985	23,51%	11,53%	13,70%	15,63%	21,26%
1986	23,03%	13,33%	13,97%	15,09%	20,14%
1987	26,26%	14,40%	15,96%	13,96%	18,18%
1988	27,82%	14,77%	18,83%	16,99%	23,14%
1989	25,53%	13,45%	15,53%	15,28%	25,16%
1990	29,25%	14,36%	17,60%	16,89%	26,56%
1991	26,84%	14,47%	16,37%	15,24%	23,87%
1992	28,38%	15,85%	16,61%	16,63%	24,07%
1993	25,88%	13,87%	15,17%	15,00%	22,15%
1994	28,38%	17,96%	17,92%	17,85%	25,96%
1995	27,70%	15,54%	16,53%	16,44%	23,92%
1996	27,38%	13,16%	14,51%	14,43%	23,27%
1997	29,82%	13,86%	16,21%	16,12%	25,96%
Rappel : δ_1	20%	8,3%	9,1%	9,1%	14,3%

[7] Pour le réfrigérateur, du fait de coûts d'usage absolus inférieurs au taux d'inflation courant, les valeurs négatives en termes réels lors des années 74, 75 et 80 signifient donc que ce type de « placement » était particulièrement adapté pour se protéger de l'inflation. Nous reviendrons sur les implications théoriques de ce point dans le chapitre 5.

1) L'automobile

La volatilité du rendement d'usage de l'automobile résulte principalement des fluctuations annuelles du **taux de rendement alternatif**[8] :

Figure 4.1 : évolution comparée du coût d'usage de l'automobile et du taux de rendement alternatif (en termes réels)

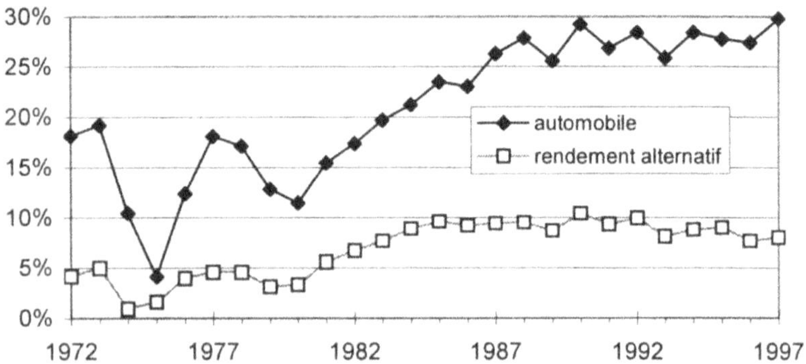

S'agissant d'un taux composite, son évolution provient de deux sources :

- **les taux d'emprunt et de placement** évoluent certes selon une tendance parallèle, mais ponctuellement cet écart peut varier selon les changements, de comportement de marge des établissements de crédit, et du coût de leurs ressources. L'écart moyen entre taux débiteur et taux créditeur sur la période est ainsi de 7,0 %, mais il fluctue entre un différentiel minimum de 4,7 % en 1972 et maximum de 9 % en 1985 ;

- en revanche, **le poids respectif de l'autofinancement et du crédit** reste remarquablement stable sur la période :

date de l'enquête *Budget* INSEE	1972	1979	1985	1989	1995
(1) part d'achat à crédit dans le nombre d'achats neufs	48,7%	48,2%	46,3%	49,1%	49,3%
(2) Taux VAT en termes réels	6,5%	6,3%	14,2%	12,0%	12,5%

[8] L'anomalie de 1975 est due exclusivement à une hausse atypique des prix de l'automobile. Les capacités excédentaires de production résultant de la récession ont semble-t-il engendré une forte hausse du coût de production unitaire, répercutée sur les prix de vente, ce qui engendre automatiquement une forte diminution du coût d'usage.

Ce qui économiquement ne manque pas d'étonner. Les variations du taux de crédit à la consommation n'auraient ainsi qu'une très faible influence sur la demande d'emprunt. L'absence d'enquêtes annuelles n'explique pas tout, les conditions de crédit (ligne 2) sont très différentes entre les cinq années d'enquêtes. Il semble que les contraintes d'emprunt structurelles annihilent totalement les effets, à la hausse et à la baisse, des taux débiteurs (nous y reviendrons dans le chapitre 5).

Enfin, **le facteur prix** n'est que très peu spécifique à l'automobile, la hausse des prix du neuf suit globalement l'indice général des prix à la consommation :

Figure 4.2 : évolution des indices de prix (1972-1993); base 100 en 1980

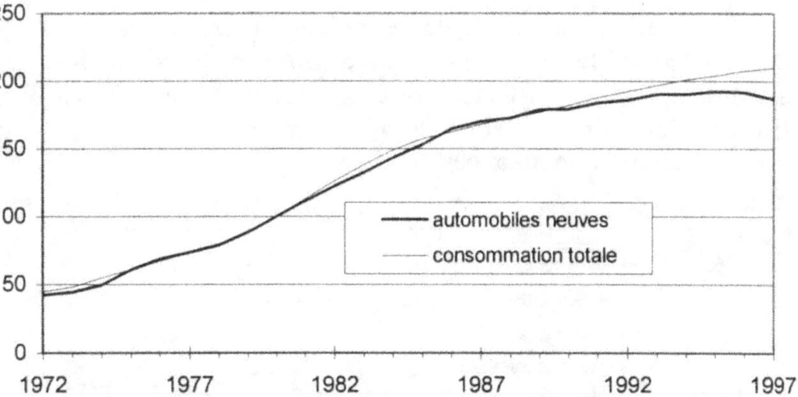

Cependant on note depuis 1990 un décrochage historique par rapport à l'indice général des prix. Suite à des efforts considérables d'innovation et de productivité des constructeurs (des gains de productivité de l'ordre de 10 % par an sur la décennie), la tendance à une diminution régulière des prix réels semble s'être imposée durablement dans l'automobile comme dans d'autres secteurs. En 1997 les prix absolus ont même baissé franchement pour la première fois de 2,6 % (sans parler des taux de rabais négocié au cas par cas qui oscilleraient officieusement autour de 14 % pour une voiture française et de 6 % pour une voiture de marque étrangère).

2) Les autres biens durables

L'affaiblissement du poids du crédit dans les achats est général pour tous les biens depuis 1972, avec une légère remontée lors de la dernière enquête de 1995 (sauf dans un premier temps pour le lave-vaisselle, bien de luxe diffusé d'abord au sein de familles aisées faisant moins appel au crédit)[9] :

Tableau 4.2 : Part d'achats à crédit dans le nombre d'achats neufs

	1972	1979	1985	1989	1995
REFRI+CONGÉ	21,5%	15,3%	16,7%	15,6%	18,1%
LLING	33,8%	20,2%	19,9%	18,1%	19,8%
LVAIS	18,0%	21,4%	17,7%	16,1%	18,5%
TELE	28,9%	22,9%	21,0%	19,1%	17,5%

Source : INSEE ; enquêtes Budget des ménages

La raison essentielle de ce moindre appel au crédit est sans doute **la baisse de la valeur relative unitaire de ces biens**. Cette baisse des prix réels affecte l'ensemble des biens, mais à un degré différent, le téléviseur étant le plus concerné (avec une baisse prononcée du prix nominal ces dernières années) :

Figure 4.3 : évolution des prix 1972/1993; base 100 en 1980

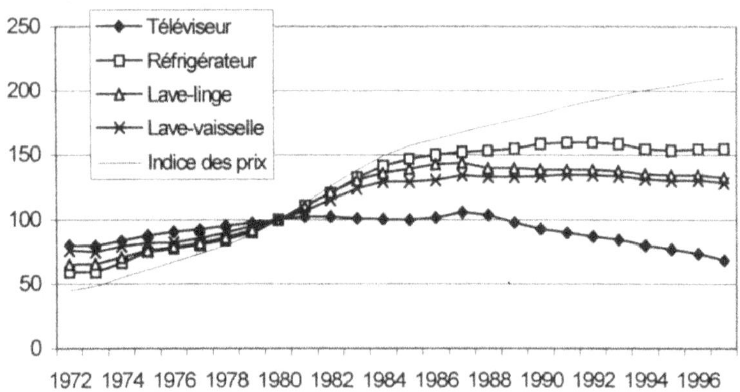

Source : INSEE, Comptes de la Nation

---

9 selon l'INSEE l'enquête de 1972 est sujette à caution. L'INSEE qui avait constaté une dégradation des résultats justifie ainsi l'abandon de l'annualité de ces enquêtes.

3) <u>Comparaison coût d'usage des biens durables / performance de l'épargne sur le long terme</u>

Le CERC [1993] a calculé **la performance réelle globale de l'ensemble des placements des ménages** (intégrant les revenus financiers courants et les plus ou moins-value nominale, corrigé de l'évolution générale des prix, et avant impôt sur le revenu), **que l'on peut comparer à la moyenne annuelle des taux réels de rendement d'usage des divers biens durables** calculés par nos soins :

Tableau 4.3 : Comparaison du taux de rendement de l'épargne et du coût d'usage des biens durables

	1972-1979	1980-1992
Performance de l'épargne	0,5 % (1970/1979)	3 %
AUTO	14,0 %	22,7 %
TELE	13,2 %	20,7 %
LVAIS	7,5 %	12,6 %
LLING	6,6 %	12,3 %
REFRI + CONGÉ	4,4 %	10,2 %

En théorie, l'écart important entre le taux de rendement moyen de l'épargne et les coûts d'usage des divers biens représente **le rendement productif (l'utilité) attribué par les ménages aux services rendus par chaque type de bien durable neuf**. On comprend dés lors la généralité de la diffusion de ces biens puisqu'ils sont jugés « économiquement » très rentables. Les taux particulièrement élevés de l'automobile et du téléviseur résultent de forts taux de dépréciation provenant d'un renouvellement accéléré, par usure pour le premier bien, par obsolescence pour le second. Si l'on suppose que les consommateurs sont parfaitement rationnels, ces deux biens sont donc en quelque sorte encore plus « économiquement » indispensables que les autres.

Dans le même esprit, il est également possible de proposer **des calculs de coût d'usage selon l'âge du bien détenu**. A titre d'exemple voici ce que serait le coût d'usage de l'automobile en 1997 selon l'âge du véhicule :

Graphique 4.4 : coût d'usage de l'automobile selon son âge (en 1997)

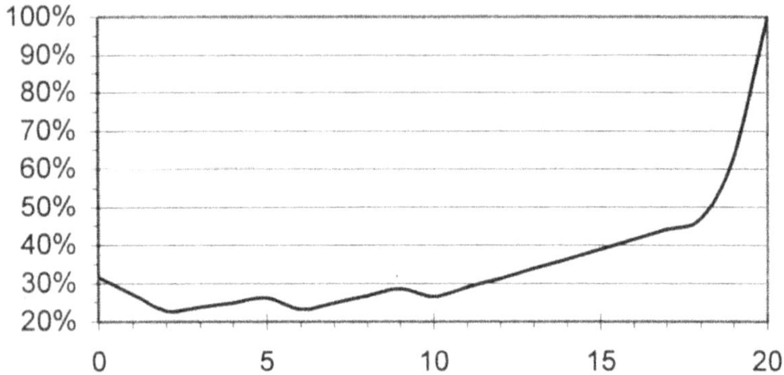

En termes de comparaison d'utilité, cette courbe en U appelle deux commentaires :

- le coût d'usage plus élevé la première année constitue une estimation de la valeur que donne le ménage à la conduite d'un modèle neuf. Mais ce « plaisir » n'est pas forcément seulement ostentatoire ou le résultat d'un goût pour la « nouveauté » (gadgets, sentiments d'inauguration et de « fraîcheur »). Ce coût du neuf contient en fait une sorte de prime de non-risque en comparaison des difficultés de négociation des véhicules d'occasion (Wykoff [1973], voir l'effet « lemon » au chapitre 5) ;

- au delà de la première année, le coût d'usage croît avec l'âge du véhicule[10]. Mais ces taux élevés s'appliquant à des petits prix unitaires, le coût total par automobile est faible. En somme la rentabilité de l'investissement est peu intéressante, mais le ménage, contraint par son revenu, n'a pas le choix. Le taux élevé constitue en quelque sorte une évaluation du besoin impératif d'un véhicule. A contrario, le moindre taux d'équipement en automobile des ménages à revenu faible habitant Paris s'explique par un besoin de véhicule personnel plus faible grâce à l'existence d'un réseau de transport collectif très développé.

---

[10] pour l'âge 20 la valeur 1 est la simple conséquence de l'hypothèse d'une complète absence de véhicules de 21 ans et plus.

Section 3
CONSTRUCTION D'UN AGRÉGAT DE CONSOMMATION « CORRIGÉE »

Dans le cadre du programme général déjà cité de quantification du bien-être, tout en assurant une totale compatibilité avec les comptes nationaux existants, le BEA a entrepris à la fin des années 70, l'élaboration d'un agrégat « corrigé » de consommation des ménages[11], sur la base d'une structure alternative des comptes d'utilisation du revenu et de capital (Katz, Peskin [1980]).

Traditionnellement, l'identité d'utilisation du revenu s'écrit : **Revenu Disponible Brut = consommation finale** (achats de biens durables, de biens semi-durables, de biens non durables et de services) + **épargne brute** (somme des opérations en capital, i.e. placements financiers et investissements immobiliers).

Alternativement, le BEA propose la construction suivante :

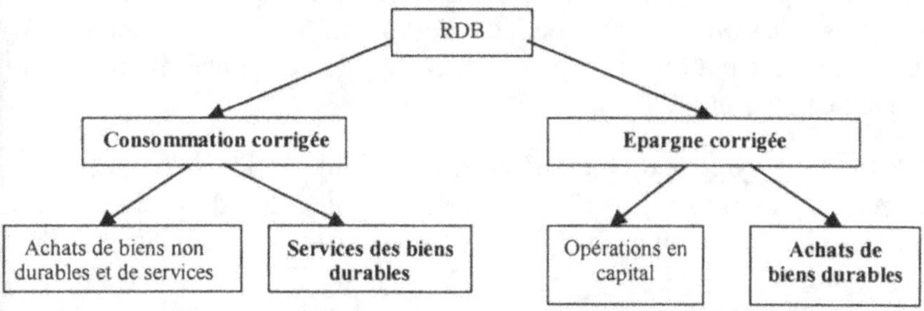

Le nouveau concept de consommation corrigée intègre donc les services rendus annuellement par les biens durables en lieu et place des flux annuels d'achat, reconsidérés alors comme une nouvelle forme d'investissement des ménages[12].

---

[11] Ces travaux s'intègrent dans le concept plus général de *consommation totale* de Nordhaus et Tobin issu des travaux du MIT de 1965-1966 sur la croissance économique optimale.

[12]Dans la comptabilité nationale américaine, la mesure de cette consommation corrigée pour les biens semi-durables, qui ont une durée de vie entre 1 et 3 ans, est la somme de la dépense et d'un coût d'opportunité se réduisant au taux d'intérêt. La dépréciation est donc supposée intégrale sur la première période.

A / Méthode

Afin d'obtenir la valeur des services rendus par le stock de biens durables, la plupart des études se contentent de multiplier le stock net (valeur en l'état) par le coût d'usage de la période (le plus souvent calculé à partir d'un taux de dépréciation par âge constant). Mais cette procédure qui a l'avantage de la simplicité est assez largement erronée. En fait, **l'estimation d'une valeur totale est rendue difficile par le choix du taux de rendement alternatif à intégrer dans le calcul des coûts d'usage des biens d'occasion**. Deux cas de figure se présentent :

- 1er cas : il n'existe pas de marché de revente. Le ménage est obligé de conserver le bien acquis. Comme pour l'investissement « *putty-clay* », la rigueur voudrait que le taux appliqué soit celui de l'année du choix et non le taux courant qui présuppose l'existence d'un marché secondaire permettant la mobilité du capital. Cette évaluation du coût d'usage à partir de taux différents par année d'achat est toutefois aléatoire car en cas d'emprunt, si celui-ci est arrivé à échéance, faut-il alors appliquer le taux de prêt de l'année d'origine ou de l'année courante ?

- 2e cas : il existe un marché de revente. Supposons qu'un individu ait acquis à crédit (à taux fixe) un bien neuf au début de l'année t. Au 1er janvier de l'année suivante t+1, il doit choisir entre trois possibilités :

(1) il peut conserver son bien. Le taux d'opportunité est alors celui du **taux de l'emprunt effectué en t** ;

(2) il peut revendre son bien sans en racheter un autre. Il rembourse son emprunt (sans pénalité) et place la somme sur le marché financier. Le taux d'opportunité est alors **le taux de rendement en t+1 de l'épargne** rendue ainsi possible. La situation serait similaire si le crédit était totalement remboursé ou si l'achat s'était fait au comptant ;

(3) enfin, il peut revendre son bien, rembourser son crédit (toujours sans pénalité) et racheter un bien de même âge en effectuant

un nouvel emprunt au taux courant (mais d'un montant en capital inférieur puisque le prix du bien, vieilli d'un an, a diminué), procédé équivalent à une renégociation de taux. Ceci suppose que le marché de l'occasion est parfait, c'est-à-dire qu'il n'y a aucun problème de connaissance de la qualité des biens de seconde main (le bien qu'il achète est en tout point semblable au bien vendu). Le taux d'opportunité est ici **le taux du crédit en t+1**.

Le choix rationnel entre ces trois possibilités se fera en deux étapes :

- si le taux du crédit a baissé, il adoptera la procédure (3), et inversement si le taux a monté, il conservera son emprunt (1). On retrouve ici l'effet de cliquet financier traditionnel. ;
- puis il comparera (1) ou (3), avec (2) en fonction de ses préférences concernant la détention du bien durable.

Finalement, on constate qu'une évaluation fine des services rendus nécessite de nombreuses données (notamment sur la durée des emprunts) et/ou certaines hypothèses peu vraisemblables (absence de pénalité de remboursement). Devant la lourdeur des calculs, nous nous contenterons donc d'évaluer les services rendus par le stock de biens durables de type i de la façon suivante :

$$(9)\ Services_{t/80} = \sum_{s} \left[\begin{array}{c} valeur\ des\ biens\ d'\hat{a}ge\ s \\ survivants\ en\ t \end{array} \right] . \left[r^{p}_{80} + (1-\delta_{s+1})\pi_{80} \right]$$

Implicitement, cette évaluation repose sur 3 bases :

- tous les achats se font et se sont faits au comptant. Le taux de rendement alternatif est donc celui du prêt (i.e. des obligations), r^p ;
- il s'agit de valeurs à prix constant, prix du bien durable (et hausse du prix durant l'année de base π_{80}), mais aussi taux d'intérêt réel (ce qui peut poser problème si l'année de base est particulièrement atypique, ce qui ne semble cependant pas le cas de l'année 1980) ;
- la qualité des services ne se dégrade pas avec l'âge du bien, puisque l'on utilise la valeur brute des achats survivants et non la valeur nette des achats survivants dépréciés.

B / Résultats

Sur les 18 années sous revue (1980 à 1997), la croissance du bien-être des ménages en termes de services rendus par les 5 biens durables les plus importants a été de 89 %, soit un taux annuel moyen d'environ 3,5 % (les données complètes figurent en annexe de ce chapitre, tableau A4.1) :

Tableau 4.4 : Valeur des services rendus à prix constants de 1980 (en millions de francs)

	Total	AUTO	REFRI +CONGÉ	LLING	LVAIS	TELE
1980	113 307	78 549	8 738	8 559	1 909	15 552
1997	205 569	136 918	12 574	15 313	4 999	35 765
97/80	**+ 89%**	**+ 74%**	**+ 44%**	**+ 79%**	**+ 161%**	**+ 129%**

L'évolution de la valeur de ces services est évidemment beaucoup moins volatile que celle des achats puisque les fluctuations conjoncturelles sont amorties au niveau du stock :

Figure 4.5 : Taux de croissance annuels des services et des achats; prix constants de 1980

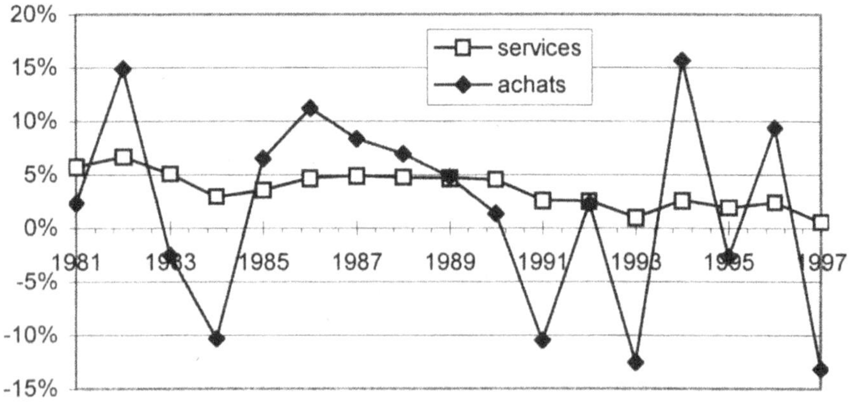

Ce mode d'évaluation des services rendus par les biens durables correspond finalement assez bien à la notion de revenu proposée par Hicks [1939], soit « *la fraction du capital qui peut être prélevée pour la consommation sans que la valeur du capital ne s'en trouve amoindrie* ». A propos du lien entre le concept de revenu ainsi défini et l'existence de biens durables, il ajoutait la remarque suivante : « *Si l'individu utilise son stock existant de biens durables de consommation, sans en acquérir de nouveaux, il sera plus pauvre à la fin de la semaine s'il peut seulement planifier le même montant d'achats qu'il le pouvait au début.* » (*Value and Capital*, p.176). En somme, le retardement de l'achat d'un bien durable doit, grâce à l'intérêt acquis au prix de ce renoncement, permettre de compenser au moins la dépréciation subie sur le restant du stock et la perte d'utilité due à ce « contretemps ».

Enfin, toujours dans le cadre d'une lecture en terme de bien-être, les deux séries de consommation et d'épargne corrigées (calculées selon la procédure évoquée au début de cette section et dont les données figurent en annexe de ce chapitre, tableau A4.2) permettent d'atténuer les évolutions plus erratiques des séries traditionnelles de la Comptabilité nationale :

Figure 4.6 : Taux de croissance de la consommation (en termes réels)

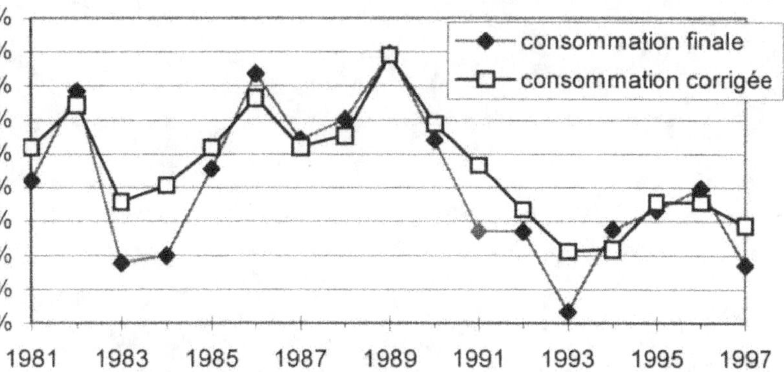

Figure 4.7 : Taux de croissance annuel de l'épargne (en termes réels)

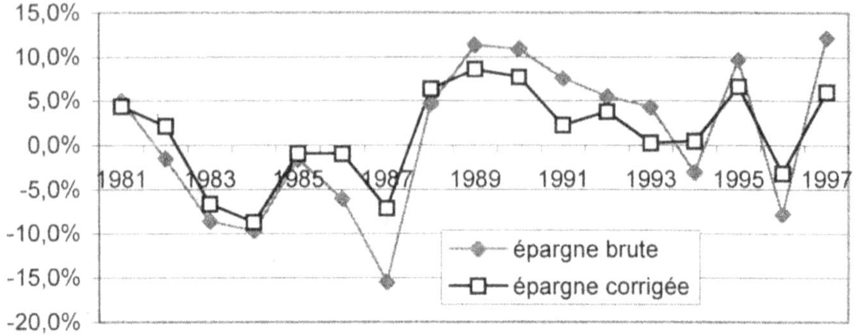

Cette distinction fondamentale pour l'analyse économique entre services périodiques évalués à leur coût d'usage, et les dates et montants d'achat va constituer la base de notre troisième partie.

ANNEXE CHAPITRE 4 : Services rendus par les biens durables et séries « corrigées » de consommation et d'épargne

Tableau A4.1 : Valeur des services rendus à prix constants de 1980 (en millions de francs)

	AUTO	REFRI +CONGÉ	LLING	LVAIS	TELE	Total 5 biens	taux de croissance
1980	78549	8738	8559	1909	15552	113307	-
1981	82650	9144	8973	2127	16908	119802	5,7%
1982	88234	9580	9370	2355	18238	127777	6,7%
1983	92908	9921	9676	2542	19180	134227	5,0%
1984	95235	10142	9915	2715	20092	138099	2,9%
1985	98790	10203	10197	2881	20955	143026	3,6%
1986	103666	10282	10520	3057	22162	149687	4,7%
1987	109045	10465	10888	3289	23339	157026	4,9%
1988	113919	10700	11387	3502	24964	164472	4,7%
1989	119083	10945	11897	3731	26508	172164	4,7%
1990	124248	11209	12347	3953	28190	179947	4,5%
1991	126661	11463	12819	4135	29498	184576	2,6%
1992	129300	11712	13275	4303	30661	189251	2,5%
1993	129325	11910	13720	4460	31668	191083	1,0%
1994	132318	12170	14180	4612	32710	195990	2,6%
1995	134294	12284	14595	4750	33793	199716	1,9%
1996	137507	12444	14966	4892	34620	204429	2,4%
1997	136918	12574	15313	4999	35765	205569	0,6%

Tableau A4.2 : Séries de consommation et d'épargne « corrigées »
en millions de F80

	Consommation corrigée[13]	Epargne corrigée
1980	1750576	498543
1981	1795961	520292
1982	1853855	531254
1983	1887089	496212
1984	1925348	452874
1985	1975152	448560
1986	2040807	444231
1987	2093959	412679
1988	2152000	438895
1989	2237035	476780
1990	2302705	513620
1991	2356281	525056
1992	2395505	544803
1993	2420831	546009
1994	2447198	548477
1995	2490924	584762
1996	2535131	566183
1997	2571410	600215

[13] Faute de données concernant les taux de survie, nous avons arbitrairement appliqué les lois de retrait du réfrigérateur (durée de vie économique la plus longue) aux meubles et du téléviseur (durée de vie la plus courte) aux autres biens durables.

Conclusion

« ON NE DISCUTE PAS DES GOÛTS ET DES COULEURS »

Ce titre d'un article de 1977 (*De gustibus non est disputandum*) de Stigler et Becker montre bien que les travaux de la nouvelle théorie du consommateur ont pour but de dépasser les phénomènes expliqués (ou plutôt non expliqués !) dans la microéconomie antérieure par des différences ou des changement de goûts. Il y a là une sorte de recherche d'une « nouvelle frontière » de l'économie alors respectueuse d'une autodélimitation vis à vis de la sociologie de la famille et de la consommation[14].

En comparaison du paradigme beckerien, la théorie du coût d'usage peut apparaître comme manquant singulièrement d'ambition. Le potentiel explicatif des actes des ménages y est beaucoup moins étendu, et l'intégration des biens durables n'est plus « personnalisée ». Toutefois, les deux approches développées dans cette seconde partie sont assez largement complémentaires car l'une concerne le long terme, l'autre essentiellement le court terme.

L'analyse beckerienne propose une vision économique des mutations de la société de consommation. Le ménage ne décide pas ex nihilo d'une structure de ses achats de consommation dite finale, mais plutôt d'une stratégie globale vis-à-vis des divers moyens de production des services personnalisés désirés, sources réelles de sa satisfaction finale. La possession différentielle selon les classes

---

14 R.A. Berk dans le Palgrave [1987] évoque même un « *impérialisme intellectuel semi-conscient* » de l'économie néoclassique sur des aires traditionnellement réservées aux autres disciplines des sciences sociales. Curieusement le programme de recherches proposé par Becker rejoint quelque peu une des idées de Lénine (cité par Galbraith [1973], p-281) : « *Pour réaliser la complète émancipation de la femme et en faire l'égale des hommes, il est nécessaire que le travail domestique soit socialisé* ». Pour notre part, les déterminants sociaux de la consommation ne sont pas tous réductibles à une grille d'analyse microéconomique, comme nous avons partiellement tenté de le montrer en introduction. Mais une critique pertinente de l'économie de la famille (ainsi que le fait par exemple Meidinger [1981]) nous entraînerait bien au-delà de notre sujet.

sociales d'un bien durable à un moment donné, et sa diffusion progressive au sein de l'ensemble des ménages répondrait donc à un strict calcul économique de coût d'opportunité et de productivité, en évitant une analyse institutionnelle en termes de différenciation et/ou d'imitation.

De plus, en dehors des travailleurs indépendants, l'éventail du choix du nombre d'heures de travail rémunéré est extrêmement restreint, voire totalement inexistant (sauf la non participation au marché du travail). Même le nombre d'heures supplémentaires est assez souvent imposé par l'entreprise en fonction de la conjoncture. Seul le long terme permettrait éventuellement de choisir son temps de travail à travers le choix entre les différents emplois offerts (temps partiel, travail à mi-temps)[15]. Ainsi et paradoxalement, comme le note E. Archambault [1985] « *les calculs marginalistes d'allocation du temps s'appliquent mieux dans le domaine du travail domestique que dans celui du travail marchand où, en l'absence de "révolution du temps choisi", existent de fortes indivisibilités* »[16]. En conséquence le montant de revenu monétaire et les horaires de travail étant contraints, surtout en temps de crise, les biens durables sont également pour les ménages un des principaux moyens de « contourner » cette contrainte afin d'optimiser leur bien-être (entre autres par l'extension constatée du bricolage depuis une dizaine d'années).

A tout point de vue, le cadre d'analyse beckerien semble donc plus approprié à expliquer les disparités de taux d'équipement sur le long terme que l'évolution conjoncturelle des achats, faute de données exploitables en vue de tests économétriques.

A l'inverse, traiter les biens durables comme des « biens de jouissance », dont le rendement est calculé par défaut à travers un coût d'opportunité périodique, i.e. le coût d'usage, va procurer une voie d'explication de la volatilité de la dynamique conjoncturelle de la demande qui va maintenant nous intéresser.

---

[15] bien qu'il s'agisse souvent là encore d'un choix imposé : 35 % des femmes actives à temps partiel souhaiteraient travailler davantage (INSEE, enquête emploi, 1994).

[16] Elle nuance aussitôt son propos en ajoutant « *il existe cependant une norme sociale qui s'impose aussi au travail domestique et invite à se créer du travail inutile pour remplir la norme sociale* » (p. 201).

Troisième partie

LES BIENS DURABLES ET LA DYNAMIQUE CONJONCTURELLE DE LA CONSOMMATION

Introduction

« LES ÉVÉNEMENTS DU FUTUR PROJETTENT LEUR OMBRE DEVANT EUX »[1]

Par nature, **les achats présents de biens durables affectent les conditions des choix futurs du consommateur**, ils engagent l'avenir du ménage. Le ménage élabore donc, en fonction de l'épargne accumulée et des revenus futurs escomptés, des projets de consommation de la même manière qu'il planifie ses projets immobiliers, financiers ou de retraite.

L'acte d'achat de biens durables se situe ainsi à l'intersection des concepts de consommation (le bien « entre » dans la fonction d'utilité du consommateur) et d'épargne (sa durabilité permet une transmission de richesse, de patrimoine, de période à période). L'analyse microéconomique standard de la consommation doit alors incorporer cette ambivalence de la nature du bien durable, ambivalence qui va être source de volatilité conjoncturelle.

Hicks pose lui-même le problème en ces termes : « *Même lorsque les gens savent pertinemment qu'ils ignorent le détail de leurs besoins à venir, ils ne se comportent pas comme s'ils ignoraient totalement ces besoins ; (...) Lorsqu'ils achètent des biens de consommation durables, ils le font non seulement parce qu'ils désirent ces biens actuellement, mais parce qu'ils croient qu'ils auront encore ce désir*[2] *dans l'avenir ; cela signifie qu'ils agissent sur la base d'une prévision de leurs besoins futurs (...) ils programment plus ou moins consciemment, plus ou moins*

---

[1] I. FISHER (*Théorie de l'intérêt*, 1930)

[2] désir et pas usage ! L'approche est donc différente de celle de Becker, nous y reviendrons.

définitivement, ces parties de leurs dépenses à venir qui concernent leurs dépenses courantes. » (*Value and Capital*, 1936 ; cité par E.A Lisle [1967], p.228).

Il s'agit ainsi d'élargir à l'analyse des biens durables l'hypothèse d'existence de préférences intertemporelles, que Hicks justifie ainsi : « *Si nous supposons que l'individu possède un plan complet de dépenses, couvrant une durée future considérable, et complet dans chaque détail, nous falsifions son comportement actuel de manière assez absurde. Mais si nous utilisons simplement cette hypothèse, non plus pour déterminer les détails des achats qui sont (ou non) planifiés pour être effectués dans le futur, mais pour déterminer uniquement les détails de la dépense courante, nous ne sommes plus alors entraînés dans quelque chose de totalement absurde.* » (op. cité). Les travaux « pionniers » en conformité avec ce projet furent ceux de Farrel [1954], qui proposa un modèle de choix discrétionnaire avec interaction des marchés de voitures neuves et d'occasion, et de Cramer [1957] qui intègre les biens durables dans la théorie du cycle de vie de Modigliani et Brumberg [1955].

Cette utilisation de l'analyse microéconomique intertemporelle du consommateur comme « boite à outil » permet de « retrouver » le concept de coût d'usage en tant que « prix » du bien durable. De plus les travaux économiques récents intègrent le fait que les biens durables sont plus touchés par les imperfections de marché que les autres biens de consommation, à la fois sur leur propre marché à la revente, et dans leur financement par emprunt (*Chapitre 5 : Biens durables et microéconomie intertemporelle*). Les résultats microéconomiques ainsi obtenus se traduisent au plan de la demande agrégée par une volatilité conjoncturelle exacerbée. Ce « reflet » macroéconomique de l'achat de biens durables permet alors de discuter de la validité de la théorie des anticipations rationnelles appliquée à la consommation (*Chapitre 6 : Biens durables et fondements microéconomiques de la fonction de consommation*).

Chapitre 5

BIENS DURABLES ET MICROÉCONOMIE INTERTEMPORELLE

Du fait de leur double nature de bien de consommation et de bien survivant à plus d'une période, l'insertion des biens durables dans la microéconomie traditionnelle du consommateur se heurte à deux difficultés :

- **l'allocation optimale de la dépense au sein d'une même période**, entre différents biens, repose sur l'égalisation des utilités marginales pondérées par les prix. Or, il se trouve que la définition de ce rapport pour un bien durable est difficile, puisque le prix est acquitté en une fois alors que son utilité, les services qu'il rend, s'étend sur plusieurs périodes ;
- **l'allocation de la dépense totale entre périodes** est optimale lorsque le taux marginal de substitution entre la consommation des diverses périodes est égal au taux de rendement des actifs sur le même intervalle. Or, même si le bien durable est un vecteur de transfert de richesse de période à période, son achat ne peut être cependant totalement assimilé à un acte d'épargne : s'agissant d'une préaffectation partiellement irréversible des ressources, les décisions du passé (du présent) conditionnent l'éventail des choix de structure des consommations présentes (futures). De manière similaire à l'inertie provenant d'habitudes, le système d'optimisation acquiert, avec les biens durables, « de la mémoire ».

En conséquence, **toute construction cohérente d'intégration des biens durables doit séparer clairement l'achat (la vente),** qui constitue un mode d'augmentation (de baisse) du patrimoine en concurrence avec les autres types d'actifs à disposition des ménages, **et la jouissance des services**, induits par le stock et échelonnés dans le temps, auxquels il faut alors attribuer un prix périodique, qui sera le coût d'usage. Cette démarche en termes d'optimisation dynamique s'effectue tout d'abord dans le cas d'une économie « sans frottements » (**Section 1**), puis en introduisant progressivement des imperfections de marché (**Section 2**).

Section 1
« LA BOITE A OUTILS » DE L'ÉCONOMISTE

A / Le modèle d'optimisation en présence de biens durables[15]

Afin de simplifier la présentation, il est commode d'utiliser comme fil conducteur, un modèle à temps discret, réduit à deux périodes notées 1 (période décisionnelle) et 2 (période prévisionnelle). La durée des deux périodes est supposée suffisamment courte pour que les variations de prix à l'intérieur de chaque période puissent être négligées.

1) Fonction d'utilité

Nous supposerons qu'il existe :

- **un unique bien fongible**, qui est consommé en quantité q_1 à un prix p_1 pendant la période 1 et en quantité prévue q_2 à un prix anticipé p_2 en 2 ;
- **un unique actif financier A**, pouvant être positif ou négatif (dette), fixé en termes monétaires et non-sujet à plus ou moins-value. Il assure la possibilité d'un libre transfert de pouvoir d'achat entre les deux périodes. Le taux d'intérêt nominal r, de prêt ($A>0$) ou d'emprunt ($A<0$) est également unique. Le patrimoine (ou l'endettement) initial A_0 est donné, et le consommateur ne désire laisser aucun héritage à la fin de la période 2 ;
- **un bien durable unique**[16], dont le stock possédé en volume (S) est mesuré en fin de période (v_t est le prix du bien durable en t).

---

15 Muellbauer [1981] constitue la présentation la plus complète de ce type d'approche.

Comme ce n'est pas la possession de biens durables qui procure de la satisfaction au consommateur, mais les services qu'ils rendent, par souci de simplification, nous supposerons que **les flux de services sont proportionnels au stock[17], de sorte que S peut apparaître directement dans la fonction d'utilité** :

(1) $u = u(q_1, q_2, S_1; S_0)$

Dans une perspective d'optimisation, seul S_1 interviendra dans la fonction d'utilité car :

- le niveau du stock de biens durables est mesuré en fin de période. S_0 est donc « utile » durant la période 1 et S_1 le sera durant la période 2 ;
- S_0 pourra être négligé au sein de la fonction d'utilité puisqu'il s'agit d'une donnée exogène pour le consommateur, résultat de décisions antérieures sur lesquelles il n'a donc plus aucun contrôle (ce qui explique qu'il figure après un point-virgule) ;
- le consommateur ne désirant pas laisser d'héritage, la valeur terminale des actifs, financiers **et** réels, $A_2+v_2S_2$, est nulle. Cela implique que le consommateur peut effacer une dette financière ($A_2<0$) en vendant en fin de période 2, les éléments de son parc de biens durables (S_2).

2) <u>Relation achats / parc</u>

A prix constants, le parc de biens durables diminue à un taux δ_t par période :

(2a) $S_t = d_t + (1-\delta_t)S_{t-1}$

---

[16] Il sera ensuite facile de traiter q et S en tant que demande agrégée de biens fongibles et stock agrégé de biens durables, ou de généraliser l'analyse en les transformant en vecteurs.

[17] Implicitement cela signifie que les services rendus ne varient pas en fonction de l'intensité d'usage ou de la combinaison de ce bien durable avec du travail ménager comme dans le modèle de Becker.

où d_t représente les **achats nets** (achats moins ventes) de biens durables durant la période t. Si d_t peut donc être négatif pour un consommateur pris individuellement, par contre au niveau macroéconomique, d_t est forcément positif ou nul.

Deux remarques peuvent être faites à propos du taux de dépréciation en relation avec la première partie de cet ouvrage :

- δ intègre à la fois les disparitions (mises au rebut) et la perte de valeur des biens survivants (diminution de l'espérance de vie résiduelle, usure, obsolescence technique et sociale) ;
- le taux d'évaporation du stock est indicé par t car il dépend de la structure par âge du parc détenu par le ménage.

L'équation (2a) peut également être présenté sous la forme :

$$(2b)\ d_t = (S_t - S_{t-1}) + \delta_t S_{t-1}$$

où le premier terme représente alors **la demande d'expansion du parc** et le second **la demande de remplacement** (d_t est négatif lorsque le remplacement n'est plus assuré).

Nous supposerons enfin qu'il n'y a pas d'effet d'indivisibilité (le consommateur peut vendre ou acheter « un franc » de bien durable), et qu'il existe un marché d'occasion parfait, i.e. sans défaut informationnel ni coûts de transaction (prix d'achat et de vente sont donc identiques). **Comme le stock est mesuré en termes d'unités d'efficience, les biens durables neufs et de seconde main sont alors des substituts parfaits, ils ne peuvent être distingués en fonction de leur année d'origine**.

3) Contraintes budgétaires

Le consommateur perçoit des revenus de son travail[18], présent y_1 et futur y_2.

---

[18] L'individu ne détient ici aucun pouvoir sur le nombre d'heures travaillées, ce qui implique que le taux de salaire ne joue aucun rôle ; l'objectif de ce chapitre est uniquement d'expliciter la structure intertemporelle optimale d'une dépense totale donnée.

Les valeurs A et S sont mesurées en fin de période ; les revenus du travail (y_1 et y_2) et financiers ($r_t.A_{t-1}$) sont payés en début de période. Les contraintes instantanées de flux monétaires sont alors les suivantes :

$$(3a)\ A_0(1+r_1)+y_1 = p_1q_1+v_1d_1+A_1$$

$$(4a)\ A_1(1+r_2)+y_2 = p_2q_2+v_2d_2+A_2$$

que l'on peut réécrire, en utilisant (2b), sous la forme suivante :

$$(3b)\ A_1+v_1S_1 = A_0(1+r_1)+v_1(1-\delta_1)S_0+y_1-p_1q_1$$

$$(4b)\ A_2+v_2S_2 = 0 = A_1(1+r_2)+v_2(1-\delta_2)S_1+y_2-p_2q_2$$

mettant ainsi en valeur le fait que **les actifs financiers et les actifs « biens durables » assurent concurremment la possibilité d'un transfert de pouvoir d'achat entre deux périodes**.

4) Contrainte intertemporelle et coût d'usage

Évaluée à la fin de la première période, on obtient à partir de (3b) et (4b) la contrainte intertemporelle en présence de biens durables suivante :

$$(5) p_1q_1+\left(\frac{p_2}{1+r_2}\right)q_2+\left[v_1-v_2\left(\frac{1-\delta_2}{1+r_2}\right)\right]S_1=y_1+\frac{y_2}{1+r_2}+A_0(1+r_1)+v_1(1-\delta_1)S_0$$

que l'on peut synthétiser en :

$$(6)\ p_1q_1+\hat{p}_2q_2+\hat{v}_1^*S_1 = W_1$$

qui permet de retrouver des notions bien connues :

- la richesse totale escomptée sur les deux périodes (W_1), mais intégrant ici la valeur (nette) du patrimoine initial en biens durables (S_0) ;

- le prix futur escompté du bien fongible ($\hat{p}_2$) ;

- le coût d'usage d'une unité de bien durable (ici actualisé) tel qu'il a été défini dans le chapitre 4[19], soit la différence entre le prix d'achat et le prix de revente actualisé, ou encore :

$$(7)\ \hat{v}_1^* = v_1\left\{1 - \frac{v_2}{v_1}\left(\frac{1-\delta_2}{1+r_2}\right)\right\} = v_1 \frac{\left(r_2 + \delta_2 - (1-\delta_2)\dfrac{v_2 - v_1}{v_1}\right)}{(1+r_2)}$$

où la somme entre parenthèses représente le taux de rendement d'une unité monétaire « placée » sous forme de bien durable.

Dans une optique néoclassique traditionnelle, le concept de coût d'usage permet donc de traiter le bien durable dans une forme analogique aux biens fongibles[20] avec un « prix » v_1^*, prix des services rendus par la possession d'une unité de bien durable.

On se retrouve alors devant un cas standard de maximisation de l'utilité (1) sous la contrainte budgétaire intertemporelle (6). En formant un lagrangien, on obtient pour la période 1, les solutions d'équilibre suivantes :

(8) $q_1 = g_1(W_1, p_1, \hat{p}_2, \hat{v}_1^*)$, la quantité consommée de biens fongibles

(9) $S_1 = f_1(W_1, p_1, \hat{p}_2, \hat{v}_1^*)$, le parc de biens durables possédés.

Les achats optimaux de biens durables sont alors donnés, à partir de (2a), par :

$$(10)\ d_1 = f_1(W_1, p_1, \hat{p}_2, \hat{v}_1^*) - (1-\delta_1)S_0$$

où v_2^* n'est pas déterminant puisque nous avons supposé qu'obligatoirement en fin d'horizon : $A_2+v_2S_2=0$.

[19] l'unique différence provient du fait qu'ici le taux d'intérêt est daté (r_2 est le taux à la date 2) alors que dans le chapitre 1, il était périodique.

[20] les biens fongibles devenant ainsi un cas particulier de l'analyse quand δ prend la valeur 1. Le coût d'usage du bien fongible se réduit alors au prix courant p_1.

A l'équilibre, les taux marginaux de substitution sont classiquement égaux au rapport des prix correspondants :

$$TMS_{q_1 S_1} = \frac{\partial U / \partial q_1}{\partial U / \partial S_1} = \frac{p_1}{\hat{v}_1^*} \quad TMS_{q_2 S_1} = \frac{\partial U / \partial q_2}{\partial U / \partial S_1} = \frac{\hat{p}_2}{\hat{v}_1^*} \quad TMS_{q_2 q_1} = \frac{\partial U / \partial q_2}{\partial U / \partial q_1} = \frac{\hat{p}_2}{p_1}$$

et le TMS entre les demandes courantes de biens fongibles et de biens durables est identique à celui entre achats de biens fongibles et quantités détenues de biens durables[21] :

$$TMS_{q_1 d_1} = \frac{\partial U / \partial q_1}{\partial U / \partial d_1} = \frac{p_1}{\hat{v}_1^*} = TMS_{q_1 S_1}$$

La similitude avec les résultats traditionnels ne doit cependant pas masquer le fait que <u>tant pour les biens durables que pour les biens fongibles</u>, la demande dépend du stock initial en biens durables (et donc des achats du passé), et que le prix affecté aux services, le coût d'usage, introduit un élément intertemporel incontournable.

En ce qui concerne la période 2, on dispose évidemment de valeurs d'équilibre planifiées, c'est-à-dire qu'elles ne seront pas réalisées si le consommateur faisait face à un changement environnemental imprévu en 1 qui l'obligerait à réorganiser sa consommation (ici seulement de biens fongibles puisqu'il n'y a pas de legs de biens durables) :

(11) $q_2^e = g_2(W_1, p_1, \hat{p}_2, \hat{v}_1^*)$

Ce sont ces deux points, intertemporalité et replanification, que nous allons maintenant développer.

---

[21] puisque $\frac{\partial U}{\partial d_1} = \frac{\partial U}{\partial S_1} . \frac{\partial S_1}{\partial d_1}$ et que d'après (2a), $\frac{\partial S_1}{\partial d_1} = 1$

B / Les variables explicatives

A partir de l'équation (10), reproduite ici dans sa forme complète, il est possible d'étudier la demande (les achats) de biens durables durant la période 1 en fonction des changements dans les diverses variables du modèle :

$$(12)\ d_1 = f_1\left(y_1 + \frac{y_2}{1+r_2} + A_0\,(1+r_1) + v_1(1-\delta_1)S_0, p_1, \hat{p}_2, \hat{v}_1^*\right) - (1-\delta_1)S_0$$

L'objectif n'est pas ici de mener une analyse exhaustive mais **de marquer les différences par rapport à la microéconomie traditionnelle du consommateur, c'est-à-dire lorsqu'il n'existe que des biens fongibles**. Le raisonnement reposera sur trois hypothèses simplificatrices :

- il n'existe pas de biens inférieurs (quand la dépense totale augmente, la quantité absolue demandée d'un bien i ne peut diminuer) ;
- il n'existe pas de biens complémentaires ;
- le coût d'usage du bien durable (v_1^*) est toujours positif (nous reviendrons cependant sur cette hypothèse au paragraphe 2).

1) Patrimoine, revenus et achats de biens durables

Les effets d'une **variation des revenus**, ou du **patrimoine financier initial** sont en tout point similaires à l'analyse classique. L'amplitude de l'effet positif d'une hausse de y_1 ou de A_0 sur les achats de biens durables dépend de la propension marginale à consommer de court terme et de long terme (i.e. du taux de préférence pour le présent et de l'horizon de planification) et de l'élasticité-revenu de la demande de services de biens durables (supposés biens normaux).

En revanche, les conséquences d'une modification du **stock initial de biens durables** sont plus particulières. Contrairement au patrimoine financier, l'effet global d'une variation du stock initial reste indéterminé pour deux raisons :

- en ce qui concerne le second membre de (10), S_0 agit négativement sur la demande de biens durables ($0 \leq \delta \leq 1$), l'impact négatif étant d'autant plus grand que le taux de détérioration est faible. Il s'agit d'un effet « immédiatement logique » du patrimoine initial en biens durables : plus l'individu possède déjà des biens durables (apport en nature), moins le besoin d'achat sur la période est grand (demande complémentaire) [22]. **La saturation se transmet ici de période en période** ;

- mais il existe également un effet de richesse représenté par le premier membre de (10). **Grâce à sa valeur monétaire potentielle de revente, le bien durable constitue un actif patrimonial, un élément de richesse comme un autre**. Le stock accumulé engendre alors la consommation supplémentaire de biens durables. Logiquement, plus le coût d'usage v_1^* est élevé, plus cet effet de richesse sera faible.

Autrement dit, l'évolution de la répartition (q_1, S_1) est identique pour le même montant monétaire de variation du revenu, du patrimoine financier ou du stock initial de biens durables, mais **les achats de biens durables** (d_1) **dépendent de la structure de la richesse actualisée** W_1 . Ainsi, deux ménages aux mêmes goûts et avec la même richesse escomptée sur le cycle de vie, pourront différer dans leur structure d'achat selon l'importance de leur patrimoine initial en biens durables. En d'autres termes, les choix (et les héritages) patrimoniaux du passé ont des conséquences sur les décisions du présent, comme le montre cet exemple :

ménage	Richesse totale escomptée (W_1)	dont stock net de biens durables au début de la période $(1-\delta_1)S_0$	Achats de biens fongibles (q_1)	Stock désiré en fin de période (S_1)	**Achats de biens durables (d_1)**
a	10 000 F	0 F	2 000 F	8 000 F	**8 000 F**
b	10 000 F	5 000 F	2 000 F	8 000 F	**3 000 F**

En résumé, il y a « *de multiples sentiers d'expansion* [des achats de biens durable] *lorsque le revenu croît, suivant les valeurs du patrimoine de départ* » (Piganiol, 1969, p. 62).

---

22 proposition qui peut être renversée : en cas de demande nette négative, plus le stock initial est élevé, plus le montant des ventes sera important.

2) Prix et demande de biens durables[23]

Sans nouveauté par rapport à l'analyse traditionnelle, une hausse du **prix courant des biens fongibles** engendre un effet revenu négatif et un effet substitution positif, qui rendent l'effet total sur les achats courants de biens durables indéterminé (à condition comme nous l'avons supposé qu'aucun bien fongible ne soit complémentaire d'un bien durable). Et dans le cas où l'effet revenu l'emporte, le ménage peut même être obligé de revendre une part de son stock de biens durables. Les résultats sont similaires dans le cas d'une hausse anticipée du **prix futur des biens fongibles**.

L'analyse de la relation entre le **prix courant du bien durable** et les achats du ménage est plus complexe. Une hausse du prix courant v_1 se répercute sur le coût d'usage v_1^* (à la hausse) mais également sur la richesse totale W_1 (également à la hausse). Comme le fait Piganiol, nous pouvons alors distinguer deux cas polaires (selon un raisonnement classique en analyse financière) :

- si **le ménage est en position initiale d'acheteur** (i.e. si il n'y avait pas de variation de v_1), soit $d_1>0$, la hausse de v_1 (via $\hat{v}_1^*$ dans (10)) diminue la quantité de biens durables (S_1) que le ménage désire détenir. Les effets substitution (en faveur de l'achat de biens fongibles[24] durant les périodes 1 et 2) et revenu jouent alors dans un même sens défavorable aux biens durables ;
- si **le ménage est en position initiale de vendeur** ($d_1<0$), la hausse de v_1 se traduit par une revalorisation de son patrimoine W_1 (via $v_1(1-\delta_1)S_0$). Il peut alors en profiter pour vendre plus de biens durables afin d'acquérir davantage de biens fongibles, ou au contraire conserver une part supplémentaire de ses biens durables (tout en achetant au moins autant de biens fongibles qu'initialement).

---

[23] Pour la clarté de l'analyse, nous supposerons ici que prix courant et prix futur anticipé d'un même bien sont totalement indépendants. Une hausse du prix courant n'est pas projetée dans le futur, ou inversement une hausse du prix futur ne rétroagit pas sur le prix courant.

[24] il n'a pas d'effet de substitution sur S_2 car celui-ci n'a pas de valeur d'usage dans ce cas particulier d'un modèle réduit à deux périodes.

Le comportement du consommateur suite à une hausse du prix des biens durables dépend donc de sa position initiale d'acheteur ou de vendeur, et dans le second cas également de ses préférences relatives en biens fongibles et biens durables. **Cependant, un ménage ne peut passer d'une position initiale d'acheteur à celle in fine de vendeur, ni inversement**. Lorsque le prix croît, à partir des deux positions initiales, la convergence de la demande de possession de biens durables se fait vers le stock (déprécié) détenu à l'origine ($S_1 = (1-\delta_1)S_0$).

Au niveau agrégé, l'impact d'une hausse du prix courant du bien durable est néanmoins toujours négatif. En effet, sur le marché d'occasion le nombre de biens revendus est identique au nombre de biens achetés (d_1 ne peut être négatif au niveau macroéconomique). En d'autres termes, les gains de pouvoir d'achat des vendeurs résultant de la revalorisation de leur patrimoine sont exactement compensés par les pertes de pouvoir d'achat (effet-revenu) des acheteurs. En conséquence la demande de biens neufs d_1 va diminuer, voire s'annuler[25], mais de façon moins prononcée que si le marché de revente n'avait pas existé (nous reviendrons sur cet aspect particulier du *market clearing* en présence de marché d'occasion).

Une hausse anticipée du **prix futur du bien durable** provoque un surplus de demande courante. En effet, d'une part la hausse de v_2 engendre une baisse du coût d'usage courant v_1^*, et d'autre part il n'y a pas d'effet-revenu en retour puisque le patrimoine de la période suivante S_2 s'en trouve ainsi valorisé.

Il faut cependant noter que si les agents anticipent une hausse du prix du bien durable qui dépasse en valeur absolue la somme du coût d'opportunité et de la détérioration périodique, le « prix » du bien durable devient négatif occasionnant une demande de biens durables tendant théoriquement vers l'infini. Ce cas n'est pas

[25] Si la demande nette désirée d_1 suite à la hausse de v_1 est négative, alors le prix du bien durable va baisser jusqu'à ce que d_1 s'annule.

seulement rhétorique[26] : **en période d'inflation élevée** et en présence d'actifs financiers non indexés, **s'affirme le rôle refuge du stockage** de biens fongibles (entraînant les accusations de spéculation) et surtout **de biens durables** qui ont l'avantage de pouvoir être conservés sur une longue période. Cette demande croissante, face à une production de biens durables régie par des rendements décroissants, devrait provoquer un effet en retour à la hausse sur le prix présent v_1 du bien durable, renforçant ainsi la spirale inflationniste.

3) <u>Dépréciation et demande de biens durables</u>

L'effet d'une hausse du coefficient de dépréciation δ_1 est triple[27] :

- (1) elle accroît la demande de remplacement ($\delta_1 S_0$ dans (10)) ;

- (2) elle produit un effet-richesse négatif : la valeur de l'ensemble « biens durables » au sein du patrimoine total détenu ($v_1(1-\delta_1)S_0$) est dépréciée. Le ménage est donc moins riche, il doit dépenser moins ;

- (3) le prix de la détention de biens durables, le coût d'usage v_1^*, augmente. Cela occasionne un effet revenu et un effet substitution (vers les biens fongibles), tous deux défavorables à la demande de biens durables.

L'effet global est donc potentiellement indéterminé, puisque la dévalorisation des biens anciens, d'un côté pousse vers un renouvellement plus rapide (1), et de l'autre côté appauvrit le ménage (2) et rend l'usage du bien durable plus coûteux (3).

---

26 comme nous l'avons d'ailleurs déjà remarqué à propos de la valeur négative du coût d'usage réel du réfrigérateur pour les années 74, 75 et 80.

27 Cette accélération de la dépréciation (suite par exemple à une innovation technique majeure) se répercute sur les coefficients des périodes suivantes, l'indice t ne décrivant ici que les effets de la structure par âge.

4) Taux d'intérêt et biens durables

Si le ménage est détenteur d'actifs financiers, une **hausse du taux d'intérêt courant** (r_1) **accroît les revenus de la propriété** (les intérêts étant réglés en début de période), et la demande de biens durables augmente. **Par contre si le ménage est endetté à taux variable** (dette nette, i.e. $A_0<0$), **l'augmentation de la charge d'intérêt a un effet dépressif** sur la demande de biens durables.

Le **taux d'intérêt futur** (r_2) joue tout d'abord son rôle classique en analyse intertemporelle de taux d'escompte. Une hausse du taux d'intérêt équivaut à une baisse du prix futur de l'ensemble des biens (fongibles et durables), avec un effet substitution en faveur de la consommation totale de la deuxième période, et en sens inverse un effet revenu favorable à la demande présente par hausse de la richesse actualisée. Mais cette hausse anticipée provoque également une hausse du coût d'usage, du « prix » actuel des services rendus par le bien durable ($v_1^* = v_1 - v_2\left(\frac{1-\delta_2}{1+r_2}\right)$), et a ainsi des effets revenu et substitution négatifs sur la demande actuelle de biens durables.

Une hausse anticipée des taux d'intérêt a donc des effets plus complexes que dans la microéconomie des biens fongibles du fait de la double nature déjà mentionnée des biens durables, à la fois actifs de patrimoine et biens de consommation. L'effet théorique global reste de sens indéterminé, même si l'augmentation du taux d'intérêt correspond ici à une progression du prix relatif de la consommation présente de biens durables plus importante que dans le cas traditionnel.

5) Bilan

Que faut-il retenir de cette première analyse théorique ? Au regard des déterminants habituels de la consommation (i.e. de biens fongibles), il existe deux spécificités de la demande de biens durables qui toutes deux contribuent à expliquer son extrême volatilité :

- un aspect patrimonial, qui induit à la fois des effets de richesse et de saturation ;
- une influence des taux d'intérêt passant par des canaux plus nombreux.

Ces résultats tiennent en fait du simple bon sens puisque comme nous l'avons déjà souligné :
- la « consommation » de biens durables n'est pas par nature une destruction immédiate et totale, et par là même a des effets sur les achats à venir ;
- et le choix de la propriété impose une immobilisation de fonds qui engendre un coût d'opportunité intégrant la rémunération financière à laquelle le consommateur renonce.

On retrouve ainsi l'idée d'arbitrage général entre détention de biens durables et possession d'autres formes d'actifs patrimoniaux, arbitrage évoqué dans les chapitres précédents, mais intégré ici en toute cohérence à la théorie néoclassique du consommateur.

C / Généralisation

En gardant les mêmes hypothèses et notations que précédemment, il est possible de généraliser le modèle à plus de deux périodes (1), ce qui permettra d'introduire l'étude des effets de surprises informationnelles sur la révision des plans du consommateur (2).

1) <u>Extension au cycle de vie</u>

La fonction intertemporelle d'utilité du consommateur en 1 peut se généraliser sous la forme suivante :

$$(13)\ u_1 = v(q_1, q_2, \dots, q_H, S_1, S_2, \dots, S_H, A_H / p_H ; S_0)$$

où H est l'horizon de planification que le consommateur se fixe en 1, et $A_H/p_H + S_H$ le patrimoine, financier et réel en biens durables que l'individu souhaite léguer à la fin de la période H.

La contrainte budgétaire instantanée en k, k compris entre 1 et H, s'écrit :

(14) $A_k = (1+r_k)A_{k-1} + y_k - p_k q_k - v_k[S_k - (1-\delta_k)S_{k-1}]$

En procédant par récurrence régressive (A_{H-1} en fonction de A_H, A_{H-2} en fonction de A_{H-1}, ...), on obtient la contrainte intertemporelle suivante évaluée à la fin de la période décisionnelle 1:

(15) $\sum_{k=1}^{H} \hat{p}_k q_k + \sum_{k=1}^{H} \hat{v}_k^* S_k + \hat{A}_H = W_1 = A_0(1+r_1) + v_1(1-\delta_1)S_0 + \sum_{k=1}^{H} \hat{y}_k$

où ^ indique les variables escomptées par $1/\prod_{i=2}^{k}(1+r_i)$ (et 1 quand k=1).

Cette équation traduit classiquement que la somme actualisée des dépenses de consommation, en biens fongibles et en biens durables, doit être égale à la richesse totale actualisée sur la durée de planification (W_1), richesse intégrant les revenus escomptés du travail et le patrimoine initial, financier et en biens durables. La définition du coût d'usage reste inchangée :

(16) $\hat{v}_k^* = [\hat{v}_k - (1-\delta_{k+1})\hat{v}_{k+1}]$

Et les fonctions de demande pour la période 1 s'écrivent :

(17) $q_1 = f_1(W_1, p_1, ..., \hat{p}_H, \hat{v}_1^*, ..., \hat{v}_H^*, \hat{A}_H)$

(18) $d_1 = g_1(W_1, p_1, ..., \hat{p}_H, \hat{v}_1^*, ..., \hat{v}_H^*, \hat{A}_H) - (1-\delta_1)S_0$

2) Biens durables et replanification

Au fur et à mesure que le temps s'écoule, le consommateur acquiert de nouvelles informations concernant le présent et le futur. Ainsi à la période 2 il peut observer les valeurs effectives des diverses variables, qui vraisemblablement vont différer de celles anticipées en

1[28]. En conséquence, les niveaux de consommation prévus en 1 pour la période 2 et pour les périodes suivantes ne sont plus optimaux. Le consommateur va devoir réviser ses choix et mettre en œuvre de nouvelles consommations et faire de nouvelles prévisions pour le futur.

Cependant, son éventail de choix est alors contraint par ses décisions du passé par nature irréversibles. Comme l'expriment Deaton et Muellbauer (1980, p.315) cette influence du passé prend deux formes :

- un **effet revenu** : une plus faible valeur que prévue du revenu, du taux d'intérêt ou du prix des biens durables de la période t entraîne une baisse de la richesse actualisée sur le cycle de vie. Le consommateur doit alors restreindre son **niveau** de consommation globale présente (en t) et future par rapport à celui qu'il avait planifié en 1. En d'autres termes, les consommations du passé ont été surdimensionnées au regard de la nouvelle optimalité ;
- des **effets substitution** : la replanification se fait sur les périodes, présente (t) et à venir, puisque « on ne peut pas revenir sur le passé ». Par conséquent, la réduction du « train de vie » va affecter la **structure** de la consommation, entre périodes mais aussi entre biens durables et biens fongibles.

Ce phénomène de replanification va nous permettre d'appréhender la spécificité des biens durables sous une nouvelle perspective. La décomposition d'une « surprise informationnelle » en effet revenu et effets substitution rend compte de la double originalité du bien durable, sous son aspect patrimonial (par comparaison aux actifs financiers) et sous son aspect de bien de consommation (par comparaison avec les biens fongibles) :

1) **le bien durable constitue une voie de transfert de richesse concurremment aux actifs financiers.** Or la valeur transférée est soumise à un risque de perte en capital, suite à une hausse imprévue de la dépréciation ou du taux d'intérêt, ou encore suite à une baisse non anticipée de son prix. Mais les actifs financiers peuvent

28 pour simplifier nous supposons que les anticipations sur les périodes suivantes demeurent inchangées.

également engendrer des plus ou moins values (jusqu'à présent dans le modèle présenté seul existait le risque de taux). En conséquence, dans un cadre incertain, cette similitude suggère d'établir un raisonnement de la détention de biens durables selon un modèle d'**arbitrage risque / rendement** ;

2) l'**ajustement instantané du stock effectif de biens durables vers l'équipement nouvellement désiré peut dans certains cas s'avérer impossible**. Si à tout moment le choix des quantités consommées de biens fongibles est « libre »[29] (sauf s'il existe un phénomène d'inertie par habitude ou accoutumance), par contre ceci n'est pas vrai pour les biens durables. En effet, face à de « mauvaises nouvelles » la revente potentiellement nécessaire de certains biens durables n'est pas toujours assurée, soit parce qu'il n'existe pas de marché de revente (S_t ne peut alors tomber en dessous de $((1-\delta_t)S_{t-1})$, soit parce que les vendeurs sont plus nombreux que les acheteurs (si la « mauvaise nouvelle » touche de nombreux consommateurs)[30].

Ces deux caractéristiques vont constituer la grille de lecture de notre section suivante.

Section 2
LE « MÉCANO » DE L'ÉCONOMIE

Jusqu'à présent le marché des biens durables et le marché financier étaient supposés fonctionner sans aucune imperfection. L'optimisation intertemporelle - l'arbitrage général de quantités consommées, de montant et de structure de patrimoine sur le cycle de vie - reposait ainsi sur l'**absence de contraintes quantitatives** (biens durables parfaitement divisibles et non rationnement du crédit) et sur

---

[29] évidemment à condition de respecter la contrainte budgétaire !

[30] La demande nette d_t ne pouvant être négative au niveau individuel dans le premier cas, au niveau agrégé dans le second.

l'**unicité du prix** de marché (à l'achat et à la revente de biens durables, ainsi que sous la forme d'un taux d'intérêt identique à l'emprunt et au placement). Ce sont ces divers points que nous allons maintenant explorer. Nous nous intéresserons successivement aux conséquences sur la demande du consommateur de la présence, d'invisibilités (**A**), de coûts de transaction (**B**) et enfin de contraintes d'emprunt (**C**).

A / Indivisibilité, « non-combinabilité » et demande de biens de consommation

Rappelons tout d'abord qu'un bien est généralement qualifié d'indivisible lorsqu'il ne peut être divisé en plusieurs parties sans perdre ses caractéristiques essentielles. Ainsi une « demi-chaise » procure une nature de services significativement différente d'une chaise entière (son utilité ne provient plus alors de sa fonction de repos ; elle ne vaut plus que pour le bois qui la compose). Tous les biens manufacturés sont par nature indivisibles par opposition aux produits alimentaires non transformés, à l'énergie, et surtout aux services qui en tant que dépense de force de travail sont temporellement divisibles. Cependant, comme nous l'avons noté dans l'introduction, **la spécificité des biens durables est qu'ils allient indivisibilité et prix unitaire élevé** et qu'ainsi les modalités de choix du consommateur s'avèrent très largement discontinues (alors que l'indivisibilité d'un clou ou d'une casserole ne prête pas trop à conséquence)[31].

1) Biens durables et phénomène de seuil[32]

L'indivisibilité des biens durables est « gênante » microéconomiquement car elle transforme les courbes d'indifférence et la droite de contrainte budgétaire en ensembles de points isolés.

---

[31] Tous deux durables par nature mais inclus dans la catégorie biens non durables de la nomenclature INSEE du fait de leur faible valeur unitaire.

[32] Ce paragraphe s'inspire assez largement du chapitre 4 de Piganiol [1968].

Supposons que le consommateur ait le choix entre deux biens, l'un durable et indivisible (de prix périodique v^*, soit le coût d'usage afin de simplifier le problème à une optimisation sur une seule période), l'autre fongible et divisible (de prix p). Si y est le revenu que le consommateur épuise sur la période, la contrainte budgétaire s'écrit classiquement : $p.q+v^*.S=y$ où q est la quantité de biens fongibles (variable continue) et S le stock détenu (variable discrète). Cette contrainte se traduit graphiquement par un ensemble de points placés linéairement dans le plan (q,S). Sur le graphique 5.1, seuls trois paniers de consommation, A $(q_a,0)$, B $(q_b,1)$ et C $(q_c,2)$, épuisent le revenu affecté à la période :

Figure 5.1 : Équilibre du consommateur en présence de biens indivisibles

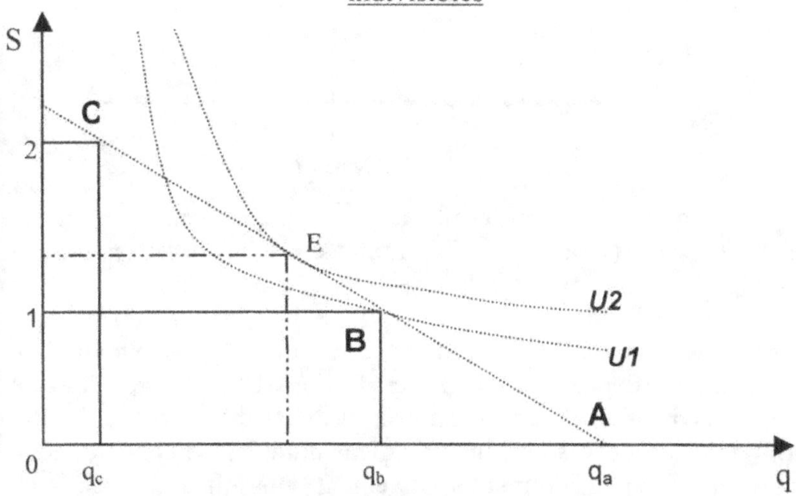

De même les courbes d'indifférence sont également discontinues. Du fait de l'indivisibilité, le consommateur est contraint sur le niveau de services rendus pas les biens durables (supposés proportionnels au stock). Situé sur la courbe U_2, E est le panier optimal « traditionnel », mais est indisponible puisque le consommateur ne peut détenir des fractions non entières de stock de bien durable. En conséquence, le consommateur est obligé de surconsommer des biens fongibles et de sous-consommer des biens durables (panier B) au prix d'une perte d'utilité (U_1 au lieu de U_2).

L'indivisibilité crée un phénomène de seuil qui dépend du revenu, du prix des biens, et des préférences du consommateur :

Figure 5.2 : variation du revenu et demandes de bien fongible et de bien durable

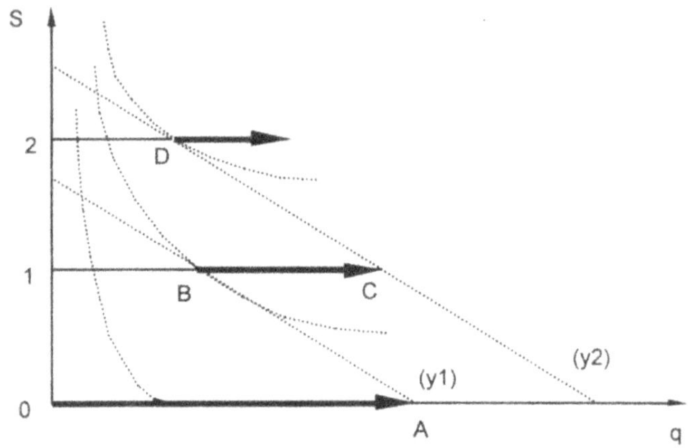

Source : Piganiol [1968]; p.81

Lorsque le revenu croît, la courbe consommation/revenu connaît des sauts (A à B puis C à D), et entre ces divers points, la consommation de biens durables est indépendante du revenu : le consommateur désirerait plus de services de biens durables, mais comme cela est impossible, il compense par une surconsommation de biens fongibles (déplacement de B vers C par exemple). De même, en termes de demande par rapport au prix, il existe un intervalle de prix relatifs pour lesquels la demande de biens durables ne connaît aucun changement. On peut donc alternativement déterminer des seuils de prix.

Ces **seuils de revenu minimum** - y_1 pour le primo-équipement et y_2 pour le multiéquipement - dépendent bien évidemment des **préférences** des ménages. Ainsi si l'on considère ces préférences comme le résultat d'un calcul productif de production ménagère, alors cette conséquence de l'indivisibilité est à relier à nos remarques antérieures concernant les économies d'échelle. A revenu égal, lorsque la taille du ménage s'accroît, le seuil diminue. De même en termes de production jointe, ces seuils dépendent de l'existence d'économies d'envergure (de diversification) lorsque le bien n'est pas trop spécialisé (ainsi l'automobile, acquise pour des motifs professionnels, permet simultanément d'accroître sa quantité de loisirs).

Au niveau macroéconomique, ces seuils ne sont pas forcément « gommés » par l'agrégation car la répartition du revenu national entre les ménages peut provoquer certaines ruptures dans la demande de biens durables. En effet, en s'appuyant sur cette caractéristique d'indivisibilité et sur sa conséquence microéconomique, l'existence de seuils, on peut démontrer que le processus de diffusion d'un bien durable suit une courbe logistique au fur et à mesure que le revenu moyen croît (la fameuse courbe en S)[33]. Or sa courbure dépend des inégalités de distribution de revenus : plus la distribution est égalitaire, plus le S devient anguleux. Cas extrême, si les goûts et les revenus de l'ensemble des ménages sont strictement identiques, alors l'ensemble des consommateurs franchissent le seuil au même moment, et le taux d'équipement passe brutalement de 0 à 1 (nous reprendrons sous une autre forme au chapitre 6 cette idée que la répartition peut influencer la dynamique de la demande).

Cependant le marché étant naturellement « inventif », il peut être en mesure de proposer des solutions afin de limiter ces inconvénients résultant de l'indivisibilité.

2) Les ressources du marché pour pallier la présence d'indivisibilités

En premier lieu, comme le font remarquer Piganiol [1968] et Wolfesperger [1969], il y a en général confusion sur la notion d'indivisibilité. Dans la matérialité du bien, **il y a bien indivisibilité dans le temps** (sauf pour quelques biens, par exemple les meubles de rangement, le « kit » permettant d'adopter une capacité extensive,

---

33 Alternativement, cette diffusion logistique peut se retrouver en utilisant des modèles endémiques de diffusion de l'information (Deaton-Muellbauer [1980], p. 369 à 372).

optimale à chaque période). On ne peut tronçonner une automobile en plusieurs parties sans perdre sa fonction de moyen de transport. **Mais il existe une possible divisibilité par différenciation de la propriété et de l'usage**. Le consommateur peut opter pour un contrat de location du bien (location journalière ou leasing) exactement adapté à ses besoins. Il contourne ainsi l'écueil d'un prix trop élevé en louant les biens désirés au lieu de les acheter.

En second lieu, **si un bien est quantitativement indivisible, il est généralement disponible en diverses qualités, et donc à des prix très différents**. Dans le cadre d'une analyse de type Lancaster, l'acheteur peut ainsi choisir la combinaison optimale des diverses caractéristiques recherchées au sein de la gamme de biens existants. De plus, si l'on y adjoint l'existence d'un marché de revente, l'acheteur peut alors constamment réopérer des ajustements à caractère continu du niveau effectif de son stock au niveau désiré, en fonction de ses changements de situation. Par là-même, les ménages modestes peuvent acquérir des biens durables à bas prix, ce qui abaisse le seuil de possession (ou celui de multimotorisation par l'achat de deux véhicules d'occasion au lieu d'un seul neuf). Le consommateur se trouverait alors face à une vaste étendue théorique de prix qui permettrait d'assurer une coïncidence entre flux de services consommés et flux monétaires de paiement, et l'application de la théorie traditionnelle de la consommation ne poserait alors aucun problème. Si la connaissance de la qualité des biens était parfaite, tout agent économique pourrait ainsi acheter à très bas prix une automobile « capable de faire encore 1 kilomètre » et ainsi atteindre exactement le niveau désiré de services.

En fait, plutôt qu'indivisibles, les biens durables sont finalement mieux caractérisés par leur absence de propriété de ***combinabilité*** (Lancaster, [1979]). Deux réfrigérateurs ayant atteint la moitié de leur vie maximale théorique ne peuvent être combinés, fusionnés pour en constituer un neuf. Plus concrètement, cette non-combinabilité provient du fait qu'un bien durable se détériore avec l'écoulement du temps, y compris en dehors de tout usage. Si tel n'était pas le cas, il serait indifférent pour le consommateur de posséder deux vieux frigos ou un neuf puisqu'il serait possible (s'il n'y a pas d'encombrement) de stocker sans perte un des vieux réfrigérateurs jusqu'à la fin de la vie de l'autre et ainsi bénéficier d'un flux total de services rigoureusement identique. **La non-combinabilité implique que si le consommateur désire un flux de services supérieur** (inférieur), **il ne peut procéder à un achat** (vente) **limité au supplément** (excédent) **nécessaire**, comme pour les biens alimentaires ou les services, **mais il doit impérativement revendre préalablement le bien déjà possédé**.

L'indivisibilité matérielle ne prend donc vraiment tout son sens que s'il y a absence ou imperfection des marchés d'occasion et de la location. **Mais l'analyse de ses conséquences n'est pas pour autant réductible à celles de l'imperfection du marché de seconde main, car comme nous le verrons au chapitre 6, la notion de seuil a un intérêt en termes de volatilité macroéconomique des achats.**

B / Coûts de transaction et détention de biens durables

1) Les coûts de transaction, « coûts de transport de l'ignorance à l'omniscience »[34]

Tout achat nécessite un effort, que ce soit en termes de temps ou en termes monétaires, afin de rechercher le couple caractéristiques/prix (ou en termes plus familiers, le meilleur rapport qualité/prix) qui répondra optimalement aux désirs du consommateur. Les coûts de transaction (information sur la gamme de produits disponibles, recherche du cocontractant, négociation, signature, voire éventuellement suivi du contrat) sont donc inhérents à toute opération d'échange. Cependant ces coûts affectent plus particulièrement les biens durables pour au moins quatre raisons fondamentales.

a) saturation et coûts fixes

En tant que biens soumis à une saturation rapide, l'achat de biens durables se fait pratiquement exclusivement à l'unité. Il est donc impossible de grouper les achats comme pour les biens non

---

[34] G.J. Stigler, Imperfections in the capital market, *Journal of Political Economy*, vol. 75 (3), 1967, p. 287

durables, afin d'amortir les coûts de transaction fixes, notamment de transport.

b) coût de planification et coût d'installation

En tant que capital productif, l'acquisition de biens durables implique des coûts d'ajustement. Pour une entreprise, le simple fait d'envisager un investissement induit souvent un coût de planification, le service recherche et développement étant mis à contribution afin de déterminer l'opportunité d'une telle action. Une fois la décision prise, le nouvel équipement nécessitera vraisemblablement une réorganisation au moins partielle du processus productif, et une formation adéquate des travailleurs (coût d'installation). Tout investissement nouveau passe donc inévitablement par une perte de production préalable, et à l'équilibre, le coût d'une unité supplémentaire de capital (prix d'achat + coût marginal d'ajustement) est égale à la valeur présente du bénéfice marginal attendu[35].

Ces divers éléments peuvent être transposés à l'investissement en biens durables des ménages : le **coût de planification** correspondrait à la réflexion préalable et au temps de shopping, et le **coût d'installation** à l'apprentissage progressif du fonctionnement optimal du nouvel appareil, ou encore au coût (monétaire et d'opportunité) de la formation préalable (par exemple cours d'informatique, ou réussite au permis de conduire, élément important du taux de saturation pour l'automobile[36]). Si l'on suppose que ces tâches sont vécues comme pénibles, alors ces coûts d'ajustement s'expriment **en termes de perte de temps de loisir** (Bernanke, [1985]).

---

[35] Outre ces coûts d'ajustement internes à la firme, on distingue généralement des coûts externes de marché. Lorsque la firme est en situation de monopsone ou d'oligopsone, un accroissement de son volume d'investissement tend à augmenter le prix des biens de capitaux achetés. Si les rendements sont décroissants dans le secteur du bien d'équipement, on a alors une justification toute trouvée à une convexité des coûts d'ajustement, fondement du modèle SA (voir chapitre 6). « Malheureusement » pour lui, un consommateur est très rarement en situation de monopsone.

[36] En 1994, la proportion de détenteurs de permis chez les plus de 18 ans était de 88 % pour les hommes et de 64 % pour les femmes (source INSEE [1997]).

c) coûts d'information

En tant que biens manufacturés complexes, l'information concernant leur qualité est difficile à obtenir, ce qui réduit l'efficience des marchés de revente, et engendre leur sous-développement. Ce frein aux transactions donne à l'investissement en biens durables un certain caractère d'irréversibilité.

Sur ce point essentiel, nous voudrions nous attarder quelque peu en rappelant les points fondamentaux du travail d'Akerlof [1970] sur les conséquences de la présence de *lemons* sur le marché automobile[37]. L'idée de cet article lui vint de la constatation d'un surdéveloppement du marché d'occasion de la côte Ouest par rapport à celui de la côte Est. Les hivers rigoureux et le salage des routes dans l'Est entraînent une dégradation plus rapide du châssis, vice caché qui occasionne un trafic de revente de véhicules de l'est vers l'ouest (phénomène finalement assez comparable aux opérations d'arbitrage entre places financières). **La présence d'information incomplète sur la qualité** constitue ainsi le point de départ de son analyse : sur le marché coexistent deux types de véhicules, ceux de bonne qualité et ceux de mauvaise qualité.

Tous les agents économiques sont supposés connaître la proportion exacte de *lemons* au sein du parc global. Cependant seul le possesseur sait par expérience si son automobile comporte ou non des vices cachés, que ceux-ci soient d'origine, ou qu'ils résultent de l'usage qu'il a fait du véhicule. De plus, les possesseurs de voitures à « zéro défaut » n'ont aucun moyen de convaincre les personnes intéressées qu'il ne s'agit pas d'un « tacot ». Par conséquent, au prix *ex-ante* (déterminé par la moyenne pondérée des qualités de l'ensemble du parc), les détenteurs de voiture de qualité supérieure préféreront la conserver pour leur propre usage, plutôt que de la vendre. Ne sont plus alors proposées sur le marché que les voitures de mauvaise qualité, ce qui induit une fixation du prix *ex-post* calquée sur la valeur utilitaire de ces dernières. **Les échanges deviennent**

---

[37] Un *lemon* en anglais familier, c'est une personne ou une chose qui ne vaut rien ; par extension aux USA, il s'agit des automobiles de mauvaise qualité, que l'on pourrait qualifier de « tacots ».

donc sous-optimaux puisqu'il y a disparition d'échanges mutuellement avantageux de voitures sans défaut. Et à l'extrême, s'il existe une infinité de degrés de qualité, le marché disparaît alors totalement. Comme le remarque l'auteur, il s'agit en fait d'une réinterprétation en termes de théorie des jeux de la *loi de Gresham* : les mauvais biens chassent les bons. La loi du prix unique, combinée à une asymétrie d'information conduit donc à un processus d'**antisélection**[38].

L'apparition d'intermédiaires permet éventuellement de compenser cette inefficacité du marché en faisant connaître la qualité du produit (contrôle technique par exemple). Une meilleure complétude de l'information est alors assurée par des professionnels, rôle que l'on peut assimiler ainsi que le fait Akerlof à celui des institutions de contrepartie. De plus, le vendeur économise le coût monétaire de publicité (petite annonce) et le coût en temps (visites), et il se libère d'une éventuelle responsabilité pénale (vice connu). L'acheteur, quant à lui, bénéficie d'une offre plus abondante sur un lieu déterminé, et surtout d'une garantie ou de la simple notoriété du commerçant établi (un vendeur occasionnel a tout intérêt à tromper une personne ponctuellement, une entreprise par contre met en jeu sa crédibilité). Cependant cette amélioration de la liquidité du marché se fait au prix de coûts de transaction élevés puisqu'il faut bien rémunérer ces intermédiaires (marge, déduction de 15 % de la valeur Argus pour l'automobile par exemple, à laquelle il faut ajouter la TVA qui n'existe pas lors de transactions entre particuliers).

---

38 Curieusement si ce corpus d'analyse a été intensivement utilisé et testé dans le domaine de l'assurance et du marché du travail, en revanche s'agissant de son application d'origine, l'automobile et les biens durables, il est très souvent cité à l'appui des modèles de demande mais a été très peu l'objet de vérifications économétriques. L'une des rares études sur ce sujet (Bond, 1982) concerne le marché des camionnettes (pick-up) aux États-Unis. L'hypothèse était la suivante : à kilométrage identique, les véhicules achetés d'occasion (où les *lemons* sont prépondérants) devraient requérir des coûts de maintenance plus élevés que ceux n'ayant jamais été vendus. Mais le test sur panel réfute la validité de l'hypothèse. Néanmoins comme le note l'auteur, il est vraisemblable que les acheteurs de biens d'occasion effectuent eux-mêmes leurs réparations. De plus s'agissant de véhicules à vocation plutôt professionnelle, l'information est sans doute mieux « partagée » que sur un marché touchant des particuliers.

d) coût d'achat et coût de revente

Enfin, **en tant qu'actifs patrimoniaux**, ils sont doublement touchés par les coûts de transaction précités, une première fois à l'achat, puis éventuellement une seconde fois à la revente, lorsque des changements dans la situation du consommateur à une période ultérieure nécessitent une réoptimisation des décisions sur le cycle de vie. Cette constatation est souvent faite à propos de l'immobilier ou des actions afin de dénoncer l'impact négatif de la fiscalité sur la mobilité du capital. Comme il n'existe pas de prélèvement sur les transactions de biens durables de seconde main (sauf si elles impliquent un professionnel), la réalité du coût de transaction pour ces éléments particuliers du patrimoine des ménages est ainsi moins apparente.

2) Coûts de transaction et contrainte budgétaire

En l'absence de coûts de transaction, la contrainte budgétaire de la période courante est[39] :

$$(19)\quad x_t^* = p_t q_t + v_t d_t = p_t q_t + v_t\left[S_t - (1-\delta)S_{t-1}\right]$$

où q_t est la quantité de biens fongibles consommée durant la période t (de prix unitaire p_t), S_t est le stock en biens durables (d'un seul type) en fin de période exprimé en volume (et non en termes physiques), et d_t est donc la demande nette de biens durables en t (de prix v_t).

Les modifications de cette contrainte de référence, engendrées par la présence de coûts de transaction proportionnels aux quantités échangées, coûts différenciés à l'achat (z_1) et à la vente (z_2)[40], sont différentes selon que le bien durable est matériellement divisible (a) ou au contraire indivisible (b).

---

[39] S'il existe une séparabilité intertemporelle de la fonction d'utilité (i.e. le niveau d'utilité de la période présente n'a aucune influence sur les niveaux d'utilité des périodes ultérieures), alors il est possible de ne considérer que le montant de dépense optimale x_t^* alloué par le consommateur à la période t.

[40] Le taux de dépréciation δ n'intègre donc que l'usure et l'obsolescence et non les coûts de transaction.

a) coûts de transaction et bien durable parfaitement divisible

Si le bien est parfaitement divisible, le consommateur est en mesure d'ajuster à la marge son stock effectif. La contrainte budgétaire (19) se décompose alors en deux éléments :

$$(20)\quad \begin{cases} (a)\ x_t^* - v_t(1-z_2)d_t = p_t q_t \quad si\ d_t \leq 0 \\ (b)\ x_t^* = p_t q_t + v_t(1+z_1)d_t \quad si\ d_t \geq 0 \end{cases}$$

dont les significations respectives sont les suivantes :

- (a) : il vend une fraction du stock hérité de la période précédente ($(1-\delta)S_{t-1} - S_t$), afin d'acheter exclusivement des biens fongibles ;

- (b) : il conserve son stock initial et utilise son revenu pour acheter une combinaison de biens fongibles et de biens durables.

Graphiquement, (20) se traduit par une droite de revenu AB coudée en I, situation où le stock désiré pour la fin de la période est exactement égal au stock déprécié du début de période ($S_t = (1-\delta)S_{t-1}$) :

Figure 5.3 : Coûts de transaction proportionnels et divisibilité

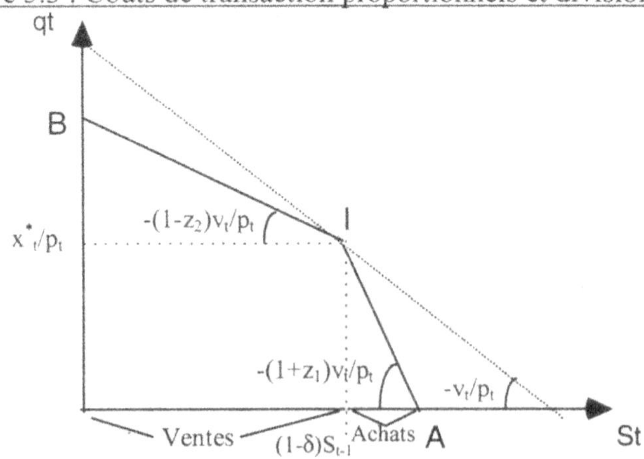

Cette présentation graphique met en valeur trois éléments :

1) lorsqu'il n'existe pas de marché d'occasion pour le bien durable considéré ($z_2=1$), tout investissement en bien durable est irréversible (à l'image des **fonctions de production « putty-clay »**). Le segment BI est alors horizontal et il existe un rationnement quantitatif de détention de biens durables (un seuil-plancher $\overline{S}_t = (1-\delta)S_{t-1}$). Si le consommateur désire moins de services de biens durables, son seul degré de liberté est alors de laisser une partie de son stock inemployé ;

2) l'équilibre du consommateur se situe en I pour un intervalle de variation du prix relatif pour lequel il ne changera pas ses décisions. En d'autres termes, le taux marginal de substitution de la courbe d'indifférence tangente en I peut se situer entre deux bornes :

$$\frac{(1-z_2)v_t}{p_t} \leq TMS_{q/S} \leq \frac{(1+z_1)v_t}{p_t}$$

Plus l'écart est important, plus l'équilibre de non-transaction est probable.

3) **Le coin de la contrainte ne provient pas de l'existence de coûts de transaction mais de l'aspect patrimonial du bien durable.** En effet supposons que S constitue la quantité consommée d'un autre bien fongible que q. La contrainte budgétaire est de nouveau (19), et la droite de revenu « retrouve » alors sa linéarité. Seule sa pente est modifiée : le prix relatif intègre les coûts de transaction respectifs à l'achat : $\frac{v_t(1+z_S)}{p_t(1+z_q)}$.

En d'autres termes (20a) n'a plus alors de raison d'être puisque d_t est forcément non négatif (S étant ici un bien fongible, $\delta = 1$).

b) coûts de transaction et indivisibilité du bien durable[41]

Supposons maintenant que la dotation initiale du consommateur, S_{t-1}, est composée d'un unique bien durable physiquement indivisible, mais disponible sur le marché en qualité variable, par exemple une automobile. La contrainte budgétaire (19) devient :

[41] Ce point s'inspire en partie de Muellbauer [1981].

$$(20)\ \begin{cases} (a)\ x_t^* + v_t(1-z_2)(1-\delta)S_{t-1} = p_t q_t + v_t(1+z_1)S_t & si\ d_t \neq 0 \\ (b)\ x_t^* = p_t q_t & si\ d_t = 0 \end{cases}$$

Dans la situation (a), lorsque le consommateur décide d'ajuster (à la hausse ou à la baisse) son stock de bien durable, il doit préalablement vendre l'intégralité du stock hérité de la période passée. Le membre de gauche représente donc les ressources du consommateur et celui de droite ses emplois.

Graphiquement (5.4), le point I, correspondant à la situation (b) de non-intervention sur le marché des biens durables, est maintenant isolé, et engendre deux situations hypothétiques :

- (C) : le consommateur vend son automobile puis la rachète (ou plutôt le même modèle) ; à la suite de cette double transaction il dispose toujours de $S_t = (1-\delta)S_{t-1}$. Mais cela a un coût en termes de potentiel d'achat de biens fongibles :

$$q_t = (x_t - v_t(z_1 + z_2)(1-\delta)S_{t-1})/p_t$$

- (D) : il vend son automobile, achète la quantité de biens fongibles $q_t = x_t^* / p_t$, puis rachète une automobile mais de qualité forcément moindre : $S_t = (1 - z_1 - z_2)(1-\delta)S_{t-1}$.

Figure 5.4 : Indivisibilité et coûts de transaction

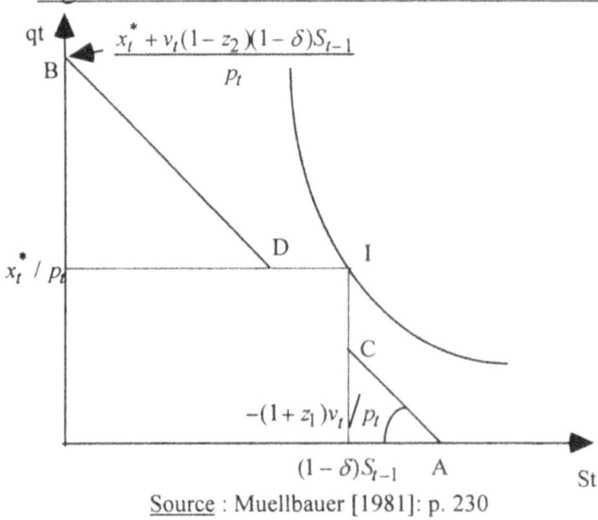

Source : Muellbauer [1981]: p. 230

Ce graphique appelle quatre commentaires :

1) **Si le stock initial était composé de plusieurs automobiles, le raisonnement serait identique** (la contrainte du graphique 5.4 connaîtrait alors plusieurs « excroissances » de type I).

2) **Très souvent, le comportement optimal pour le consommateur est d'attendre**[42]. En effet toutes choses égales par ailleurs (v, p, z_1, z_2), au fur et à mesure que le temps s'écoule, son stock de bien se détériore, ce qui se traduit par un déplacement du point I vers le nord-ouest et une diminution de l'excroissance, ce qui rend la décision d'achat plus probable.

3) La règle de décision concernant les biens durables devient plus complexe. Alors qu'en marché parfait le consommateur réoptimise en permanence sa structure de consommation en fonction des informations disponibles, **ici il cherchera à économiser le nombre de ses transactions sur biens durables**[43].

4) Enfin **cette analyse**, conduite dans le cas simplifié où il n'existe qu'un seul type de bien durable, **nécessite pour son extension à l'ensemble des biens durables l'interprétation de *S* comme un vecteur de biens durables**. En effet l'agrégation de l'ensemble des divers types de biens durables en un stock unique ferait disparaître l'aspect binaire du modèle, et du fait de coûts de transaction différenciés, de durées de vie inégales et de structures par âge différentes, l'intervention du consommateur sur le marché deviendrait alors beaucoup trop régulière.

Finalement, dans les deux cas présentés, de divisibilité (a) ou d'indivisibilité (b) des biens durables, **les ajustements du stock sont moins fréquents que dans le modèle « pur » du coût d'usage** :

- **à l'achat**, à l'image des frais sur opérations boursières, les coûts de transaction découragent la spéculation. Si l'agent anticipe une hausse future du prix du bien, il n'avancera son achat que s'il a

---

42 Selon la forme des courbes d'indifférence, il peut également exister un double équilibre (dont I).

43 Si au lieu de coûts de transaction strictement proportionnels aux volumes achetés ou vendus, il existait une fraction de coûts fixes, l'analyse serait en tout point similaire.

l'intention de le garder, de l'utiliser. En quelque sorte, **le motif productif prend le pas sur le motif patrimonial** ;

- **à la revente, la désaccumulation est limitée**. Pour certains consommateurs, il sera rationnel de conserver un bien surdimensionné plutôt que d'opérer un réajustement coûteux.

En somme, l'agent économique se trouve devant une fonction de consommation de biens durables de type « putty-(semi)clay », où le choix est ouvert et infini avant l'investissement, mais une fois celui-ci engagé, la réversibilité du choix est ensuite limitée.

3) Coûts de transaction, incertitude et détention de biens durables

Les effets de la présence de coûts de transaction peuvent également s'analyser en termes de combinaison risque-rendement. A cette fin, il est possible d'intégrer la notion de coût d'usage au sein de modèles de sélection de portefeuille[44].

Deux sortes d'actifs sont supposés être en concurrence dans la constitution du patrimoine du consommateur :

- **un unique actif financier**, parfaitement liquide, sans coûts de transaction, **à rendement certain** et non-sujet à plus ou moins value (Livret A par exemple) ;
- **un unique bien durable** soumis à des coûts de transaction proportionnels à la revente (*z*, de valeur constante dans le temps). Le rendement de ce bien, **le coût d'usage, devient alors aléatoire :**
  - si le consommateur ne procède à aucune vente, le coût d'usage unitaire est :

    (21a) $v_t^* = (1 + r_{t+1})v_t - (1 - \delta)v_{t+1}$
  - si par contre il procède à la revente en t+1 de l'unité de bien durable acquise en t, le coût d'usage est supérieur :

    (21b) $v_t^* = (1 + r_{t+1})v_t - (1 - z)(1 - \delta)v_{t+1}$

---

44 Ce paragraphe reprend en grande partie la présentation faite par Mishkin [1976] ; Grossman, Laroque [1990] en constitue une version élargie.

Soit la probabilité h d'une revente en catastrophe (dont nous déterminerons les raisons un peu plus loin), l'espérance du coût d'usage est alors :

(22)
$$E(v_t^*) = h[(1+r_{t+1})v_t - (1-z)(1-\delta)v_{t+1}] + (1-h)[(1+r_{t+1})v_t - (1-\delta)v_{t+1}]$$

Le coût d'usage calculé en t, outre ses éléments déjà étudiés, comporte maintenant les coûts de transactions auquel le consommateur doit faire face en cas de revente en catastrophe lors de la période t+1, vente qui a h chance d'avoir lieu. Et la variance peut aisément se calculer à partir de la formule $V(X) = E[X - E(X)]^2$, qui donne :

(23) $Var(v_t^*) = h(1-h)z^2(1-\delta)^2 v_{t+1}^2$

Il est alors possible d'étendre aux biens durables l'analyse Espérance-Variance de choix de portefeuille de Tobin-Markowitz, où le risque est spécifié par l'écart-type de la distribution des probabilités attribuées par l'agent aux rendements de l'actif considéré. L'actif certain est ici l'actif financier d'espérance de rendement r_{t+1} et de risque nul, et **l'actif risqué est le bien durable** d'espérance de rendement $\theta_d = E(v_t^*)$, supérieure au taux d'intérêt, et d'écart-type $\sigma_d = \sigma(v_t^*)$.

Si le consommateur a une aversion pour le risque et maximise une fonction-objectif de type Von Neumann-Morgenstern, i.e. :

(24) $$\begin{cases} U(\theta, \sigma) \\ \dfrac{\partial U}{\partial \theta} > 0 \; et \; \dfrac{\partial U}{\partial \sigma} < 0 \end{cases}$$

alors la structure optimale de son portefeuille se situe au point E du graphique 5.5 (la flèche indique le sens de la croissance de satisfaction du consommateur) :

Figure 5.5 : Biens durables et portefeuille optimal

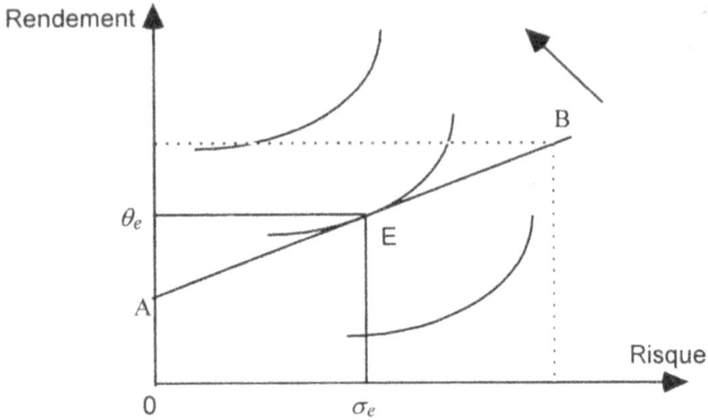

- en A, son patrimoine est composé uniquement d'actifs financiers $(\theta = r_{t+1} ; \sigma = 0)$.

- en B, il se présente sous la forme exclusive de biens durables $(\theta = \theta_d ; \sigma = \sigma_d)$.

- en E, à travers l'espérance et la variance moyennes recherchées $(\theta_e ; \sigma_e)$, se déterminent alors facilement les parts respectives des biens durables et des actifs financiers.

Reste alors à définir la probabilité de revente en catastrophe. Pour Mishkin, la revente a lieu lorsque le consommateur a un besoin impérieux de liquidité, c'est-à-dire lorsque ses besoins d'achats de biens fongibles sont supérieurs à la somme de son revenu courant et de son patrimoine financier accumulé :

(25) $q_t - y_t - A_t > 0$

équation qui repose sur les deux hypothèses suivantes :

- le consommateur ne peut couvrir par l'emprunt sa chute (non anticipée) de revenu en t[45]. Néanmoins le modèle pourrait être

45 Soit l'application de l'idée commune que l'on prête plus facilement aux riches qu'aux pauvres. « *Il est bien connu que les intermédiaires financiers sont plus que ravis de prêter aux consommateurs qui en ont le moins besoin et qu'ils ont*

généralisé sans difficultés en interprétant par exemple le coût de transaction *z* comme l'écart entre le taux d'emprunt de détresse et le rendement de l'actif financier ;

- le consommateur préfère diminuer son stock de biens durables plutôt que sa consommation de biens fongibles, jugée incompressible ou plus coûteuse à réduire en termes d'utilité.

En conséquence, plus le revenu est aléatoire (risques de perte d'emploi, de moins-value boursière...), plus la contrainte de liquidité est restrictive et/ou plus les coûts de transaction sont importants, **et moins le consommateur détiendra de biens durables au sein de son patrimoine. En comparaison du modèle « pur » du coût d'usage, la demande individuelle de biens durables sera là encore moins volatile**. En présence de coûts de transaction, le consommateur est ainsi réfractaire à ajuster son stock non seulement vers le bas, mais aussi vers le haut, du fait de la possibilité d'avoir à revendre « en catastrophe » avec une perte sèche dans l'avenir.

C / Contraintes d'emprunt et achats de biens durables

1) Un marché du capital imparfait

Un consommateur est soumis à une contrainte de liquidité[46] lorsque, pour un ensemble donné de flux de revenus sur le cycle de vie, il ne peut procéder à la totalité des transferts « à rebours » de richesses désirées. Les montants effectifs de ses consommations ne correspondent plus que partiellement à ses préférences temporelles. Au plan macroéconomique, aux conditions établies par le marché (taux, montant, durée), il existe alors un excès de la demande d'emprunts sur l'offre de fonds prêtables, laissant ainsi une frange de consommateurs insatisfaits (selon l'expression de Keynes).

énormément de répugnance à prêter aux consommateurs quand ils ont des difficultés financières » (Mishkin). Nous développerons les implications de ce raisonnement dans la section suivante.

46 Nous négligerons les contraintes de liquidité concernant l'épargne.

Cette imperfection du marché du capital peut résulter de **facteurs externes** comme : des plafonds réglementaires pour certains taux débiteurs (taux de l'usure par exemple), des mesures d'encadrement du crédit, des prélèvements obligatoires et des déductions fiscales différentiels à l'emprunt et au prêt, ou même des entraves informationnelles lorsqu'il existe une interdiction de publicité et d'affichage d'offres de crédit chez les distributeurs.

Mais les contraintes de liquidité peuvent également provenir de **facteurs intrinsèques tenant à la présence simultanée de risque de défaut et d'asymétrie d'information**[47]. **En ce cas les processus d'antisélection et de risque moral conduisent à un autorationnement volontaire par les quantités de la part des organismes de prêt**. En effet si ceux-ci décidaient plutôt d'augmenter leurs taux débiteurs afin d'épuiser le marché, il y aurait un renoncement des emprunteurs de bonne foi, et ne subsisteraient plus que les emprunteurs de mauvaise qualité (antisélection). De plus, la hausse des taux pousserait les emprunteurs à opter pour des investissements plus risqués (risque moral). La hausse initiale du rendement serait alors plus que compensée par une augmentation de la proportion d'impayés. Bien entendu, certaines procédures permettent d'identifier la qualité de l'emprunteur :

- à priori par la pratique du scoring. Ainsi dans la vente à tempérament, « *le crédit scoring est particulièrement utilisé par les établissements spécialisés qui n'ont de contact avec l'emprunteur que par l'intermédiaire des prescripteurs (concessionnaires automobiles, distributeurs d'équipement d'électroménager)* » (Vincent, [1992]) ;
- et à posteriori par la recherche de relations de long terme avec la clientèle ou la mise en place d'institutions collectives de centralisation des impayés. Mais il apparaît alors un coût de sélection qui provoque la rupture d'unicité entre taux de prêt et taux d'emprunt.

Finalement, à même cause (asymétrie d'information), même effet : comme pour les coûts de transaction sur biens durables, il y a

---

[47] Le risque de défaut, du fait de l'incertitude sur le futur et de la présence de « mauvais payeurs » est une condition nécessaire mais non suffisante pour justifier l'existence de contraintes d'emprunts. En effet, ce risque est assurable par l'application d'une prime.

ici également une perte globale de satisfaction (tant pour les prêteurs que pour les emprunteurs), du fait de potentialités d'avantages mutuels qui ne se réaliseront pas, ou alors à un coût qui va rigidifier les ajustements.

2) Biens durables et crédit à la consommation

Reste à déterminer pourquoi il existerait une spécificité des biens durables en ce domaine. Deux positions contradictoires se dégagent à cet égard : les biens durables seraient plus affectés que les autres biens par des contraintes d'emprunt (a), ou au contraire leur durabilité faciliterait leur financement à crédit (b).

a) un prix élevé nécessitant souvent le recours au crédit

Tout d'abord, s'il existe des contraintes de liquidité, les biens durables seraient les premiers touchés du fait de la **discordance entre leur prix unitaire élevé**, à payer sur une seule période, **et le flux de services rendus** s'étalant sur plusieurs périodes. Nous avons déjà mentionné cette importance de la part du crédit dans le financement des achats de biens durables (tableaux 2.1 du chapitre 2). Mais il faut également souligner que ce recours au crédit est différencié non seulement selon le revenu du ménage, mais aussi selon le type de biens durables.

Globalement et sans surprise, **ce sont les ménages à revenu moyen qui financent le plus leurs acquisitions de biens durables par le crédit, et plus le bien est coûteux, plus le recours au crédit est important** (graphique 5.6, page suivante).

De plus, les salariés recevant des revenus stables semblent plus favorisés que les indépendants du fait de la visibilité de leurs revenus futurs. Plus les anticipations en matière d'emploi et de revenus futurs sont faciles (notamment pour les fonctionnaires), moins le risque sera grand pour l'établissement de crédit, et donc moins le rationnement sera fort ou moins le taux débiteur sera élevé (graphique 5.7).

Figure 5.6 : Recours au crédit selon le revenu par unité de consommation

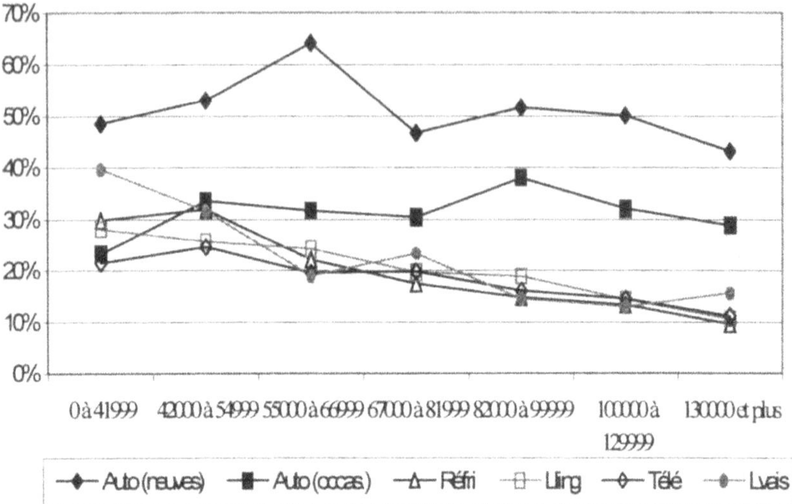

Source : graphique établi à partir des données INSEE, Budget des ménages 1995

Figure 5.7 : Recours au crédit pour l'achat d'automobiles (salariés/indépendants)

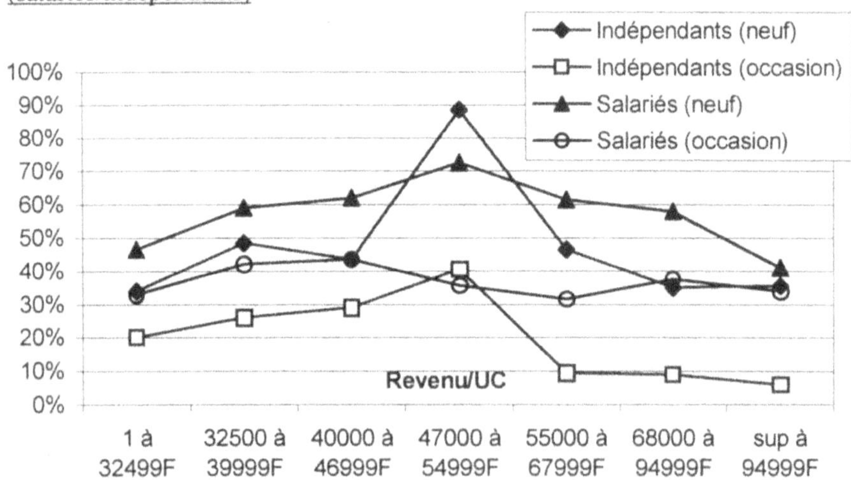

Source : graphique établi à partir des données INSEE, Budget des ménages 1989 (données non disponibles en 1995)

La répartition des revenus au sein de la population, l'évolution du taux de chômage, et la stabilité des emplois et des rémunérations ont donc vraisemblablement une influence assez forte sur « l'autocensure » des institutions financières dans l'octroi de crédits pour l'achat de biens durables.

b) le bien durable comme gage d'un prêt

En sens inverse, **le bien durable peut être un élément de desserrement de la contrainte en servant de garantie pour le prêteur**, facilitant le recouvrement des impayés. Il lui suffit de déterminer l'échéancier de remboursement de telle façon que pour chaque période, la part du crédit non remboursée soit toujours inférieure à la valeur résiduelle de revente du bien sur le marché de l'occasion. En ce cas, les facilités de crédit seront d'autant plus grandes qu'il existe un second marché liquide et organisé (cotations argus). Empiriquement, cette possibilité d'adosser crédit et bien durable a deux implications, qui nous allons le voir rétroagissent sur l'inégalité des ménages dans l'accès au crédit à la consommation.

En premier lieu, la contrainte de liquidité (niveau et taux) ne sera pas la même selon le type de bien durable considéré. En effet, le coût d'un crédit peut se décomposer sommairement en un élément fixe (frais de dossier, frais de gestion et d'encaissement) et un élément variable (coût du refinancement, risques de pertes finales, marge de l'établissement). En conséquence, **le financement à crédit des biens durables à valeur élevée** (automobile mais aussi cuisines équipées et meubles) **serait à priori moins difficile**, ce qui favoriserait plutôt les ménages aisés. Toujours dans le même esprit, **la contrainte sera vraisemblablement plus forte** pour les biens durables à qualité et à durée de vie aléatoires, c'est-à-dire **essentiellement pour le financement à crédit des biens d'occasion**[48]. Là encore, les ménages à faible pouvoir d'achat seront les plus touchés.

---

[48] bien qu'en affectant la liquidité du marché de revente, la contrainte se propage en fait également au marché du neuf.

En second lieu, **la contrainte de liquidité devrait s'apprécier en termes d'opposition crédit affecté/crédit non affecté**, décomposition accessible à partir des statistiques de la Banque de France concernant les crédits de trésorerie aux particuliers :

Tableau 5.1 : Typologie des crédits à la consommation

Crédits non affectés	Crédits affectés
- prêts personnels	- financement de la vente à tempérament (FVT)
- avances en comptes débiteurs	- location avec option d'achat (LOA)[49]
- utilisation d'ouverture de crédits permanents - différés de remboursement (ex: CB) - découverts non autorisés (accidentels)	

En toute logique, **l'octroi du crédit affecté, adossé au bien durable, serait moins dépendant du montant et de la régularité des revenus futurs escomptés ou du patrimoine de l'emprunteur, que le crédit non affecté où la seule garantie est la qualité de la signature de l'emprunteur**[50]. En conséquence, la procédure de la vente à tempérament serait plus « démocratique » que celle des prêts à la personne.

En fait, puisque par nature un crédit non affecté peut être destiné à l'achat d'un bien durable, l'évolution respective des deux modalités répond au moins autant à une logique d'offre qu'à une logique de demande. L'évolution de la réglementation et de la

[49] Juridiquement, et comme son nom l'indique, il ne s'agit pas d'une opération de crédit. En conséquence ses modalités sont quelque peu particulières. Ainsi à tout moment l'acheteur peut arrêter ses versements et cette opération n'est pas contrainte par la réglementation du taux de l'usure. Néanmoins elle est incluse au sein des crédits aux ménages car il s'agit d'un substitut proche, qui durant la première moitié des années 80 s'est considérablement développé afin de contourner les limites réglementaires et fiscales concernant le crédit à la consommation « classique » ; à l'inverse depuis la fin de l'encadrement du crédit, elle est par contre en fort déclin.

[50] ce qui explique la possibilité (stratégie de l'offreur-vendeur ou du consommateur ?) d'endettement à tempérament auprès d'établissements différents afin de contourner les plafonds de remboursement fixés proportionnellement au revenu.

concurrence, entre banques généralistes d'une part et sociétés financières spécialisées dans le FVT d'autre part (souvent liées aux fabricants de biens durables ou à la grande distribution), sont des facteurs majeurs pour expliquer les variations du ratio crédit à la consommation / revenu :

Figure 5.8 : évolution de la structure des encours de crédit de trésorerie aux ménages (en % du revenu disponible brut)

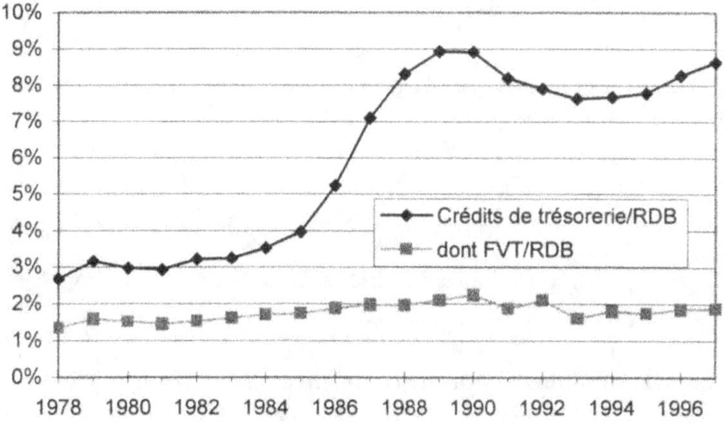

Source : graphique établi à partir des données Banque de France

Le graphique illustre deux exemples de ces effets des conditions d'offre :

- la levée de l'encadrement du crédit en 1986, conjuguée à une baisse des opportunités sur les autres types de clientèle (grandes entreprises et pays en voie de développement[51]), a provoqué l'intensification de la concurrence des divers intermédiaires financiers sur le créneau du crédit à la consommation à rentabilité élevée et à potentialité jusqu'alors peu exploitée par les banques à vocation générale ;

- la loi Neiertz mise en application en avril 1990, a eu un effet clairement dépressif sur l'octroi de crédits (difficilement isolable il est

[51] P. Fabra [1988] dans le journal *Le Monde*, a pu ainsi titrer un article sur le boom du crédit aux particuliers des années 86 à 88 (33,7 % de croissance annuelle moyenne de l'encours) : « *les nouveaux mexicains* ».

vrai des effets de la crise du Golfe de 1991). L'idée directrice était que les ménages surendettés puissent bénéficier d'un rééchelonnement de leur dette (baisse des taux et allongement des durées), ce qui à priori était favorable à la consommation. Or l'effet a été l'inverse de celui recherché pour deux raisons : 1) la renégociation du contrat se traduit dans tous les cas par une perte pour le prêteur, d'où une forte incitation à une plus grande sélectivité ; 2) l'inscription des particuliers traités au fichier des incidents de paiements de la Banque de France, facilite cette sélectivité.

3) <u>Contrainte d'emprunt et retardement de l'achat de biens durables</u>

Afin de simplifier la présentation, nous supposerons qu'il existe uniquement des biens durables et aucun bien fongible, et que le consommateur maximise sa satisfaction sur seulement deux périodes :

(26) $U = U(S_1, S_2)$ (où le stock de biens de biens durables (S_0, S_1, S_2) est mesuré à la fin de chaque période[52]).

sous la contrainte intertemporelle (exprimée en fin de période 1) :

$$(27)\quad v_1 d_1 + \frac{v_2}{1+r_2} d_2 = \left[y_1 + \frac{y_2}{1+r_2} + A_0(1+r_1) - \frac{A_2}{1+r_2} \right] = W_1$$

où d_1 et d_2 sont les achats nets de biens durables (soit $S_1 - (1-\delta)S_0$ et $S_2 - (1-\delta)S_1$), A le patrimoine financier à la fin de chaque période et W_1 la richesse totale escomptée à la période 1.

La contrainte d'emprunt peut s'écrire :

$$(28)\quad \begin{cases} A_1 \geq \overline{A}_1 \\ \overline{A}_1 = -\varphi_0 - \varphi_1 y_1 (\varphi_0 \ et\ \varphi_1 \geq 0) \end{cases}$$

52 S_0 en tant que stock hérité peut être omis de la fonction d'utilité. L'utilité de S_2 est la somme actualisée des services procurés par ce stock sur l'ensemble des périodes ultérieures où le bien est encore en vie.

L'endettement est limité à un montant fixe (φ_0, par exemple un découvert limité à 10 000 F) et/ou à une proportion du revenu courant (φ_1, par exemple un remboursement limité à 33 % du revenu). Si $\varphi_0 = \varphi_1 = 0$, alors l'individu n'a aucune possibilité d'emprunt. (28) équivaut à :

$$(29)\quad v_1 d_1 \leq \varphi_0 + (1+\varphi_1) y_1 + A_0(1+r_1)$$

(29) exprime le fait que la valeur maximale des achats nets courants est limitée au montant du découvert autorisé φ_0, plus $(1+\varphi_1)$ fois le revenu courant y_1, plus (moins) la valeur des actifs (dettes) courants en incluant les intérêts reçus (versés).

Sur le graphique 5.9, l'inégalité (29) est représentée par les segments verticaux AD1, BD2 et FD3. Lorsque le revenu courant y_1 croît, le consommateur se déplace sur le sentier d'expansion ABC. En C, la contrainte de liquidité ne mord plus, i.e. le montant optimal d'emprunt est de toute façon inférieure à la restriction quantitative exogène.

Figure 5.9 : optimisation sur deux périodes en présence de restriction quantitative d'emprunt

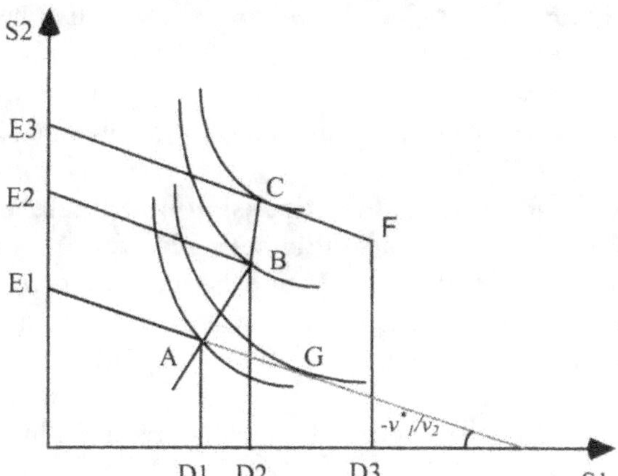

Source : graphique établi à partir de Deaton, Muellbauer (1981; p.318) concernant les biens fongibles

En A, la satisfaction finale du consommateur est plus faible qu'en l'absence de contrainte d'emprunt (G) **et le rationnement d'achat en 1 se traduit par un supplément de dépense en 2**. Sans possibilités d'emprunt ou uniquement à des taux pénalisants[53], l'échéancier de consommations est donc bouleversé. **Le lissage de la consommation se fera majoritairement par l'épargne, par un transfert de richesses du présent vers le futur**, au détriment de la détention immédiate de biens durables.

Les consommateurs sont alors affectés à des degrés divers, en fonction de leurs anticipations, de leurs besoins, de leurs revenus et du niveau de leurs actifs financiers (et de la structure plus ou moins liquide de ce patrimoine financier). Les héritiers d'actifs financiers (à condition que l'héritage survienne suffisamment tôt, en fait souvent plutôt vers la quarantaine), ou les individus ayant de forts gains au début de leur cycle de vie (par exemple les sportifs de haut niveau), seront peu ou pas touchés, ayant toujours un solde créditeur à la fin de chaque période. Par contre, pour les individus dont le profil de revenu sur le cycle de vie est moins atypique, au cours des premières années la dépense sera inférieure au niveau optimal sans restrictions, alors qu'elle deviendra plus forte lors des années ultérieures. **Le primo-équipement des jeunes ménages est ainsi retardé**. Mais cette substitution temporelle n'est pas à somme nulle puisque sur l'ensemble du cycle de vie la contrainte de liquidité engendre pour l'individu concerné un coût global en termes de bien-être[54].

Au niveau agrégé, la propension marginale à consommer de l'économie dans son ensemble sera plus élevée. En effet, pour les ménages contraints, tout supplément de revenu inattendu constituera une chance de se rapprocher du plan initial optimal. Inversement une baisse temporaire de revenu (suite par exemple à une période de chômage) affecte plus les ménages de queue de distribution et/ou aux actifs financiers rares. Finalement nous

---

[53] Les segments verticaux sont alors remplacés par des droites plus inclinées que la contrainte budgétaire classique.

[54] puisque selon I. Fisher, « *l'emprunt est un moyen de régulariser le débit de l'impatience des hommes* ».

retrouvons ici indirectement le résultat de la myopie keynésienne, où la consommation est très élastique aux variations du revenu courant.

Au final, indivisibilités, coûts de transaction et contraintes d'emprunt conduisent à deux conséquences majeures :

1) la volatilité du comportement optimal du consommateur représentatif du modèle « pur » du coût d'usage est vraisemblablement freinée dans la réalité par un ensemble de « frottements » tels que seuils, asymétries d'information, structure et réglementation du crédit à la consommation ;

2) l'ajustement du stock de biens durables est caractérisé au niveau individuel par des ruptures (on n'échange pas sa voiture tous les mois) et des avancements/retardements d'achats[55].

Reste alors à déterminer les voies de transmission de ces contraintes vers le niveau agrégé de la demande macroéconomique de consommation.

---

[55] En outre, les contraintes pesant sur les biens durables provoquent un certain effet de « débordement » sur la demande de biens fongibles (Chah, Ramey, Starr [1995]) :
- lorsque le consommateur est dans l'impossibilité d'emprunter afin de financer sa consommation présente de biens durables il y a une surconsommation de biens fongibles ;
- en revanche, quand son patrimoine en biens durables peut être intégralement financé par endettement financier, il y a surconsommation de biens durables.

Chapitre 6

BIENS DURABLES ET FONDEMENTS MICROÉCONOMIQUES DE LA FONCTION DE CONSOMMATION

Depuis Keynes, un des enjeux principaux du débat théorique en macroéconomie a été la discussion de la stabilité de la fonction de consommation. De la constatation empirique sur longue période de Kuznets en 1946 d'une propension marginale à consommer sensiblement égale à la propension moyenne, jusqu'aux travaux les plus récents, la question principale reste inchangée, et peut se résumer de la façon suivante : **la consommation est-elle ou non sensible aux variations du revenu courant et si oui, quel est le degré de cette sensibilité ?**

Au regard de cette interrogation, la quasi-totalité des recherches des vingt dernières années se sont positionnées, que ce soit pour tenter de les vérifier ou au contraire de les infirmer, vis à vis de deux modélisations pionnières quant à la recherche de fondements microéconomiques[1] à la fonction (macroéconomique) de consommation : l'hypothèse de revenu permanent de Milton Friedman [1957] et l'ajout de l'hypothèse d'anticipations rationnelles par Robert Hall [1978]. Or dans leurs volontés successives de démontrer l'inefficacité des actions gouvernementales, il se trouve que leurs démonstrations respectives les conduisent tous deux à rejeter délibérément les biens durables hors du champ de la consommation (**Section 1**). Mais paradoxalement cette « éviction » va contribuer à donner aux biens durables un rôle essentiel dans la contre-attaque menée par les Nouveaux keynésiens (**Section 2**).

---

[1] au sens que donne Edmond Malinvaud [1991] aux fondements microéconomiques des théories macroéconomiques : « *il s'agit de toutes les constructions théoriques qui élucident comment et sous quelles conditions telles spécifications macroéconomiques dérivent de l'existence des comportements élémentaires et des structures de marché élémentaires.* »

Section 1
LA NOUVELLE MACROÉCONOMIE CLASSIQUE : LES BIENS DURABLES EXCLUS DE LA « CONSOMMATION PURE »

Keynes ne considère pas les biens durables comme un enjeu pour la théorie macroéconomique de la consommation[2]. En contrepoint, Friedman souligne que les biens durables posent un problème embarrassant pour la construction d'une fonction agrégée de consommation (**A**), constat qui sera notamment repris, à partir de la fin des années 1970, par le courant de la Nouvelle Macroéconomie néoclassique (**B**).

A / Biens durables et revenu permanent

Le milieu des années 1950 voit la parution de deux travaux majeurs dans l'histoire de la théorie de la consommation : en 1954, l'article fondateur de la théorie du cycle de vie de Modigliani et Brumberg, et en 1957 l'ouvrage de Friedman *A Theory of the Consumption Function*. Les deux approches ont de nombreux points communs[3]. Elles se positionnent toutes deux dans une perspective d'articulation entre l'analyse microéconomique d'optimisation intertemporelle et la fonction macroéconomique de consommation ; elles mettent l'accent sur les variables de stock, de richesses ; et se veulent ainsi des réponses aux énigmes empiriques soulevées par

---

[2] Dans la *Théorie générale*, il n'évoque les biens durables qu'une seule fois : *« On a souvent discuté le problème de savoir s'il est légitime de considérer l'achat d'une automobile comme un achat pour la consommation et l'achat d'une maison comme un achat pour l'investissement. Nous n'avons aucune contribution importante à apporter à ce débat. »* (Chapitre 6, section II).

[3] Les délais de publication de l'ouvrage de Friedman, qui avait déjà largement circulé sous forme de document de travail, amènent à considérer que les deux approches sont en fait simultanées.

Kuznets sur données américaines de longue période (1869-1938). Mais la similitude est également remarquable dans leur traitement conceptuel des biens durables de consommation. Dans les deux cas, **l'achat de biens durables est considéré comme un acte d'investissement**.

Pour la théorie du cycle de vie, ce point ne constitue pas un problème majeur. Les biens durables s'intègrent « naturellement » dans une gestion optimisée du patrimoine sur la vie entière de l'individu. En tant qu'actifs patrimoniaux, ils sont en concurrence avec les autres sortes de capitaux non humains, qui sont tous détenus pour la satisfaction des besoins de consommation différés du ménage. Et ce sont donc uniquement les services périodiques que rendent les biens durables qui sont à inclure dans l'agrégat de consommation finale. Les comportements d'achats de ces biens sont alors modélisés par analogie avec le comportement d'investissement des firmes. Cette conception analytique est alors parfaitement conforme à la démarche de construction d'une comptabilité patrimoniale intégrant les biens durables telle qu'elle est présentée au chapitre 2 de cet ouvrage, et à l'élaboration d'un agrégat de consommation corrigée (section 3 du chapitre 4).

Pour Friedman : « *Les dépenses en biens durables de consommation peuvent être regardées comme des dépenses de capital et c'est seulement la valeur imputée des services rendus qui est incluse dans la consommation.* » (p.20). Mais, contrairement à la théorie du cycle de vie, le rapprochement opéré par Friedman entre achats de biens durables et investissement, sous couvert d'une volonté affichée de cohérence, semble de fait plutôt relever d'une hypothèse ad hoc nécessaire à sa distinction fondamentale entre variables observées et variables construites, permanentes et transitoires.

En effet selon lui, le consommateur dissocie au sein du revenu courant effectivement perçu ($Y_t = Y^P + Y^T$), ce qu'il juge comme étant de nature durable (dénommé « *revenu permanent* » Y_t^P), de ce qu'il considère comme ayant un caractère temporaire ou accidentel (qualifié de « *revenu transitoire* » Y_t^T), comme des plus-values inattendues, des heures supplémentaires inhabituelles,… De même, sa consommation globale ($C_t = C^P + C^T$) est décomposée en deux éléments, une **composante « pure »**, permanente (C_t^P), et une composante transitoire (C_t^T) résultant soit d'une erreur de jugement, soit de circonstances sortant de l'ordinaire, telles qu'une maladie, une occasion exceptionnelle d'achat à bon marché ou une période de froid inhabituelle (p. 22-23).

La seule relation stable existante se situe selon Friedman entre revenu permanent et consommation permanente, soit[4] : $C_t^P = k(i,w,u)Y_t^P$. Cette proportionnalité entre les composantes permanentes peut également s'exprimer sous la forme d'une triple absence de corrélation : « *les composantes transitoires de la consommation et du revenu ne sont corrélées ni avec les composantes permanentes correspondantes, ni entre elles* », soit :

$$\rho_{Y^T Y^P} = \rho_{C^T C^P} = \rho_{Y^T C^T} = 0$$

Si les valeurs nulles des deux premières corrélations sont des hypothèses « *très anodines et hautement plausibles* » et peuvent être considérées « *comme la simple traduction des définitions des composantes transitoires et permanentes* », de l'aveu même de l'auteur, « *l'hypothèse que la troisième corrélation -entre composantes transitoires du revenu et de la consommation- est nulle est une hypothèse beaucoup plus forte* » (p.27).

La justification de cette conjecture l'amène à envisager deux possibilités qu'ils qualifient d'intuitives, concernant **la destination de la part transitoire du revenu** : « *Est-ce qu'un homme qui recevrait un revenu inattendu (windfall) ne l'utiliserait pas, au moins en partie, pour mener une « vie tapageuse » c'est-à-dire pour des dépenses de consommation ? Ou ne préférait-il pas consacrer l'intégralité de la somme à l'augmentation de son patrimoine ? La réponse à ces questions dépend fortement de la façon dont la consommation est définie. Une réponse péremptoirement affirmative*

---

4 *i* est le taux d'intérêt, *w* le ratio entre capital non humain et revenu et *u* un indicateur des goûts et préférences vis-à-vis de la consommation.

reflète dans une large mesure une définition implicite de la consommation en termes de dépenses, y compris en biens durables, plutôt qu'en termes de valeur des services rendus. Si cette dernière définition est adoptée, comme cela semble très souhaitable si l'on veut appliquer l'hypothèse aux données empiriques, une bonne partie de ce que l'on classe forfaitairement dans la consommation doit être reclassée en épargne. Est ce que ces revenus inattendus ne sont pas vraisemblablement utilisés pour l'achat de biens durables ? En d'autres termes, ne peut-on penser que la date de renouvellement des biens durables ou d'augmentation du stock de ces biens, est, dans une certaine mesure, choisie pour qu'elle coïncide avec ces aubaines (windfall profits) » (p.28).

En somme, la composante la plus volatile de la consommation, celle des biens durables, est exclue du champ de la « *consommation pure* » (i.e. permanente), parce que constituant justement une variable trop volatile ! L'achat d'un bien durable serait ainsi un acte d'épargne « *résiduelle* », et donc en phase avec le revenu transitoire, et les fluctuations de la demande de biens durables sont alors intégrées aux mouvements de court terme du taux d'épargne.

Certes il s'agit là historiquement de **la première reconnaissance en macroéconomie de la spécificité du rôle des biens durables**, mais la conséquence directe en a été une certaine marginalisation et un éclatement des travaux de recherche concernant les biens durables.

Mais surtout cette « excommunication » conduit à **une conclusion erronée sur la supposée relative inefficacité des politiques économiques**, puisque l'achat de biens durables constitue pourtant bien une dépense et donc à ce titre un élément de la demande globale, et que c'est sans doute sur cette partie de la consommation que les moyens dont disposent les pouvoirs publics peuvent s'exercer avec le plus d'efficacité.

B / Biens durables et anticipations rationnelles

L'article de Robert Hall publié en 1978 dans *le Journal of Political Economy* vise, en conformité avec le « programme » du courant des anticipations rationnelles, à pousser la logique de Friedman à son extrême, à savoir ôter toute place à la politique économique. Mais la construction théorique et les tests empiriques reposent là encore sur la même exclusion des biens durables du champ de la consommation.

1) Le modèle de Hall : la consommation de biens fongibles suit une marche aléatoire

Hall reprend à son compte la critique radicale de Lucas [1976] concernant les modèles de prévision macroéconomique issus de la synthèse. Dans le domaine plus particulier de la consommation, Lucas dénonce la contradiction inhérente à mesurer un concept prospectif par excellence (le revenu permanent) par une formule rétrospective (une distribution retardée fixe des revenus passés). De même pour Hall, le traitement de la consommation par Friedman n'est guère jugé satisfaisant dans le sens où son choix d'un processus de formation des anticipations de type adaptatif est sous-optimal. En effet, la plupart des tests s'y conformant conduisent à des conclusions inopportunes (pour un libéral...) : « *La distribution régressive estimée est étrangement courte. Des équations supposées incorporer le principe de cycle de vie/revenu permanent sont aujourd'hui très peu différentes de la simple fonction de consommation keynésienne.* » (p. 971-972). Son objectif est alors de montrer qu'en toute rigueur dans les modèles prospectifs, la consommation doit être traitée comme une variable exogène et non plus comme une variable dépendante.

Le cadre d'analyse choisi est conventionnel : il s'agit d'un programme d'optimisation de la consommation sur le cycle de vie accompagné d'une **seule source d'incertitude**, portant sur les revenus du travail y_t qui suivent un processus stochastique.

Le consommateur maximise son utilité (intertemporellement additive) :

(1) $\underset{t}{E}\sum_{k=t}^{L}\frac{u(q_k)}{(1+\gamma)^{k-t}}$ sous la contrainte de richesse : $\sum_{k=t}^{L}\frac{q_k-y_k}{(1+r)^{k-t}}=A_t$

où : E_t est l'espérance mathématique conditionnelle aux informations disponibles en t ; q_k est la consommation à prix constants ; γ est le taux de préférence pour le présent ; r est le taux d'intérêt réel, supposé constant dans le temps ; L est l'horizon économique des prévisions ; A_t est la richesse financière nette.

En adoptant une procédure en termes de variations séquentielles, on obtient :

(2) $\underset{t}{E}u'(q_{t+1})=\frac{1+\gamma}{1+r}u'(q_t)$

Et la « surprise » en t+1 concernant les revenus actuel et futurs du travail (comme les valeurs futures du taux d'intérêt réel sont supposées être connues avec certitude, la seule surprise provient ici du rendement du capital humain), peut s'écrire :

$$\eta_{t+1}=\sum_{k=t}^{L-1}\frac{\underset{t+1}{E}y_{k+1}-\underset{t}{E}y_{k+1}}{(1+r)^{k-t}}$$

où l'espérance en t de cette erreur d'anticipation compte tenu de l'information disponible est nulle soit :

$$\underset{t}{E}(\eta_{t+1})=0$$

Hall insiste sur le caractère général de cette hypothèse en précisant : « *Aucune hypothèse particulière n'est faite sur les propriétés stochastiques de y_t si ce n'est que l'anticipation des revenus futurs du travail conditionnelle à l'information aujourd'hui disponible,* $E_t y_{t+\tau}$, *existe. En particulier, il n'est pas nécessaire que les y_t successifs soient supposés être indépendants* (i.e. covariance nulle.) *et il n'est pas non plus nécessaire que y_t soit stationnaire* (i.e. espérance constante et indépendante de t, variance et covariance constantes) ».

(2) peut donc se réécrire :

(3) $u'(q_{t+1})=\frac{(1+\gamma)}{(1+r)}\left[u'(q_t)+\eta_{t+1}\right]$

Mis à part le trend, l'utilité marginale obéit à une marche aléatoire. Si l'on choisit une spécification quadratique de la fonction d'utilité ($u(q_t)=-1/2(\overline{q}-q_t)^2$), alors en remplaçant ($u'(q_t)=\overline{q}-q_t$) dans (3), on obtient, avec $a_0 = \dfrac{\bar{c}(r-\gamma)}{1+r}$, $a_1 = \dfrac{1+\gamma}{1+r}$ et $\varepsilon_{t+1} = a_1\eta_{t+1}$:

(4) $\boxed{C_{t+1} = a_0 + a_1 C_t + \varepsilon_{t+1}}$

La consommation suit donc un processus autorégressif de premier ordre AR(1) : toute déviation du montant de la consommation en dehors de sa tendance à long terme est donc inattendue et permanente puisque ε_{t+1} résume l'impact de l'ensemble des nouvelles informations disponibles apparaissant en t+1 et interprétées comme pouvant affecter le bien-être du consommateur sur son cycle de vie[5].

En résumé, l'analyse de la consommation chez Hall est la suivante : **le consommateur utilise toute l'information disponible en t pour le calcul de son revenu permanent et par voie de conséquence pour optimiser son niveau de consommation courante q_t. Ce dernier constitue alors forcément la meilleure prédiction en t de sa consommation de la période suivante q_{t+1}. Aucune autre information disponible en t n'est pertinente pour améliorer la prévision**.

Les tests effectués par Hall en 1978 semblent valider cette théorie[6]. En particulier, le montant des revenus disponibles du présent et du passé ($y_t, y_{t-1}, \ldots$) et les consommations du passé ($q_{t-1}, q_{t-2}, \ldots$) ne sont pas significatifs, ce qui infirme respectivement la construction friedmanienne et l'existence d'un cycle de consommation. Cependant, ces résultats appellent trois commentaires utiles pour la suite de notre analyse.

---

[5] Si l'on ne spécifie plus la fonction d'utilité mais que l'on suppose que le changement d'utilité marginale est faible d'une période à l'autre (i.e. les valeurs du taux d'intérêt réel r et du taux de préférence pour le présent, γ sont proches et le changement stochastique est faible), alors le résultat est similaire mais le coefficient a_1 n'est plus constant et varie au cours du temps.

[6] De plus le test conduit à une valeur estimée de a_1 très proche de 1, c'est-à-dire que taux d'intérêt réel et taux de substitution intertemporelle seraient identiques. L'hypothèse de racine unitaire ne peut être rejetée ce qui implique que le caractère persistant de la consommation est très fort.

a) En premier lieu, **la vérification économétrique exclut les biens durables** de la variable consommation. Les tests sont effectués uniquement sur des séries temporelles de consommation de biens non durables et de services. Hall justifie son choix de la façon suivante : « *Évincer les biens durables permet d'éviter la suspicion que les résultats soient la conséquence d'un artefact de procédure d'imputation d'un flux de services au stock de biens durables* » (p. 979). Précaution louable certes, qui différencie achats et services consommés, mais qui paraît plutôt relever là encore d'un choix ad hoc puisque comme nous l'avons déjà souligné, les biens durables représentent la composante la plus volatile de la consommation.

b) En second lieu, il existerait **un délai d'ajustement** (faible) **entre variation de revenu permanent et variation de la consommation**. En effet, l'indice boursier retardé d'un trimestre est statistiquement significatif. Hall en tire la conclusion suivante : « *une certaine partie de la consommation prend du temps pour s'ajuster à un changement dans le revenu permanent. Ainsi une variable liée au revenu permanent de la période antérieure aidera à prévoir les changements de consommation en t* » (p. 985). Ce délai très court d'un trimestre dans le cas des biens fongibles, pourrait par contre être vraisemblablement plus long pour les biens durables du fait de l'existence d'éventuels coûts d'ajustement.

c) Enfin dans un article postérieur (Hall et Mishkin [1982]), une étude longitudinale sur cohorte[7] (Michigan Panel) portant sur la consommation alimentaire, conduit à une infirmation du processus de marche aléatoire et confirme l'existence d'un excès de sensibilité de la consommation par rapport à la théorie des anticipations rationnelles. **Les auteurs expliquent ce contre-résultat par l'existence de contraintes d'endettement**. Selon leurs estimations environ 1/5 des consommateurs n'auraient pas la possibilité d'emprunter autant qu'ils le désirent.

Ce sont ces trois éléments qui vont constituer le fondement des recherches postérieures reliant théorie du cycle de vie augmentée d'anticipations rationnelles, et biens durables, point de départ d'une

---

[7] Les tests sur données temporelles posant des problèmes de fiabilité économétriques (Mankiw, Shapiro [1985], [1986])

réintégration des biens durables dans l'analyse macroéconomique, puisqu'aujourd'hui ils constituent un des éléments privilégiés de débat quant aux conclusions de la Nouvelle École Classique concernant la consommation.

2) L'apport complémentaire de Mankiw : la consommation de biens durables ne devrait théoriquement pas suivre une marche aléatoire

Mankiw [1982] reprend intégralement la démarche de Hall, mais en traitant cette fois uniquement des biens durables (de même que Hall, il suppose donc que les consommations de biens fongibles et durables sont des composantes séparables).

Si les services rendus par les biens durables sont proportionnels aux stocks, le stock de biens durables possédés rentre alors directement dans la fonction d'utilité du consommateur, et l'on a une réplique exacte du programme de Hall :

$$(5)\ \max\ E_t \sum_{k=t}^{L} \frac{u(S_k)}{(1+\gamma)^{k-t}} \text{ sous : } \sum_{k=t}^{L} \frac{d_k - y_k}{(1+r)^{k-t}} = A_t$$

où S est le stock de biens durables en fin de période et d le flux d'achat net. Ils sont reliés par l'identité classique :

(6) $S_t = (1-\delta)S_{t-1} + d_t$ où δ est le taux de dépréciation des biens durables.

Si l'on spécifie de nouveau la fonction d'utilité sous une forme quadratique, on obtient alors :

$$(7)\ S_{t+1} = a_0 + a_1 S_t + \varepsilon_{t+1} \qquad (a_1 = \frac{1+\gamma}{1+r})$$

En conséquence, les conclusions sont strictement identiques à (4), la variable stock de biens durables S suit un processus autorégressif d'ordre 1.

En revanche, en substituant (7) dans (6) et après transformation, on obtient :

$$(8)\quad \boxed{d_{t+1} = \delta a_0 + a_1 d_t + \varepsilon_{t+1} - (1-\delta)\varepsilon_t}$$

L'achat de biens durables suit alors un processus régressif d'ordre 1 et de moyenne mobile d'ordre 1 (ARMA (1,1)). Contrairement aux biens non durables et aux services, la prise en compte de la valeur de l'erreur de prévision de la période précédente contribue à améliorer la prévision courante. Et plus le bien est durable (δ tendant vers zéro)[8], plus les informations passées sont utiles à la prévision des dépenses en biens durables. En somme, la durabilité physique du bien se traduit en quelque sorte par une « durabilité des erreurs » du consommateur. **L'existence d'un bien stockable contredit donc le résultat de Hall d'une détermination purement stochastique des dépenses agrégées de consommation.**

Cependant, les vérifications empiriques menées par Mankiw sur données américaines trimestrielles ne confirment pas l'hypothèse théorique découlant d'une analyse combinant revenu permanent et anticipations rationnelles. Il constate que dans les faits les achats de biens durables ne suivent pas le processus théorisé d'un ARMA (1,1). Sur données françaises, nous obtenons des résultats très similaires (Caire [1996]).

Cette discordance entre l'hypothèse d'anticipations rationnelles et la dynamique des achats de biens durables pourrait toutefois s'expliquer s'il existait des rigidités...rationnelles, c'est-à-dire qui ne résulteraient pas de la paresse ou de la myopie du consommateur, mais au contraire d'un comportement optimisé en situation de marchés imparfaits, de revente ou du capital. C'est cette voie choisie par les défenseurs de la NEC, mais également par leurs contradicteurs, que nous allons maintenant explorer.

---

[8] à l'inverse si $\delta = 1$, ce qui correspond par définition aux biens non durables, alors on retrouve la formulation de Hall, la consommation suit un AR(1).

Section 2
LA NOUVELLE MACROÉCONOMIE KEYNÉSIENNE : LES BIENS DURABLES, AU CŒUR DES « RIGIDITÉS RÉELLES » DE CONSOMMATION

La réflexion menée au chapitre 5 à propos des imperfections de marché liées aux biens durables va nous permettre d'illustrer cette citation de Malinvaud [1991] concernant les difficultés du passage du plan microéconomique au plan macroéconomique : « *Beaucoup de non-linéarités doivent s'estomper et devenir négligeables du fait du lissage réalisé par l'agrégation. D'autres doivent importer, notamment celles provenant des irréversibilités.* ».

Deux voies, toutes deux issues de l'économie d'entreprise, s'offrent au « praticien » pour bâtir un modèle de demande de biens durables intégrant les imperfections de marché. La construction la plus courante, en termes d'ajustement partiel, est directement transposée de la théorie de l'investissement. Cependant, appliquée aux biens durables, elle semble peu réaliste quant à ses fondements microéconomiques de coûts d'ajustements convexes (**A**). A contrario, l'hypothèse inverse de coûts non convexes, plus vraisemblable mais moins usuelle, se traduit par une modélisation dite du couloir s'inspirant de la théorie de la gestion des stocks (**B**).

A / Coûts convexes et ajustement partiel

1) Une analogie commode et très usitée

L'article de Stone et Rove [1957] constitue l'élément fondateur de l'approche en termes d'ajustement partiel. Il repose sur l'hypothèse que le consommateur n'ajuste que progressivement son stock de biens durables à ses besoins, à l'image de la théorie de l'accélérateur flexible développée par Goodwin (1951), Chenery (1952) et Koyck (1954), faisant suite aux travaux antérieurs de Clark sur l'accélérateur fixe.

Le principe de l'accélérateur d'investissement élaboré par Clark en 1917 repose sur les effets cycliques de l'articulation entre flux d'achats de biens de production et stock de capital. Si le prix relatif du capital par rapport au travail reste fixe, ou si la technique de production est à facteurs complémentaires, alors le stock de capital désiré (K^*) est proportionnel à la demande de produits adressée à la firme (Q) : $K^* = v.Q$, où v est le coefficient de capital. En tant que source de la variation du stock de capital, l'investissement net de la firme (flux total d'achats diminué de la dépréciation du stock existant) dépend alors non du niveau de la demande mais de la modification de celle-ci, soit en termes continus : $I_{net} = v.dQ / dt$.

De même si l'on suppose que le stock désiré de biens durables est proportionnel au revenu disponible du ménage ($S^* = k.Y$), alors les achats sont fonction des variations de ce revenu : $d_{net} = k.dY / dt$. Dans ce cas, si *k* est supérieur à un[9], c'est-à-dire si le bien durable est un bien de luxe au sens économique du terme, **alors la volatilité de la demande de biens durables est amplifiée par rapport au cycle du revenu disponible** :

Figure 6.1 : Principe de l'accélérateur et achats de biens durables

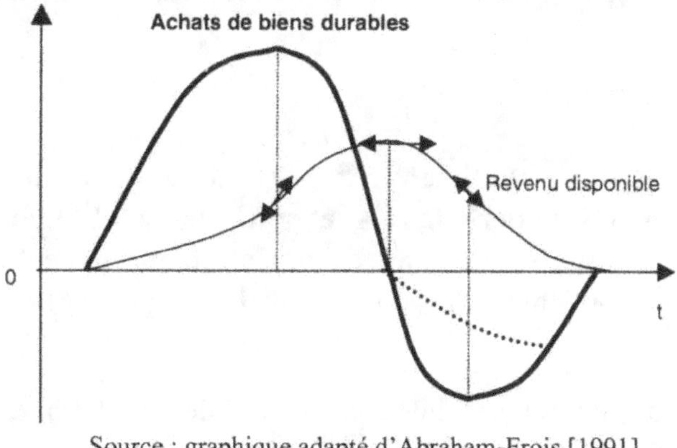

Source : graphique adapté d'Abraham-Frois [1991]

[9] *k* peut également dépendre du coût d'usage (Jorgenson [1963] pour l'investissement des entreprises ; Muellbauer [1981] pour les achats de biens durables par les ménages).

Cependant le phénomène de l'accélérateur n'est pas forcément symétrique à la hausse et à la baisse. En période de conjoncture difficile, le désinvestissement effectivement réalisé par l'entreprise sera vraisemblablement inférieur au désinvestissement théorique engendré par le modèle, ce qui peut d'ailleurs conduire à un redémarrage plus tardif de l'investissement lors de la phase d'expansion suivante. Par analogie, plutôt que de revendre certains biens durables devenus « indésirables » - revente d'autant plus difficile que l'on se situe en période de récession - le ménage préférera les conserver et laisser son stock se dévaloriser progressivement du fait de l'usure et de l'obsolescence (courbe en pointillé sur le graphique 6.1). De plus il est possible que lors du retour d'une plus forte croissance du pouvoir d'achat, le ménage ne procède pas immédiatement à des achats puisqu'il dispose alors d'un stock « involontairement » trop élevé.

De même, on peut également penser que l'ajustement à la hausse ne sera pas aussi instantané que ne le prédit le modèle. Du fait de l'existence de coûts de transaction convexes irréversibles (voir plus loin) ou d'incertitude concernant le caractère permanent de l'augmentation de son revenu, le consommateur peut choisir par prudence de n'ajuster que lentement son stock réel de biens durables au stock désiré :

(9) $d_{net,t} = S_t - S_{t-1} = \lambda\left(S_t^* - S_{t-1}\right)$

L'ajustement optimal entre stock effectif de biens durables en début de période (S_{t-1}) **et stock désiré** (S_t^*) **en fin de période (ou d'équilibre de long terme) n'est que partiel sur la période, et le paramètre λ représente la vitesse d'ajustement** $(0 \leq \lambda \leq 1)$.

Si l'on réintroduit maintenant le motif de remplacement dans (9), la demande totale de biens durables est alors :

(10) $d_t = S_t - (1-\delta)S_{t-1} = \lambda(S_t^* - S_{t-1}) + \delta S_{t-1}$ qui peut se réécrire :

$$(11) \quad \boxed{d_t = \lambda S_t^* - (1-\delta)\lambda S_{t-1}^* + (1-\lambda)d_{t-1}}$$

Cette présentation[10] met en valeur l'aspect progressif de l'ajustement. La demande courante dépend de la croissance du stock désiré mais aussi du « retard » pris à la période précédente ($(1-\lambda)d_{t-1}$).

Il est alors possible d'éliminer les variables de stock de (11) en utilisant le lien temporel dégagé dans un cadre d'anticipations rationnelles à la section 1 (B2) :

$$S_t^* = a_0 + a_1 S_{t-1}^* + \varepsilon_t$$

et en substituant dans (11), on a :

$$d_t = \lambda a_0 + a_1[S_{t-1} + (\lambda - 1)S_{t-2}] + \lambda\varepsilon_t + (\delta - \lambda)S_{t-1},$$

et après transformation : (12)

$$d_t = [\delta - \lambda(1-\lambda)]a_0 + (1 + a_1 - \lambda)d_{t-1} - a_1(1-\lambda)d_{t-2} + \lambda\varepsilon_t + (\delta - 2\lambda - \lambda^2)\varepsilon_{t-1}$$

L'achat de biens durables suit théoriquement un processus régressif d'ordre 2 et de moyenne mobile d'ordre 1 (ARMA (2,1)[11]). Là encore le poids du passé est important dans l'explication de la volatilité de la demande. L'effet de persistance de la demande des périodes antérieures (la régressivité d'ordre 2) induit automatiquement un cycle de consommation.

---

[10] Le modèle macroéconométrique français METRIC utilise ainsi une construction assez similaire :

• Le stock détenu s'ajuste partiellement au stock désiré : (a) $\frac{S_t}{S_{t-1}} = \left[\frac{S_t^*}{S_{t-1}}\right]^\alpha$

• et le stock désiré dépend de la richesse des ménages appréhendée par la consommation économique (CE) : (b) $S_t^* = aCE^b$.

La consommation économique comprend les achats de biens non durables et de services et l'amortissement périodique du stock de biens durables, comme approximation des services rendus par ces derniers sur la période (Nasse, [1977]).

Les autres modélisations (DMS, Banque de France, OFCE, MIMOSA par exemple) utilisent une fonction de consommation globale indistincte (pour une présentation comparative des équations d'arbitrage consommation/épargne de ces modèles, on pourra se reporter à Allard [1992]).

[11] Si $\delta = \lambda$ on retombe sur un AR(1)

2) Des bases peu réalistes

Reste alors à justifier la rationalité d'un tel comportement « inertiel ». Comme le remarquent de nombreux auteurs, le choix d'un modèle d'ajustement partiel est souvent ad hoc, c'est-à-dire utilisé pour décrire la dynamique agrégée des achats sans interrogations précises sur les fondements microéconomiques sous-jacents nécessaires. **Or il repose implicitement sur l'hypothèse de coûts d'ajustement quadratiques** (s'inspirant en cela de la théorie Q de l'investissement de Tobin). Ainsi Eisner et Strotz [1963] montrent les premiers que le comportement d'ajustement progressif est optimal lorsque la firme fait face à des coûts d'ajustement croissants avec le montant de l'investissement envisagé.

De même, Bernanke [1985] reprend le même raisonnement en l'appliquant aux biens durables de consommation. Selon lui, les achats et les reventes de biens durables engendrent des coûts convexes pour le consommateur car **toute modification du parc** (accroissement, renouvellement ou diminution) **s'accompagne d'une perte de temps de loisir** pour l'individu, du fait de la durée de choix et d'apprentissage du nouveau bien s'il achète, ou du temps de recherche de l'acheteur s'il est vendeur. Et si le consommateur accorde une utilité marginale décroissante au loisir, alors le coût d'opportunité (z) de l'ajustement est plus que proportionnel au montant de l'ajustement effectué, soit : $z=z(d_t)$ ($z''>0$; signe (z') = signe (d_t)).

Or cette hypothèse de coûts convexes ne paraît guère réaliste en ce qui concerne la décision d'achat d'un bien durable de consommation. Prenons à cet effet l'exemple simple d'un consommateur qui a acheté récemment une voiture neuve lorsqu'il reçoit une augmentation de salaire imprévue (qu'il interprète comme le signal d'une hausse de son revenu permanent).

Dans le cas de coûts quadratiques, il procédera à un ajustement immédiat, c'est-à-dire qu'il revendra sa voiture neuve immédiatement pour acheter un modèle de qualité légèrement supérieure. Et si la hausse de revenu est substantielle, il usera de la procédure plusieurs fois, l'écart entre stock désiré (S_t^*) et stock effectif (S_{t-1}) étant comblé progressivement par des ajustements partiels répétés puisque la perte de loisir est à coût croissant. En conséquence, **le consommateur est « actif » sur toutes les périodes** postérieures à l'augmentation de revenu, et le modèle d'ajustement partiel détermine le montant optimal d'achat pour chaque période (« **combien dépenser ?** » est la question fondamentale pour le consommateur).

Par contre, comme nous allons le montrer, la présence de coûts fixes de transaction impliquera une procédure d'ajustement totalement inversée. Si l'écart $S_t^* - S_{t-1}$ est faible, il n'y aura aucun achat jusqu'à ce que l'accroissement de cet écart, engendré par l'usure du véhicule, justifie d'engager les coûts fixes. En revanche, si $S_t^* - S_{t-1}$ est élevé, l'achat d'un modèle supérieur est immédiat et l'ajustement se fait d'un « bloc », en une seule fois. Cette seconde perspective, où **l'activité du consommateur est sporadique**, paraît bien plus conforme à la réalité, et la date d'achat devient alors la variable primordiale de la demande de biens durables (la question est alors « **quand acheter ?** »)[12].

B / Coûts non convexes et modèle du couloir

1) Coûts de transaction non convexes et analogie avec la gestion des stocks

Afin de préciser cette différence de logique de la dynamique des achats, il nous paraît éclairant de procéder à une analogie avec la stratégie de gestion de stock d'une entreprise, telle que la présente par exemple Blinder [1981].

Lorsque la demande adressée à l'entreprise est variable au cours du temps (qu'elle soit de nature aléatoire ou au contraire connue avec certitude), et **que la production se fait à un coût marginal croissant**, la firme a alors intérêt à régulariser son activité, à lisser le

12 De plus, dans le cadre du modèle d'ajustement partiel, demande individuelle et demande agrégée se modélisent de la même façon. En revanche, en présence de coûts non convexes, la dynamique de la demande agrégée n'est plus la copie conforme de celles des actions individuelles (voir plus bas).

volume de sa production dans le temps. Les stocks (en volume) de produits finis (N) permettent alors de combler les décalages entre output et ventes, et suivent le modèle d'ajustement partiel exposé :

(13) $N_{t+1} = N_t + \lambda(N_t^* - N_t)$ où N_t^* est une fonction linéaire des ventes.

Cependant pour une entreprise commerciale, l'équivalent de la production ce sont les livraisons. Or on voit mal pourquoi un détaillant rechercherait à lisser ses commandes aux fournisseurs, car au lieu de coûts marginaux d'achat croissants, il fait plutôt face à des **coûts d'approvisionnement « grumeleux »** (coûts de préparation de la commande, de transport, de tenue de la comptabilité, de manutention...), coûts que l'on peut exprimer algébriquement sous la forme d'une fonction discontinue :

$$(14) \begin{cases} C_c = 0 & si\ I_c = 0 \\ C_c = \alpha + \beta I_c & si\ I_c > 0 \end{cases} \quad \alpha > 0 \quad \beta \geq 0$$

où C_c représente le coût de la commande, I_c le montant de cette commande, et β est supposé constant, i.e. indépendant de I_c (s'il existe un rabais en fonction des quantités commandées alors β est décroissant avec I_c).

En contraste de la situation précédente de coûts d'approvisionnement strictement proportionnels ou croissants, **la firme va alors passer moins d'ordres mais chacun d'un montant plus élevé (c'est-à-dire grouper ses achats), et disposer d'un stock moyen plus élevé.**

En conséquence, l'entreprise adoptera non pas un objectif de niveau désiré de stock, mais un « couloir » optimal avec niveaux maximal et minimal :

a) si la demande de produits est certaine et répartie uniformément dans le temps, alors l'intervalle (τ) entre deux commandes au grossiste est constant :

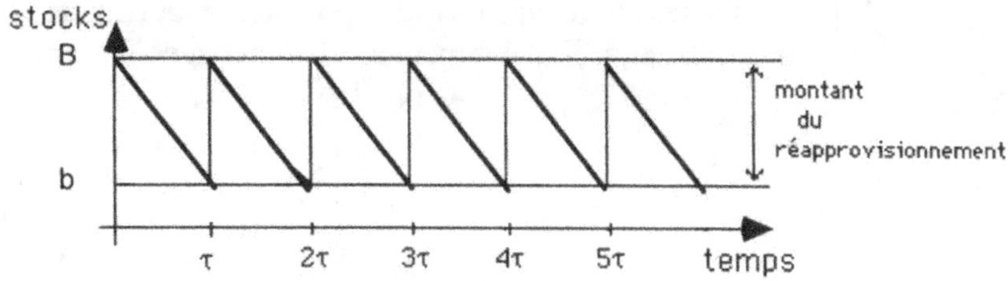

b) si par contre la demande n'est pas uniformément répartie, alors le réapprovisionnement ne se fait plus à intervalle fixe :

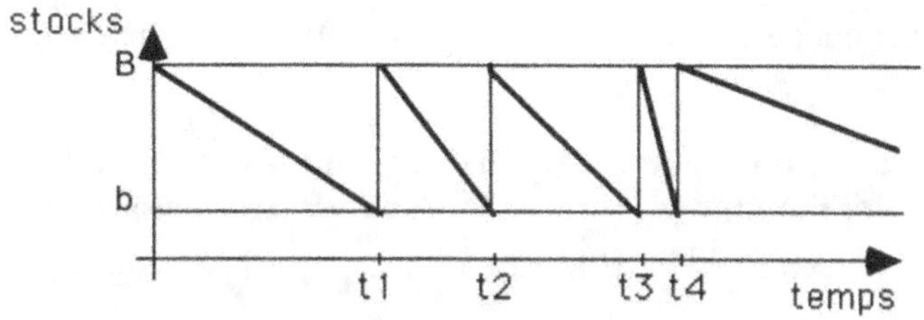

Blinder [1981] montre ainsi que dans le cas de ventes uniformément réparties dans le temps (premier graphique), l'écart optimal entre les deux butoirs - les seuils « cible » (B) et de « déclenchement » (b) - dépend de la racine carrée des paramètres suivants :

$$(15)\quad B-b=\sqrt{\frac{2X}{r+d}\cdot\frac{\alpha}{\beta}}$$

où, outre α et β précédemment définis,

- r est le taux d'intérêt réel (taux nominal déflaté de la hausse anticipée du prix du produit considéré)[13] ;

- d est le coût de stockage unitaire par période ;

- X est le montant des ventes sur une période (donnée exogène, i.e. le pouvoir de marché de l'entreprise est nul).

---

13 Outre le motif de précaution, la détention de stock peut également résulter d'une activité spéculative, visant à tirer parti d'une anticipation à la hausse du prix du bien.

Si l'on transpose ces divers éléments évoqués par Blinder à propos des stocks d'entreprise, à l'équipement des ménages en biens durables, les similitudes seraient les suivantes[14] :

$$(16) \quad B - b = f\left(\underset{-}{r}, \ \underset{+}{\frac{\alpha}{\beta}}, \ \underset{+}{\delta} \right)$$

1) **Le taux d'intérêt joue son rôle traditionnel de coût d'opportunité**, de coût de l'immobilisation de fonds, dans des stocks pour une entreprise ou comme élément du coût d'usage pour les biens durables. Lorsqu'il augmente, la diminution de B est plus forte que celle de b (conséquence de la décroissance de l'utilité marginale du bien).

2) **Plus le rapport entre coût fixe et coût variable (α/β) est élevé, plus le ménage a intérêt à espacer ses achats** par extension de la « largeur » du corridor.

3) **La détérioration technique est à la source de la diminution périodique du patrimoine en biens durables, de la même façon que les ventes constituent la raison des fluctuations du niveau du stock du détaillant**. Si le taux de détérioration δ est nul, alors le modèle à double butoir n'a pas de raison d'être, puisque le bien est « éternel ». Si ce taux est égal à un, alors b est nul et l'écart est maximal (cas des biens fongibles)[15]. Si ce taux est stochastique,

---

[14] le coût de stockage (d) peut être négligé car il se confond avec la dépréciation pour les biens durables (sauf peut-être à l'assimiler aux coûts annexes de détention, comme l'assurance ou un emplacement de parking pour l'automobile).

[15] En fait tout dépend du découpage périodique choisi. Ainsi la durée médiane de stockage du pain est inférieure à une semaine, celle des pommes de terre est supérieure à 3 mois et celle des vins de qualité supérieure de plus d'un an, produits pour lesquels l'approvisionnement direct auprès du producteur (donc éloigné) est plus important. De même, la relation entre coûts d'approvisionnement et stock est clairement apparente en ce qui concerne les réserves alimentaires des français : 10 % des ménages ont un stock supérieur à 84 kg par personne et pour le décile situé à l'autre extrémité il est inférieur à 5 kg. Le stockage est plutôt un comportement de ruraux (espace disponible important, commerces éloignés), de retraités (difficulté de déplacement), de revenu élevé (coût d'opportunité), de femmes célibataires (contrainte de temps), et de couples sans enfants (Combris et Nichele [1994]).

alors le profil de détention de biens durables serait semblable au second graphique de la page précédente, où la demande adressée à l'entreprise est variable.

Au final si l'on suppose que le taux d'intérêt réel, le taux de dépréciation et les coûts de transaction restent identiques au cours du temps, alors l'écart entre les deux butoirs est constant ($b = h.B$ où h est une constante comprise entre 0 et 1). Si l'on ajoute que le stock désiré S_t^* est proportionnel au revenu permanent (croissant au taux g), alors le stock effectif en valeur suit un **chemin à cliquet** :

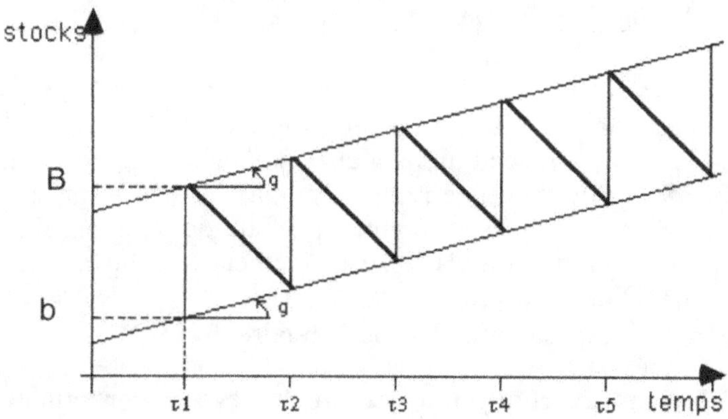

Source : graphique extrait de Bar-Ilan, Blinder [1988]

A un sentier optimal de services attendus des biens durables, le consommateur préfère un « corridor » de services où B_t est la frontière-cible et b_t le seuil de détente du stock. En conséquence, le consommateur ne procède plus qu'à des achats sporadiques et non à des ajustements continuels à la marge, comme l'impliquait l'hypothèse de coûts convexes.

Il existe cependant une différence fondamentale entre le stock d'un commerçant et celui en biens durables d'un ménage. Le commerçant peut ajuster son stock à la hausse ou à la baisse, unité par unité. Par contre, comme le nombre de biens durables possédés d'un certain type est extrêmement restreint (1 ou 2), **le ménage doit revendre le bien détenu pour en acheter un autre lorsqu'il désire**

ajuster son stock (sauf passage au multiéquipement). Les coûts de transaction sont alors aussi à la revente, alourdissant le coût de chaque ajustement. Mais cette propriété déjà évoquée de non-combinabilité va dans le sens d'un renforcement de la pertinence du modèle. Chaque ajustement (à la hausse ou à la baisse) impliquant une double transaction (revente puis achat) entraîne une diminution de la richesse totale sur le cycle de vie, et justifie ainsi pour le détenteur de biens durables « l'optimalité habituelle de ne rien faire » (titre de l'article de Bar-Ilan et Blinder de 1992).

2) « L'optimalité habituelle de ne rien faire »

En effet, si l'on raisonne **en temps continu**, à chaque instant τ le comportement du consommateur est le suivant[16] :

- si $S_\tau < b_\tau$, il revend un bien ancien et achète un nouveau bien durable afin de retrouver le sentier optimal en dépensant au total : $v_\tau B_\tau - (1-\beta) v_\tau b_\tau + \alpha$. Il est optimal pour lui de rejoindre d'un seul coup le seuil-plafond afin d'amortir pleinement le coût fixe α et de retarder au maximum le prochain achat ;
- si $b_\tau \leq S_\tau$, il est optimal de ne rien faire.

En cas de choc imprévu sur le revenu permanent, qui induit donc un nouveau stock désiré, la stratégie du consommateur est alors la suivante :

- (1) le choc a été de faible ampleur, le stock du consommateur demeure à l'intérieur du nouveau couloir ($b_{\tau+1}, B_{\tau+1}$), il n'effectue aucune transaction ;

- (2) le stock de biens durables du consommateur se retrouve en dessous du nouveau couloir (choc du revenu à la hausse), il y a

16 Les variables de stock sont mesurées en fin de période (S_{t-1} est le niveau du stock à la fin de la période t-1). *B*, *b* et *S* sont des variables continues en termes de qualité et de capacité. De plus par simplification, les coûts de transaction n'existent qu'à la revente et dépendent en partie de la valeur vendue ($c = \alpha + \beta vd$).

transaction immédiate afin de rejoindre le nouveau stock-cible $B_{\tau+1}$, et la dépense nette du consommateur est : $v_\tau B_{\tau+1} - (1-\beta)v_\tau S_\tau + \alpha$ (le cas du passage à la multipossession est ici implicitement exclu puisqu'il ne nécessite pas forcément de revente préalable et donc ne supporte pas alors de coûts de transaction) ;

- (3) le stock effectif se situe au-dessus du couloir (choc de revenu à la baisse), deux cas de figure apparaissent alors :

(3a) si le choc est « faible »[17], il laisse l'ajustement se faire de lui-même avec le temps par la dépréciation progressive du stock excessif. Il choisit de conserver un certain montant de capitaux oisifs sous forme de biens durables, alors qu'en l'absence de coûts de transaction, il aurait converti une partie de ceux-ci en actifs financiers afin de lisser sa consommation sur le cycle de vie. En conséquence, une remontée partielle ultérieure du revenu permanent n'agira qu'avec retard sur la demande puisque le consommateur dispose d'une capacité inemployée de biens ;

(3b) si le choc est « fort », alors l'individu choisit de se débarrasser d'une partie de son stock, par revente puis rachat d'un bien de qualité inférieure, soit une opération qui lui rapporte un revenu net égal à $(1-\beta)v_\tau(S_\tau - B_{t+1}) - \alpha$.

Le modèle à double butoirs intègre ainsi le choix binaire d'activité ou de non-activité sur le marché des biens durables, et en cas d'intervention, le montant de la dépense nette individuelle (ou de revenu net dans le cas 3b).

3) Dynamique de la demande agrégée

Au niveau agrégé et en temps discret, le nombre d'achats neufs durant la période t est alors :

---

[17] les qualificatifs de faible et fort ne dépendent pas seulement du montant absolu de la variation du revenu permanent, mais aussi de la comparaison de son ampleur avec les coûts fixes de transaction et de sa variation en termes relatifs (un ménage riche peut se permettre pendant quelque temps d'avoir une voiture surdimensionnée sans trop se priver alors que pour un ménage défavorisé, cela occasionnerait trop de restrictions sur des consommations plus prioritaires).

$$(17)\ N_t = \int_{b_{t-2}}^{\frac{b_{t-1}}{1-\delta}} f_{t-1}(S_{t-1})dS_{t-1} = F_{t-1}\left(\frac{b_{t-1}}{1-\delta}\right) - F_{t-1}(b_{t-2})$$

c'est-à-dire **l'ensemble des consommateurs dont le stock est passé au dessous du seuil de déclenchement au cours de la période** t-1, soit aux deux extrémités :

- ceux qui étaient au début de t-1 déjà à la limite inférieure (b_{t-2}) ;
- ceux qui atteignent juste le seuil à la fin de la période t-1, et qui possédaient donc au début de t-1 un stock $S_{t-2} = b_{t-1}/(1-\delta)$.

Comme le total des achats de biens neufs ne peut être négatif, alors $N_t = 0$ quand $b_{t-1}/(1-\delta) < b_{t-2}$, ce qui peut se produire si le revenu permanent est réajusté très fortement à la baisse pour un grand nombre d'individus.

De plus en utilisant le théorème de la Moyenne[18], (17) peut se réécrire :

$$(18)\ N_t = f_{t-1}(\hat{S}_{t-1})\left[\frac{b_{t-1}}{1-\delta} - b_{t-2}\right]$$

Deux difficultés surgissent alors :

- les individus en fonction de leur passé se trouvent dans des positions initiales différentes au sein du corridor. **La structure par âge du stock** de biens durables est donc essentielle à la compréhension de l'évolution de la demande ;
- les consommateurs disposant de revenus permanents distincts ont des seuils différents, voire même un écart *B-b* différent s'ils ne font pas face aux mêmes coûts de transaction du fait de dissemblances de capital humain et de coûts d'opportunité. Tout changement dans **la distribution des revenus** affecte donc la dynamique agrégée de la demande.

---

[18] si une fonction f est continue sur l'intervalle *[a,b]*, alors il existe toujours une valeur c telle que : $\int_a^b f(x)dx = f(c).(b-a)$

Pour rendre le modèle accessible aux tests, il faut alors procéder à une double simplification :

- supposer que $A = f_{t-1}(\hat{S}_{t-1})$ est une constante, i.e. la pyramide par âge du parc du bien considéré est constante sur toutes les périodes ;
- admettre que la répartition du revenu évolue peu d'une période à l'autre.

En ce cas, le montant moyen (en termes réels) de l'achat du bien neuf est :

(19) $\boxed{m_t = B_t = h.b_t}$.

Le coût de l'ajustement pour le consommateur acheteur du véhicule neuf est en fait : $c_t = B_t - (1-z)b_t = (h+z-1)b_t$, mais comme la revente du bien préalablement détenu s'accompagne en contresens d'un flux de revenu provenant de l'acheteur d'occasion, tout se passe fictivement comme si les deux contractants se groupaient pour acheter le bien neuf afin d'ajuster leurs niveaux respectifs de stock.

Si les anticipations sont rationnelles, et si les coûts de transaction et le taux d'intérêt demeurent constants, alors le seuil minimal b suit la même marche aléatoire que le stock désiré, soit :

(20) $b_t = a_0 + a_1 b_{t-1} + \mu_t$

En remplaçant dans (18) et après transformation, on obtient :

(21) $$N_t = \frac{\delta a_0 A}{1-\delta} + a_1 N_{t-1} + \frac{A}{1-\delta}\left[\mu_t - (1-\delta)\mu_{t-1}\right]$$

Le nombre de biens achetés N_t suit alors théoriquement un ARMA (1,1), alors que le montant moyen de l'achat m_t suit un AR(1).

4) Test et analyse

Impliquant des quantités physiques, ce qui rend impossible toute agrégation de biens de type différent, le test ne peut donc par nature être effectué que pour un bien durable particulier : autant alors choisir le bien durable le plus important, mais aussi le mieux suivi statistiquement, l'automobile. N_t représente alors le nombre annuel d'immatriculations de véhicules neufs par tête et m_t le montant unitaire moyen d'achat en Francs 80.

Conformément à la théorie, m_t suit bien une marche aléatoire[19] :

$$m_t = 836 + 0{,}984 m_{t-1} + \eta_t$$
$$(601)(0{,}024)$$
$$R^2 = 0{,}982 \quad DW = 2{,}06 \quad S.E.E = 726$$

Valeur moyenne de m_t *sur* [1960 – 1993] : 25263

Par contre N_t ne suit pas le processus de type ARMA(1,1) prédit par le modèle :

$$N_t = 0{,}0054 + 0{,}841 N_{t-1} + \mu_t - 0{,}030\mu_{t-1}$$
$$(0{,}002)\ (0{,}066) \qquad (0{,}215)$$
$$R^2 = 0{,}857 \quad S.E.E = 0{,}0027$$

Valeur moyenne de N_t *sur* [1960 – 1993] : 0,0310

Le modèle du corridor est-il pour autant inutile ? Bien au contraire, cette démarche permet la mise en évidence du fait **que le rejet de l'hypothèse des anticipations rationnelles préalablement constaté provient de la variable nombre d'achats**, i.e. du comportement sporadique des consommateurs**, et non de la valeur (en termes réels) des achats**, i.e. le choix optimal de consommation lorsque l'individu est actif. En somme, ainsi que l'affirme Blinder et Bar-Ilan, « *le marché, c'est un petit nombre qui achète beaucoup et un grand nombre qui ne dépense rien* ». Comme le montre le graphique ci-dessous, l'instabilité du marché automobile provient beaucoup plus du nombre d'achats que de leur valeur unitaire :

---

[19] De plus l'introduction de termes autorégressifs d'ordre supérieur, de moyennes mobiles, ou de revenus courants et passés, n'est en aucun cas significatif à 10 %.

Figure 6.2 : pourcentage de ménages acheteurs d'automobiles neuves et valeur unitaire

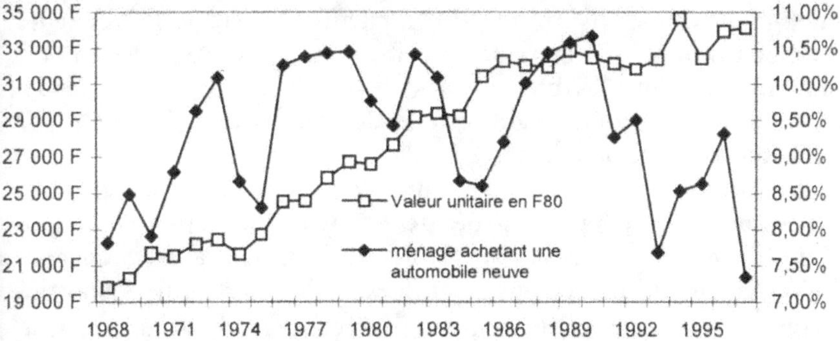

La rationalité se caractérise ici par la divergence déjà soulignée entre timing et montant de consommation :

- **la réoptimisation intertemporelle est rationnellement intermittente**. La notion de consommateur représentatif n'a alors que peu de sens puisque le choix dépend de l'histoire passée, forcément particulière, de son stock de biens durables ;
- **lorsqu'elle intervient, la réoptimisation générale** entre consommation de biens fongibles, possession de biens durables et détention d'actifs financiers **est par contre en tout point conforme à la théorie des nouveaux classiques**.

Les implications du modèle à double butoir sont donc les suivantes.

a) **La théorie du revenu permanent appliquée aux biens durables n'est plus valable que sur le long terme, car il existe une sensibilité extrême des achats sur le court terme**. Un exemple simple permet de comprendre ce phénomène. A l'état stationnaire (la structure par âge du parc est constante) si le taux de dépréciation est de 20 % par an, 20 % des ménages changent chaque année de véhicule. Supposons que suite à une hausse du revenu permanent de 1 %, le seuil de déclenchement progresse de 1 %[20]. Alors 21 % des ménages vont renouveler leur véhicule, soit une hausse du nombre d'achats de 5 % par rapport à l'année précédente.

20 élasticité-revenu de long terme unitaire.

b) Second élément, en dehors de l'état stationnaire**, l'effet du revenu sur la demande dépend crucialement de la distribution par âge du stock existant et plus particulièrement de la queue de la distribution**. L'importance relative des « vieux biens » est déterminante dans les phénomènes de surréaction de la demande, alors que la procédure traditionnelle de construction de stock leur donne au contraire un poids très faible.

c) Troisième élément, conséquence des deux premiers**, un avancement des achats va avoir des effets d'échos sur une longue période**, créant une bosse dans la distribution qui va provoquer un cycle technique de 5 ans (sur l'exemple cité) qui s'amortira éventuellement si le coefficient de dépréciation est variable[21]. Une petite variation du revenu permanent crée ainsi une dynamique des achats très perturbée sur le court mais aussi le moyen terme.

d) Enfin, dans le modèle d'ajustement partiel, la demande individuelle était inertielle et la demande agrégée pouvait connaître des discontinuités du fait du jeu entre stocks et flux. Dans ce modèle du couloir, la causalité est inversée **: le comportement de la demande agrégée est certes volatile mais beaucoup plus lissée que la demande individuelle qui est totalement discontinue**.

Cette « raideur » rationnelle des décisions concernant les biens durables s'insère parfaitement au sein du programme néokeynésien d'explication des rigidités des comportements et des prix par des fondements microéconomiques rigoureux. Ainsi en présence de « *menu cost* » (coûts d'annonce)[22], une firme monopoliste ne change ses prix que si l'environnement se modifie substantiellement, ce qui conduit à une grande amplitude du cycle d'affaire. De même ici le ménage, face à des coûts d'ajustements « visqueux », ne modifiera son stock de biens durables que très épisodiquement, ce qui contribue à expliquer la volatilité des achats constatée en introduction.

---

21 Les années où les « classes d'âge » nombreuses arrivent sur le marché de revente, le prix des biens d'occasion devrait chuter, i.e. le taux de dépréciation augmenter.

22 Ces coûts incluent « *le temps nécessaire pour informer les consommateurs, la contrariété du client causée par ces changements de prix et même l'effort requis pour réfléchir à ce changement de prix.* » (Mankiw, [1990]).

Conclusion générale

VERS UNE ANALYSE UNIFIÉE DES BIENS DURABLES ?

« *Dans le domaine de la demande de biens durables, un grand nombre d'approches réellement très différentes et apparemment contradictoires ont été avancées, et l'accord est loin d'être universel quant à ce que doivent être les problèmes centraux.* » (p.345). Afin d'illustrer ce jugement figurant en introduction du chapitre consacré aux biens durables dans *Economics and Consumer Behavior* publié en 1980, Deaton et Muellbauer dressent ensuite un inventaire de quatorze « *problèmes, non spécifiques aux seuls achats de biens durables, mais posés le plus intensément en ce cas* », parmi lesquels figurent : la complexité des interactions entre achats, stocks et services rendus ; la volatilité particulière de la demande ; la modélisation de choix sur une alternative discrète 0/1 ; l'importance des imperfections de marché ; les difficultés de mesure de la qualité du bien suite aux effets du progrès technique ; le rôle crucial des anticipations et de la confiance ; les possibilités de décisions d'avancement/retardement. Puis ils concluent ainsi le paragraphe : « *Le fait que la liste manque de cohérence est simplement le reflet de l'état de la littérature.* » (p. 346).

Prés de 20 ans plus tard et au terme de cet ouvrage, le lecteur ressentira peut-être une même perplexité quant à l'éclatement des analyses économiques récentes concernant les biens durables de consommation. Ainsi les trois grands axes de recherches exposés sont élaborés autour de perspectives d'intégration des biens durables dans la Science économique assez dissemblables dans leur portée et leur objectif premier :

- leur intégration dans les comptes américains de patrimoine vise essentiellement à compléter et **approfondir la réflexion générale de quantification du bien-être national**, programme de recherches entrepris dés la fin des années 60 suite aux diverses remises en cause de la société de consommation ;
- leur prise en compte par la « Nouvelle Théorie du consommateur », en tant que biens complexes de production de services domestiques, correspond à une volonté **« d'enrichir » l'explication de la nature rationnelle des formes de préférences**, par la mise en valeur de substitutions techniques aux stades de la

production domestique et des modes de consommation, en fonction des coûts d'opportunité comparés (taux de salaire et taux d'intérêt) ;

- leur insertion au sein de la microéconomie traditionnelle est destinée à **renforcer la cohérence globale du cadre d'analyse néoclassique de la consommation.** Et l'étude des interactions de leur demande avec les diverses sortes d'imperfections de marché (indivisibilités, coûts de transaction, rationnements) constitue aujourd'hui **un des « points de passage obligé » dans la discussion de la pertinence de l'hypothèse d'anticipations rationnelles**.

Néanmoins, à défaut d'une théorie générale qui engloberait toutes ces perspectives, au sein de la littérature foisonnante sur la question paraissent se dégager trois éléments communs aux diverses approches, éléments structurant fondamentaux d'une analyse économique de la demande de biens durables :

- **une « boite à outil » commune, la théorie intertemporelle du consommateur**, la nature même de durabilité du bien rendant incontournable la dimension temporelle de l'allocation de ressources. De plus, cette construction théorique comporte un nouvel instrument privilégié de validation empirique des conjectures, la méthode des équations d'Euler développée à partir des travaux de Hall, et ceci quel que soit le courant théorique d'appartenance de l'auteur (Nouvelle École classique ou Nouvelle École Keynésienne) ;

- **des emprunts permanents aux développements de la théorie de l'investissement** (entendu au sens large : investissement matériel, formation de stocks, investissement financier). D'une part, ces emprunts concernent les aspects microéconomiques de l'investissement : liens entre flux, procédures d'amortissement et stocks ; égalisation du prix d'offre et de la valeur présente escomptée des revenus futurs conduisant au concept de coût d'usage ; comparaison des productivités marginales pondérées par les prix, justifiant les diverses possibilités de substitutions entre facteurs de production travail et « capital-bien durable » ; arbitrage de portefeuille en termes de risque/rendement. D'autre part les transpositions concernent également les modélisations macroéconomiques de la fonction d'investissement : modèle d'ajustement partiel ou modèle du couloir ;

- une réflexion de plus en plus poussée sur les problèmes d'**articulation et de cohérence entre la microéconomie du comportement du consommateur et les phénomènes d'irrégularités macroéconomiques de la demande de biens durables**, notamment quant aux non-linéarités surgissant de l'agrégation (les seuils de possession en fonction du revenu n'étant par exemple pas forcément « gommés » par l'addition d'une infinité d'agents).

Toutefois, ce rapprochement analytique progressif des études sur la demande de biens durables de consommation semble buter sur **deux limites principales**[1], qui pourraient ainsi constituer autant de voies de recherches nouvelles.

Les données statistiques concernant les biens durables sont finalement assez pauvres pour une exploitation complète et solide des modèles évoqués. En effet, au-delà de la spécificité française d'absence de séries de patrimoine, la nature de ces biens (durée de vie longue et progrès technique accéléré) rend les comparaisons intertemporelles assez difficiles. Notamment, les méthodes traditionnelles de construction des indicateurs de prix officiels conduisent vraisemblablement à sous-estimer la baisse à qualité égale du prix relatif des biens durables (critiques adressées par les tenants des techniques dites « hédoniques »[2]). En conséquence, toute vérification empirique de la réalité de la dimension intertemporelle des choix d'achats de biens durables sera toujours entachée d'une suspicion concernant la « crédibilité » des données utilisées.

---

1 En dehors du fait que les analyses en termes d'équilibre de marché soient très rares. Le prix du bien durable n'est jamais endogène au modèle, de sorte que les très fortes variations de la demande n'auraient pas de conséquence, ni sur les coûts supportés par les entreprises (à la hausse et à la baisse), ni sur les rétroactions entre offres de biens neufs et d'occasion. Seuls Su [1975] spécifiquement, et Muellbauer [1981] de manière connexe abordent ce sujet. Pour notre part, ce « déficit théorique » est sans doute moins porteur de conséquences aujourd'hui qu'il y a une vingtaine d'année, du fait d'une dissymétrie grandissante entre mondialisation de l'offre et fluctuations conjoncturelles des demandes nationales.

2 techniques dont on trouvera de nombreux exemples d'application dans Terleckyj (ed.) [1975].

Par ailleurs, la plupart des analyses actuelles sont encore trop marquées par la dichotomie opérée entre primo-demande et demande de remplacement, séparation héritée des années 1950-1960, de démocratisation de la diffusion des biens durables « classiques » (réfrigérateur, cuisinière, lave-linge, téléviseur, automobile). Or comme nous l'avons maintes fois souligné, **le renouvellement d'un bien ne se fait presque jamais à l'identique**. A cet égard, le rôle dynamique de l'offre, via le comportement oligopolistique des grandes firmes de ce secteur, est ainsi trop souvent passé sous silence. De même, cette dichotomie induit un manque d'approfondissement des interactions complexes entre marché primaire et marché secondaire, liées notamment aux phénomènes de déclassement social des modèles. La distinction alternative, évoquée dans le dernier chapitre, entre date d'achat et montant d'achat paraît alors mieux à même d'expliquer un comportement du consommateur constitué d'interventions volontairement sporadiques.

Mais finalement ce comportement intermittent, cette alternance de périodes « d'immobilisme » et de phases de « suractivité » n'est-il pas profondément rationnel, puisque par nature l'achat de biens durables est toujours un « pari sur l'avenir » ?

BIBLIOGRAPHIE

ABRAHAM-FROIS Gilbert [1991] : *Eléments de dynamique économique*, Dalloz, Paris, 7e édition, 541 p.

ADDA Jérome, COOPER Russel [1996] : Baladurette et Juppette : A discrete Approach, *Colloque du CEPREMAP de janvier 1996*, 31 p.

AGARWAL Manoj K., RATCHFORD Brian T. [1980] : Estimating Demand Functions for Product Characteristics : The Case of Automobiles, *The Journal of Consumer Research*, Décembre, Vol. 7 n°3, p. 249 à 262

AGLIETTA Michel, BRENDER Anton [1984] : *Les métamorphoses de la société salariale : la France en projet*, Calmann-Levy, Paris, 274 p.

AKERLOF George A. [1970] : The market for "lemons" : quality uncertainty and the market mechanism, *The Quaterly Journal of Economics*, vol. 84 (3), p. 488 à 500

ALLARD Patrick [1992] : La modélisation de la consommation des ménages en France, *Revue d'Economie Politique*, septembre/octobre, Vol. 102 (5), p. 727 à 765

ANDERSON G. J. [1991] : Expenditure Allocation across Nondurables, Services, Durables and Savings : An Empirical Study of Separability in the Long Run, *Journal of Applied Econometrics*, Avril-juin, Vol. 6 n°2, p. 153 à 168

ANTONIDES Gerrit [1990] : *The lifetime of a durable good : an economic psychological approach*, Kluwer Academic Publishers, Dordrecht, 252 p.

ARCHAMBAULT Edith [1985] : Travail domestique et emploi tertiaire, substitution ou complémentarité ?, in *L'emploi du tertiaire*, M. VERNIERES ed., Economica, p. 189 à 205

ARCHAMBAULT Edith, ARKHIPOFF Oleg (éds.) [1988] : *Nouveaux aspects de la Comptabilité nationale*, Economica, Paris, 430 p.

ARCHAMBAULT Edith, BOEDA Michel (éds.) [1997] : *Comptabilité nationale : développements récents*, Economica, Paris, 407 p.

ARRONDEL Luc, MASSON André [1990] : Hypothèse du cycle de vie, diversification et composition du patrimoine : France 1986, *Annales d'économie et de statistique*, n° 17, p. 1 à 45

ARTUS Patrick [1990] : L'impact d'une hausse des taux d'intérêt en France : les enseignements d'une simulation, *CDC-Documents de travail*, novembre, repris dans *Problèmes économiques*, 26 Juin 1991, n°2231, p. 16 à 20

ATTALI Jacques, GUILLAUME Marc [1974] : *L'anti-économique*, PUF, Paris

BALTENSPERGER Ernst [1978] : Credit rationing : issues and questions, *Journal of Money, Credit and Banking*, Vol 10 (2), mai, p. 170 à 183

BAR-ILAN Avner, BLINDER Alan S. [1988] : The Life Cycle Permanent-Income Model and Consumer Durables, *Annales d'économie et de statistique*, Janvier/mars, n°9, p. 71 à 92

BAR-ILAN Avner, BLINDER Alan S. [1992] : Consumer Durables : Evidence on the Optimality of Usually Doing Nothing, *Journal of Money, Credit and Banking*, Mai, Vol. 24 n°2, p. 258 à 272

BAUDRILLARD Jean [1972] : *Pour une critique de l'économie politique du Signe*, Gallimard, Paris

BAUMOL W. [1967] : Macroeconomics of Unbalanced Growth, *American Economic Review*, 1967 n°2, p. 415 à 426

BAYET A., CHAMBAZ C., GUEGANO Y. et HOURRIEZ J.M. [1991] : Les choix de consommation des ménages : une question de revenu avant tout, *Economie et Statistique*, Novembre, n° 248, p. 21 à 31

BECKER Gary S. [1965] : A Theory of the Allocation of Time, *The Economic Journal*, Septembre, Vol LXXV n°299, p. 493 à 517

BEGG David [1982] : *The rational expectations revolution in Macroeconomics*, Johns Hopkins, Baltimore

BELTRAN Alain, GRISET Pascal [1990] : *Histoire des techniques au XIXe et XXe siècles*, Armand Colin, Paris

BELTRAN Alain, CARRE Patrice [1991] : *La fée et la servante : la société française face à l'électricité au XIX*[e] *et XX*[e], Belin, Paris

BEMMAOR Albert [1984] : Durée de vie des biens durables : Modèles et tests, *Consommation*, 1984 n°3, p. 51 à 73

BENABOU Roland [1985] : Le modèle d'optimisation dynamique de la consommation et de l'offre de travail : un test sur données francaises, *Annales de l'INSEE*, Janvier-Mars, n°57, p.75 à 96

BERIDOT Christian [1979] : Durée de vie des biens, rationalité économique et mode de développement, *Consommation*, 1979 n°2, p. 33 à 51

BERK Richard A. [1987] : article "Household Production" in *The New Palgrave*, MacMillan, Londres

BERNANKE Ben S. [1984] : Permanent Income, Liquidity and Expenditure on Automobiles : Evidence from Panel Data, *The Quaterly Journal of Economics*, vol. 99 (3), p. 587 à 614

BERNANKE Ben S. [1985] : Adjustment Costs, Durables, and Aggregate Consumption, *Journal of Monetary Economics*, Janvier, Vol. 15 n°1, p. 41 à 68

BERNARD-BECHARIES Jean-François [1977] : La consommation comme production, *Consommation*, Juillet/Septembre, 1977 Vol. 3, p. 61 à 89

BIEHN Gary P. [1984] : Study on the Demand for New Automobiles : 1947-1979, *The American Economist*, Printemps, Vol. 28 n°1, p. 74 à 79

BLANC Georges, DUSSAUGE Pierre, QUELIN Bertrand [1991] : Stratégies concurrentielles et différentiation, *Annales des Mines - Gérer et comprendre*, septembre, repris dans *Problèmes économiques*, 26 février 1992, n°2264, p. 1 à 7

BLANCHARD Olivier [1993] : Consumption and the Recession of 1990-1991, *American Economic Review*, mai, vol. 83 n°2, p. 270 à 274

BLINDER Alan S. [1981] : Retail inventory behavior and business fluctuations, *Brookings Papers on Economic Activity*, 1981 n°2, p. 443 à 505

BLINDER Alan S. [1990] : *Inventory Theory and Consumer Behavior*, Harvester Wheatsheaf, Londres, 279 p.

BLINDER Alan S., DEATON Angus [1985] : The Time Series Consumption Function Revisited, *Brookings Papers on Economic Activity*, 1985 n°2, p. 465 à 521

BOND Eric W. [1982] : A Direct Test of the "Lemons" Model : the Market for Used Pickup Trucks, *The American Economic Review*, septembre, Vol. 72 n°4, p. 836 à 840

BOULDING Kenneth [1950] : *A Reconstruction of Economics*, John Wiley, New York

BOURDIEU Pierre [1979] : *La Distinction*, Ed. de Minuit, Paris

BROWN D.A., BUCK S.F., PYATT F.G. [1965] : Improving the sales forecast for consumer durables, *Journal of Marketing Research*, 1965 Vol. 2, p.229 à 234

BROWNING Martin [1992] : Children and Household Economic Behavior, *Journal of Economic Literature*, septembre, Vol. XXX, p. 1434 à 1475

BROWNING Martin, MEGHIR Costas [1991] : The effects of Male and Female Labor Supply on Commodity Demands, *Econometrica*, juillet, Vol. 59 (4), p. 925 à 951

BRYANT W. Keith [1988] : Durables and Wives' Employment Yet Again, *Journal of Consumer Research*, juin, Vol. 15 n°1, p. 37 à 47

BRYANT W. Keith [1991] : *The Economic Organization of the Household*, Cambridge University Press, Grande Bretagne, 286 p.

BURCH Susan W. et GORDON Stephen E. [1984] : The Michigan Surveys and the Demand for Consumers Durables, *Business Economics*, octobre, Vol. 19 n°5, p. 40 à 44

CABALLERO Ricardo [1993] : Durable Goods : An Explanation for Their Slow Adjustement, *Journal of Political Economy*, avril, Vol. 101 (2), p. 351 à 384

CADIOU Loïc [1995] : Le mystère de la consommation perdue, *Revue de l'OFCE*, avril, n°53, p. 147 à 164

CAIRE Gilles [1996] : Baisse des taux et relance de la consommation : implications de la prise en compte des biens durables, *Revue française d'économie*, vol. XI (2), p. 87 à 109

CAIRE Gilles [1997] : *Analyse économique de la demande de biens durables de consommation*, Thèse de doctorat de sciences économiques, Paris X Nanterre, 353 p.

CAIRE Guy [1989] : Analyse microéconomique du travail féminin : apports et apories, *Revue d'économie politique*, mai-juin, n° 99 (3), p. 446 à 465

CANNER Glenn B., LUCKETT Charles A. [1991] : Payment of Household Debts, *Federal Reserve Bulletin*, avril, Vol. 77 n°4, p. 218 à 229

CERC [1993] : Constat de l'évolution récente des revenus en France (1989/1992), *Documents du CERC*, n°107

CHADEAU Ann [1992] : Que vaut la production non marchande des ménages ?, *Revue économique de l'OCDE*, printemps, n°18, repris dans *Problèmes économiques*, décembre 1992, n° 2306, p. 25 à 32

CHADEAU Ann, ROY Caroline [1986] : Relating Households' Final Consumption to Household Activities : Substitutibility or Complementarity Between Market and Non-Market Production, *Review of Income and Wealth*, décembre, Vol. 32 n°4, p. 387 à 407

CHAH Eun, RAMEY Valérie, STARR Ross [1995] : Liquidity Constraints and Intertemporal Consumer Optimization : Theory and Evidence from Durable Goods, *Journal of Money, Credit, and Banking*, février, Vol.27 (1), p. 272 à 287

CHARPIN Françoise [1987] : *Les fonctions de consommation du modèle MIMOSA*, Document de travail 87-01, mai, Editions CEPII - OFCE

CHOQUET Olivier [1983] : L'automobile, un bien banalisé, *Economie et Statistique*, avril, n° 154, p. 47 à 54

CHRISTINE Marc [1988] : Les principaux biens d'équipements du logement au milieu de 1987, *Premiers résultats*, décembre, n° 163, 4 p.

CHRISTINE Marc [1988] : Tour d'horizon sur l'automobile, *Premiers résultats*, octobre, n° 145, 4 p.

CHRISTINE Marc, SAMY Christian [1988] : *La diffusion du magnétoscope de 1982 à 1988*, Document Rectangle INSEE, MO-27/453, septembre, 65 p.

CLEMENT Liliane, DESTANDAU Sophie, ENEAU Denise [1997] : Le budget des ménages en 1995, *INSEE Résultats*, Série consommation et modes de vie, n°90

COASE Ronald H. [1937] : The Nature of the firm, *Economica*, novembre 1937, p.386 à 405 ; traduit dans *la Revue française d'économie*, hiver 1987

COMBRIS P., NICHELE V. [1994] : Les stocks alimentaires des Français, *INSEE Première*, n° 297, février, 4p.

CONRAD K. , SCHRÖDER M. [1991] : Demand for Durable and Nondurable Goods, Environmental Policy and Consumer Welfare, *Journal of Applied Econometrics*, juillet-septembre, Vol. 6 n°3, p. 271 à 286

CORBIN Alain [1995] : *L'avènement des loisirs*, Aubier, Paris, 471 p.

COTTA Alain [1967] : *Théorie générale du capital, de la croissance et des fluctuations*, Dunod, Paris, 430 p.

COX Donald et JAPPELLI Tullio [1990] : Credit Rationing and Private Transfers : Evidence from Survey Data, *Review of Economics and Statistics*, août, Vol. 72 n°3, p. 445 à 454

CRAMER J.S. [1957] : A dynamic approach to the theory of consumer demand, *Review of Economic Studies*, Vol. 24, p. 73 à 86

DARMON Dominique, L'HARDY Philippe [1986] : Consommation : santé et loisirs au premier plan, *Economie et Statistique*, juillet-Aout, n° 190, p. 55 à 68

DARMON Dominique, HOURRIEZ Jean-Marc, L'HARDY Philippe [1991] : Consommation : l'effet du vieillissement, *Economie et Statistique*, mai, n° 243, p. 89 à 104

D'ARVISENET Philippe [1982] : Homo oeconomicus et cellule domestique, *Recherches économiques et sociales*, 2e trimestre, n°2, p. 79 à 93

DEATON Angus, MUELLBAUER John [1980], *Economics and consumer behavior*, Cambridge University Press, New York, 450 p.

DEATON Angus (ed.) [1981], *Essays in The theory and measurement of consumer behavior*, Cambridge University Press, New York, 344 p.

DEBENEST Jean [1977] : Le temps de consommation, variable macroéconomique ?, *Revue économique*, juillet, n°4, p. 534 à 559

DE JONG G.C. [1990] : An Indirect Utility Model of Car Ownership and Private Car Use, *European Economic Review*, juillet, Vol.34 n°5, p. 971 à 985

DESABIE Jacques [1987] : Les enquêtes sur les conditions de vie des ménages, in *Pour une histoire de la statistique*, tome 2, Joelle AFFICHARD édit., Economica, Paris

DIEWERT W. E. [1974] : Intertemporal Consumer Theory and the Demand for Durables, mai, *Econometrica*, Vol. 42 (3), p. 497 à 516

D'IRIBARNE Philippe [1970] : Les motivations sociales de la consommation et le comportement des consommateurs, *Revue économique*, janvier, p. 34 à 53

DUESENBERRY James [1952] : *Income Saving and the Theory of Consumer Behavior*, Harvard University Press, Cambridge Mass.

DUMONTIER Françoise [1994] : La moitié des ménages ont recours au crédit, *INSEE Première*, novembre, n°346, 4 p.

DUPUY Jean-Pierre, GERIN François [1975] : Société industrielle et durabilité des biens de consommation, *Revue économique*, 1975 n°3, p. 410 à 446

EASTWOOD David B., ANDERSON Robert [1976] : Consumer Credit and Consumer Demand for Automobiles, *Journal of Finance*, Vol. 31 n°1, mars, p. 113 à 123

EISNER R., STROTZ H. [1963] : Determinants of business investment, in *Commission on Money and Credit : Impacts of Monetary Policy*, Englewood Cliffs, N.J. Prentice-Hall, p. 60 à 138

ELECTROPOLIS (Musée de l'énergie électrique) **[1997]** : *Document de travail de l'exposition temporaire sur le thème de l'évolution du confort électrique*, 12 p.

EMONS Winand, Von HAGEN Jürgen [1991] : Asset prices and public information : An empirical investigation in the market for automobiles, *European Economic Review*, décembre, Vol. 35 n°8, p. 1529 à 1542

ENEAU D., MOUTARDIER M. [1992] : L'automobile : 1800 Francs par mois, *INSEE Première*, n° 216, juillet, 4 p.

FABRA Paul [1988] : Les nouveaux Mexicains, *Le Monde* du 22/11/1988

FARLEY John U., KATZ Jerrold, LEHMANN Donald R. [1978] : Impact of Different Comparison Sets on Evaluation of a New Subcompact Car Brand, *The Journal of Consumer Research*, septembre, Vol. 5 n°2, p. 138 à 142

FAUGERE Jean-Pierre [1980] : L'allocation du temps entre travail domestique et travail marchand, *Revue économique*, 1980 n°2, p. 313 à 346

FERBER Marianne A., GREENE Carole A. [1983] : Housework vs. Marketwork : Some Evidence How the Decision is Made, *Review of Income and Wealth*, Vol. 29 n°2, p. 147 à 159

FERBER Robert [1976] : *Théorie de la consommation*, Economica, Paris, 65 p.; trad. de : Consumer Economics, a Survey, Journal of Economic Literature,1973, vol. XI n°4

FISHER Irving [1930] : *The Theory of Interest*, Kelley and Millman, New York

FLAMANT Maurice [1989] : *Dynamique économique de l'Histoire*, Domat Montchrestien, Paris

FOUQUET Annie [1973] : Modèles de projection de la demande des ménages, *Collection M de l'INSEE*, n° 22, p. 5 à 45

FOUQUET Annie [1975] : La durée d'utilisation des biens durables ménagers évolue peu depuis vingt ans, *Economie et Statistique*, novembre, n° 72, p. 61 à 64

FOUQUET Annie, CHARPIN J.M., GUILLAUME H. et alii [1978] : DMS modèle dynamique multi-sectoriel, *Collection C de l'INSEE*, n°64/65

FOURASTIÉ Jean [1979] : *Les trente Glorieuses ou la révolution invisible de 1946 à 1975*, Fayard, Paris, 299 p.

FOURNIER Gisèle, GLAUDE Michel, REYNAUD Emmanuel [1984] : Familles ouvrières et chômage : des budgets difficilement compressibles, *Economie et Statistique*, octobre, n° 170, p. 37 à 52

FRIEDMAN Milton [1957] : *A Theory of the Consumption Function,* Princeton University Press, Princeton

GADREY Jean [1992] : *L'économie des services*, Repères n°113, La Découverte, Paris, 126 p.

GALBRAITH John J. [1973] : *La science économique et l'intérêt général*, Gallimard, Paris, 398 p.

GALI Jordi [1993] : Variability of Durable and Nondurable Consumption : Evidence for six O.E.C.D Countries, *The Review of Economics and Statistics*, août, p. 418 à 428

GAMBARO Marco [1992] : Approches théoriques du livre, *Cahiers de l'économie du Livre*, n°8, décembre 1992, reproduit in *Problèmes économiques*, n°2325, 12 mai 1993, p. 27 à 32

GARDES François [1983] : L'évolution de la consommation marchande en Europe et aux U.S.A. depuis 1960, *Consommation*, 1983 n°2, p. 3 à 32

GAUTIER Bernard [1995] : Le marché automobile : un cycle spécifique, *Economie et Statistique*, n° 282, p. 65 à 90

GELPI Rosa-maria, JULIEN-LABRUYERE François [1994] : *Histoire du crédit à la consommation*, La découverte, 247 p.

GERSHUNY J. [1978] : *After Industrial Society ? The Emerging Self-Service Economy*, Mac Millan, Londres

GLAUDE Michel [1977] : Bientôt vingt millions d'automobiles, *Economie et Statistique*, décembre, n° 95, p. 55 à 67

GLAUDE Michel [1978] : La fin des vieilles voitures, *Economie et Statistique*, avril, n° 99, p. 65 à 77

GLAUDE Michel [1981] : La réalisation des intentions d'achat, *Economie et Statistique*, janvier, n° 129, p. 49 à 63

GLAUDE Michel [1988] : commentaires, *Revue économique*, janvier, n° 1, p. 57 à 64

GLAUDE Michel, DE SINGLY François [1986] : L'organisation domestique : pouvoir et négociation, *Economie et Statistique*, avril, n° 187, p. 3 à 30

GOMEZ François [1985] : La vente à crédit aux particuliers, *Banque*, n°451 et n°452, juin et juillet, p. 597 à 602 et p. 713 à 716.

GRAHAM John W., GREEN Carole A. [1984] : Estimating the Parameters of a Household Production Function with Joint Products, *Review of Economics and Statistics*, vol. 66, mai, p. 277 à 283

GREEN Edward, OH Soo-nam [1991] : Contracts, Constraints and Consumption, *Review of Economic Studies*, octobre, vol. 58, p. 883 à 899

GRIEVES Robin [1983] : The Demand for Consumer Durables, *Journal of Money, Credit and Banking*, août, Vol. 15 n°3, p. 316 à 326

GRIGNON Claude [1988] : Les enquêtes sur la consommation et la sociologie des goûts, *Revue économique*, janvier, n°1, p. 33 à 56

GRIMLER Ghislaine, ROY Caroline [1990] : Activités domestiques : faire, acheter, faire faire ou ne pas faire ? *Insee Première*, n°109, octobre (4 p.)

GRONAU Reuben [1977] : Leisure, Home Production, and Work - the Theory of the Allocation of Time Revisited, *Journal of Political Economy*, vol. 85 n°6, p. 1099 à 1123

GROSSMAN Sanford, LAROQUE Guy [1990] : Asset Pricing and Optimal Portafolio Choice in the Presence of Illiquid Durable Consumption Goods, *Econometrica*, janvier, Vol. 58, p. 25 à 51

GUERRAND Roger-Henri [1991] : Le décor de l'intimité familiale, in de SINGLY (éd.), *La famille, l'état des savoirs*, chapitre 17, La Découverte, Paris

GUILLAUMAT-TAILLET François [1995] : L'endettement domestique des ménages, *INSEE Première*, juillet, n°395, 4 p.

GUILLAUME Marc [1968] : *Les marchés d'occasion et la dépréciation du capital*, PUF, Paris, 175 p.

HADJIMATHEOU G. [1987] : *Consumer Economics after Keynes*, Harvester Wheatsheaf, 272 p

HALL Robert E. [1978] : Stochastic Implications of the Life Cycle-Permanent Income Hypothesis : Theory and Evidence, *Journal of Political Economy,* décembre, vol. 86 (6), p. 971 à 987

HALL Robert E., MISHKIN Frederic S. [1982] : The sensivity of consumption to transitory income : estimates from panel data on households, *Econometrica*, Vol. 50, p. 461 à 481

HEBDEN J. J. et PICKERING J. F. [1974] : Patterns of Acquisition of Consumer Durables, *Oxford Bulletin of Economics and Statistics*, mai, Vol. 36 n°2, p. 67 à 94

HERPIN Nicolas, VERGER Daniel [1988] : *La consommation des Français*, repère n°67, La Découverte, Paris

HESS Alan [1973] : Household Demand for Durable Goods : the Influences of Rates of Return and Wealth, *The Review of Economics and Statistics,* février, Vol. LV (1), p. 9 à 15

HINDY Ayman, HUANG Chi-Fu [1993] : Optimal Consumption and Portafolio Rules with Durability and Local Substitution, *Econometrica*, janvier, Vol. 61 (1), p. 85 à 121

INSEE [1976] : Système élargi de comptabilité nationale, *Collection C de l'INSEE*, n°44-45

INSEE [1980] : Les comptes de patrimoine, une première expérience 1971-1972-1976, *Collection C de l'INSEE*, n°89/90

INSEE [1987] : Système élargi de comptabilité nationale base 1980, *Collection C de l'INSEE*, n°140-141

JOHNSON M.Bruce [1971] : *Household Behavior - Consumption, Income and Wealth*, Penguin Books, Londres

JOIN-LAMBERT Eric [1981] : Les ménages roulent plus, les voitures roulent moins, *Economie et Statistique*, septembre, n° 136, p. 43 à 51

JORGENSON D.W. [1963] : Capital Theory and Investment Behavior, *American Economic Review*, p.247 à 259

KAPP Bernard [1990] : Georges Dufayel : "les pauvres sont mes meilleurs clients", *Science & Vie Economie*, février, n° 58, p. 40 à 43

KASULIS Jack J., LUSH Robert F., STAFFORD Edward F. Jr [1979] : Consumer Acquisition Patterns for Durable Goods, *The Journal of Consumer Research*, juin, Vol. 6 n°1, p.47 à 57

KATZ Arnold J. [1983] : Valuing the Services of Consumer Durables, *Review of Income and Wealth*, décembre, Vol. 29 n°4, p.405 à 428

KATZ Arnold J., PESKIN Janice [1980] : The Value of Services Provided by the Stock of Consumer Durables, 1947-77 : An Opportunity Cost Measure, *Survey of Current Business*, juillet, Vol. 60 n° 7, p. 23 à 31

KAUFMANN Jean-Claude [1991] : Les habitudes domestiques, in de SINGLY (éd.), *La famille, l'état des savoirs*, chapitre 12, La Découverte, Paris

KESSLER Denis, MASSON André, STRAUSS-KAHN Dominique (eds) [1982] : *Accumulation et répartition des patrimoines*, Economica, Paris, 594 p.

KESSLER Denis, WOLFF Edward N. [1991] : A comparative analysis of household wealth patterns in France and the United States, *Review of Income and Wealth*, Vol. 37 n°3, septembre, p. 249 à 266

KEYNES John Maynard [1936] : *The General Theory of Employment Interest and Money*, Mac Millan, Londres

KOOREMAN Peter, KAPTEYN Arie [1987] : A Disaggregated Analysis of the Allocation of Time within the Household, *Journal of Political Economy*, avril, Vol. 95 n°2, p. 223 à 249

LAFERRERE Anne, MONTEIL Philippe [1994] : Le patrimoine à la fin de la vie, *INSEE Première*, octobre, n°344, 4 p.

de LA GODELINAIS M-C., MERCIER M-A [1992] : L'équipement des ménages en 1990. Un bien récent : le micro-ondes, *Insee Première*, n°225, septembre, 4 p.

LAHLOU Saadi [1985] : Le nouveau produit : un concept flou, *Consommation*, 1985/86 n°3, p. 49 à 56

LANCASTER Kelvin J. [1966] : A new Approach to Consumer Theory, *The Journal of Political Economy*, avril, Vol. 74 n°2, p. 132 à 157

LANCASTER Kelvin J. [1966] : Change and Innovation in the Technology of Consumption, *American Economic Review*, mai, Vol. 56 n°2, p. 14 à 23

LANCASTER Kenneth [1979] : *Variety, Equity and Efficiency*, Columbia University Press

LANGASKENS Yvan [1982] : Quelques caractéristiques socio-économiques de la possession des biens de consommation durables, *Cahiers économiques de Bruxelles*, n°95, p. 423 à 463

LAM Pok-sang [1989] : Irreversibility and consumer durables expenditures, *Journal of Monetary Economics*, Vol. 23, p. 135 à 150

LAZEAR E. P., MICHAEL R. T. [1980] : Family Size and the Distribution of Real Per Capita Income, *American Economic Review*, vol. 70 (1), p. 91 à 107

LEMEL Yannick [1974] : Les budgets-temps des citadins, *Collections M de l'INSEE*, mars, n° 33, 72 p.

LEMEL Yannick [1988] : Production domestique : une collaboration INSEE-CNRS, *Courrier des Statistiques*, avril, n°46, p. 25 à 27

LEMENNICIER Bertrand [1979] : Education et technologie de consommation, in *L'économique de l'éducation*, EICHER J.C. et LEVY-GARBOUA L. eds, Economica, Paris, p. 59 à 87

LEMENNICIER Bertrand [1980] : La spécialisation des rôles conjugaux : les gains du mariage et la perspective du divorce, *Consommation*, 1980 n°1, p. 27 à 71

LEMENNICIER Bertrand, LEVY GARBOUA Louis [1981] : L'arbitrage autarcie-marché : une explication du travail féminin, *Consommation*, avril-juin, p.41 à 74

LENGELLE Maurice [1956] : *La consommation*, PUF, Que sais-je n°697, Paris

LEPAGE Henri [1982] : *Vive le commerce ! Services, distribution, croissance*, Dunod, Paris, 154 p.

LEPIDI J. [1988] : *La fortune des français*, PUF, Paris, Que Sais-je n°2424

LEVEDAHL J. William [1980] : The Impact of Permanent and Transitory Income on Household Automobile Expenditure, *The Journal of Consumer Research*, juin, Vol. 7 n°1, p. 55 à 66

LEVY-GARBOUA Louis [1976] : La nouvelle théorie du consommateur et la formation des choix, *Consommation*, 1976 n°3, p. 83 à 99

LEVY-GARBOUA Louis [1983] : Les modes de consommation de quelques pays occidentaux : comparaison et lois d'évolution (1960-1980), *Consommation*, 1983 n°1, p. 3 à 51

LEVY-GARBOUA Louis [1986] : Innovations et diffusion des produits de consommation, *Economie appliquée*, n°39 (3), p. 521 à 582

L'HARDY Philippe [1976] : Les attitudes des ménages : leur signification, *Economie et Statistique*, janvier, n° 74, p. 5 à 13

L'HARDY Philippe, TROGNON Alain [1980] : Le mythe du nouveau consommateur, *Economie et Statistique*, juillet, n° 123, p. 13 à 22

L'HARDY Philippe, DARMON Dominique [1987] : La consommation des ménages 1960-2000, *Futuribles*, n°113, p. 9 à 24

LISLE E.-A. [1961] : La prévision de la consommation, *Revue économique*, mars, n°2, p. 330 à 358

LISLE E.A. [1967] : *L'épargne et l'épargnant*, Dunod, Paris, 244 p.

LUCAS Robert E. [1976] : Econometric Policy Evaluation : A Critique, *Journal of Money and Economics*, Suppl. Series, vol. 62 (1), p. 19 à 46

McCORMICK Ken [1983] : Duesenberry and Veblen : The Demonstration Effect Revisited, *Journal of Economic Issues*, décembre, Vol.17 n°4, p. 1125 à 1129

MALINVAUD Edmond [1991] : Implications macroéconomiques des théories microéconomiques modernes, *communication aux Journées de l'AFSE*, 13 p.

MANKIW N. Gregory [1982] : Hall's Consumption Hypothesis and Durable Goods, *Journal of Monetary Economics*, Vol. 10 n°3, p. 417 à 425

MANKIW N. Gregory [1985] : Consumer Durables and the Real Interest Rate, *Review of Economics and Statistics*, août, Vol. 67 n°3, p. 353 à 362

MANKIW N. Gregory [1990] : A Quick Refresher Course in Macroeconomics, *Journal of Economic Literature*, décembre, Vol. XXVIII, p. 1645 à 1660

MANKIW N. Gregory, ROTEMBERG J., SUMMERS L. [1985] : Intertemporal substitution in macroeconomics, *Quaterly Journal of Economics*, Vol C(1), février, p. 225 à 251

MANKIW N. Gregory, SHAPIRO M. [1985] : Trends, random walks ans tests of the permanent income hypothesis, *Journal of Monetary Economics*, Vol. 16 n°1, p. 165 à 174

MANKIW N. Gregory, SHAPIRO M. [1986] : Do we reject too often ? Small sample properties of tests of rational expectations models, *Economics Letters*, Vol. 20, p. 139 à 145

MARMORSTEIN Horward, DHRUV Greewal, FISHE Raymond P.H. [1992] : The Value of Time Spent in Price-Comparison Shopping : Survey and Experimental Evidence, *Journal of Consumer Research,* juin, Vol. 19 n°1, p. 52 à 61

MARSHALL Alfred [1898] : *Principles of Economics*, Mac Millan, Londres

MARTIN Philippe, RENNES Garance [1997] : Le parc automobile des ménages et ses utilisations en 1982 et 1994, *INSEE Résultats*, Série démographie et société, n°58/59/60

MATHOT Fons [1981] : L'utilisation du crédit lors de l'achat d'une voiture, *Annales de l'INSEE*, octobre-décembre, n°44, p. 121 à 147

MEIDINGER Claude [1981] : La théorie économique de la famille : une critique méthodologique, *Consommation*, 1981 n°3, p. 75 à 93

MERAUD Jacques [1989] : *L'évolution et les perspectives des besoins des français et leur mode de satisfaction*, tome II, Avis et Rapports du Conseil Economique et Social, Journal Officiel, n°16, 432 p.

MISHKIN Frederic S. [1976] : Illiquidity, consumer durable expenditure, and monetary policy, *The American Economic Review*, septembre, volume 66 (4), p. 642 à 654

MODIGLIANI F., BRUMBERG R. [1954] : Utility and aggregate consumption functions : an attempt at integration, mimeo, repris dans A. ABEL ed., *The collected papers of Franco Modigliani*, vol.2, Cambridge, MIT Press

MOREAU Antoine [1991] : Comment mesurer les variations de prix des biens durables ?, *Analyses de la SEDEIS*, n°81, mai

MORMICHE Pierre [1991] : Les ménages et leurs meubles, *INSEE Résultats*, n°109, janvier

MORMICHE Pierre, BONNAUD Cécile [1988] : Biens durables : la modernisation des foyers, *Premiers résultats*, novembre, n° 158

MORMICHE Pierre, BONNAUD Cécile [1988] : Ameublement 88, des meubles pour la vie, *Premiers résultats*, décembre, n° 166

MOUILLART Michel, THE VAN Nguyen, DUMONTIER Françoise, BABEAU André, DETERNE Monique, VATIN Jean-Luc [1995] : Dossier "Le crédit et les particuliers", *Banque*, février, n°556, p. 22 à 46 (7 articles)

MOUTARDIER Mireille [1977] : La diffusion de l'automobile, *Economie et statistique*, octobre, n° 93, p. 59 à 63

MUELLBAUER John [1977] : Testing The Barten Model of Household Composition Effects and the Cost of Children, *The Economic Journal*, septembre, Vol. 87, p. 460 à 487

MUELLBAUER John [1981] : Testing neoclassical models of the demand for consumer durables, in DEATON Angus (ed.), *Essays in The theory and measurement of consumer behavior*, Cambridge University Press, New York, p. 213 à 235

MUELLBAUER John [1982] : Surprises in the Consumption Function, *The Economic Journal*, Conference Papers 1982, p. 34 à 49

MUSGRAVE John C. [1979] : Durable Goods Owned by Consumers in the United States, 1925-1977, *Survey of Current Business,* mars, Vol. 59 n° 3, p. 17 à 25

NASSE Philippe [1970] : Peut-on suivre l'évolution trimestrielle de la consommation ?, *Economie et statistique*, janvier, n° 8, p. 33 à 42

NASSE Philippe [1977] : La consommation des ménages, Chapitre 5 du n° sur METRIC, *Annales de l'INSEE*, avril-septembre, n°26/27, p. 83 à 104

NELSON Julie A. [1988] : Household Economies of Scale in Consumption : Theory and Evidence, *Econometrica*, novembre, Vol. 56 n° 6, p. 1301 à 1314

NIEHANS J. [1978] : Metzler, wealth, and macroeconomics : a review, *Journal of Economic Litterature*, Vol. 16 (1), mars, p. 84 à 95

OLIER Lucile [1998] : Les avantages matériels de la vie en couple, *INSEE Première*, n°564, janvier, 4 p.

PAROUSH Jacob [1965] : The Order of Acquisition of Consumer Durables, *Econometrica*, janvier, Vol. 33 n°1, p. 225 à 235

PATTERSON K.D. [1985] : Income adjustments and the role of consumers' durables in some leading consumption functions, *The Economic Journal*, juin, n° 95, p. 469 à 479

PICARD Pierre [1994] : *Eléments de microéconomie*, Domat Montchrestien, Paris, 4e édition, 587p.

PIGANIOL Bernard [1969] : *Consommation, épargne et biens durables*, Dunod, Paris, 180 p.

PYATT F. G. [1964] : *Priority Patterns and the Demand for Household Durable Goods*, Cambridge University Press

RATCHFORD Brian T. [1975] : The new Economic Theory of Consumer Behavior : An Interpretive Essay, *The Journal of Consumer Research,* septembre, Vol. 2 n°2, p. 65 à 75

ROBIN Jean-Marc, LEVY-GARBOUA Louis [1988] : Les représentations implicites des goûts dans les modèles dynamiques de demande, *Revue économique*, janvier, n°1, p. 15 à 32

ROCHE Daniel [1997] : *Histoire des choses banales*, Fayard, 329 p.

ROCHEFORT Robert [1995] : *La société des consommateurs*, Odile Jacob, 267 p.

ROTTIER Georges [1961] : Economie de la consommation, *Revue économique*, mars, n°2, p. 208 à 228

ROUSSE Hélène , ROY Caroline [1981] : Activités ménagères et cycle de vie, *Economie et statistique*, mars, n° 131, p. 59 à 67

ROY Caroline [1981] : Les activités quotidiennes des Français : différences entre catégories sociales, in *Données Sociales 1981*, INSEE, Paris, p. 271 à 279

ROY Caroline [1984] : Le temps et les activités quotidiennes, in *Données Sociales 1984*, INSEE, Paris, p. 226 à 230

ROY Caroline [1989] : La gestion du temps des hommes et des femmes, des actifs et des inactifs, *Economie et Statistique*, juillet/août, n°223, p. 5 à 14

RUBIN Rose M., RINEY Bobye J., MOLINA David J. [1990] : Expenditure Pattern Differentials Between One-Earner and Dual-Earner Households : 1972-1973 and 1984, *Journal of Consumer Research,* juin, Vol. 17 n°1, p. 43 à 52

de SINGLY François (éd.) [1991] : *La famille, l'état des savoirs*, La Découverte, Paris, 448 p.

SMITH Adam [1776] : *Wealth of Nations*, édition Cannan 1904, Londres

SMITH R. P. [1974] : A Note on Car Replacement, *Review of Economic Studies*, octobre, Vol. XLI (4), p. 567 à 569

SOBERON-FERRER Horacio, DARDIS Rachel [1991] : Determinants of Household Expenditures for Services, *Journal of Consumer Research*, mars, Vol. 17 n°4, p. 385 à 397

STIGLER George J., BECKER Gary S. [1977] : De Gustibus Non Est Disputandum, *The American Economic Review*, mars, Vol. 67 n°2, p. 76 à 90

STIGLITZ J., WEISS A. [1981] : Credit rationing in markets with imperfect information, *American Economic Review*, Vol. 71 (3), juin, p. 393 à 410

STONE Richard, ROWE D.A. [1957] : The Market Demand for Durable Goods, *Econometrica*, juillet, Vol. 25 n°3, p. 423 à 443

STRAUSS-KAHN Dominique [1977] : *Economie de la famille et accumulation patrimoniale*, Cujas, Paris, 303 p.

STROBER Myra H. [1977] : Wives' Labor Force Behavior and Family Consumption Patterns, *The American Economic Review*, février, Vol. 67 n°1, p. 410 à 417

SU Teddy T. [1975] : Durability of Consumption Goods Reconsidered, *The American Economic Review*, mars, Vol. 56 n°1, p. 148 à 157

TABARD Nicole [1982] : Le travail des femmes : part fondamentale du budget et non salaire d'appoint, *Recherches économiques et sociales*, 2e trimestre, n°2, p. 61 à 77

TERLECKYJ Nestor E. (ed.) [1975] : *Household Production and Consumption*, NBER, New York, 669 p.

THIRY Bernard [1985] : La demande de véhicules neufs et le parc automobile. Une comparaison de quelques modèles économétriques, *Cahiers économiques de Bruxelles*, n° 108, 4e trimestre, p. 459 à 485

TRANDEL Gregory A. [1991] : The Bias Due to Omitting Quality when Estimating Automobile Demand, *Review of Economics and Statistics*, Août, Vol. 73 n°3, p. 522 à 525

TROGNON Alain [1978] : Modèle de diffusion d'une innovation : l'exemple de la télévision couleur, *Annales de l'INSEE*, janvier-mars, n°29, p. 3 à 60

TROGNON Alain [1979] : Bocaux hier, congélateurs aujourd'hui, *Economie et statistique*, novembre, n° 116, p. 25 à 29

TROGNON Alain [1980] : Les biens durables des ménages, in Les comptes de patrimoine, une première expérience 1971-1972-1976, *Collection C de l'INSEE*, n°89/90, p. 149 à 157

VANGREVELINGHE Gabriel [1969] : Modèles et projections de la consommation, *Economie et statistique*, novembre, n° 6, p. 17 à 31

VERGER Daniel [1982a] : *Note sur la durabilité des principaux biens d'équipement ménager*, Document MODV 10/453, INSEE, Paris, 42 p.

VERGER Daniel [1982b] : De la cuisine à la lingerie : équipement ménager et tâches domestiques, *Economie et statistique*, janvier, n° 140, p. 49 à 61

VERGER Daniel [1983] : L'achat d'un logement ne va pas sans achats d'équipements, *Economie et statistique*, décembre, n° 161, p. 23 à 32

VERGER Daniel [1984a] : Equipement du foyer ou équipement dans le foyer, *Economie et statistique*, juillet/aout, n° 168, p. 77 à 92

VERGER Daniel [1984b] : Le crédit à la consommation in *Données Sociales 1984*, p.329 à 335

VERGER Daniel [1985] : Avoir des biens durables : une affaire de goûts ou de coûts, *Consommation*, 1985 n°1, p. 43 à 60

VILLA Pierre [1996] : La fonction de consommation sur longue période en France, *Revue économique*, janvier, n°1, p. 111 à 142

VILLIEU Patrick [1997] : *Macroéconomie, consommation et épargne*, Repères n°215, La découverte, 122 p.

VINCENT Dominique [1992] : L'évolution du crédit à la consommation, *Lettre de conjoncture de la BNP*, novembre, repris dans Problèmes économiques n°2316 du 10 mars 1993

WEBER Guglielmo [1993] : Earnings-Related Borrowing Restrictions : Empirical Evidence from a Pseudo Panel for the U.K., *Annales d'économie et de statistique*, n°29, p. 157 à 173

WESTIN Richard B. [1975] : Empirical Implications of Infrequent Purchase Behavior in a Stock Adjustment Model, *American Economic Review*, juin, Vol. 65 n°3, p.384 à 396

WETZEL James, HOFFER George [1982] : Consumer Demand for Automobiles : A Disaggregated Market Approach, *Journal of Consumer Research,* septembre, Vol. 9 n°2, p. 195 à 199

WILLIAMS Ross A. [1972] : Demand for Consumer Durables : Stock Adjustment Models and Alternative Specifications of Stock Depletion, *Review of Economic Studies*, Vol. 39 (3), p. 281 à 295

WOLFESPERGER Alain [1970] : *Les biens durables dans le patrimoine du consommateur,* PUF, Paris, 157p.

WYKOFF Frank C. [1970] : Capital Depreciation in the Postwar Period : Automobiles, *Review of Economics and Statistics*, mai, Vol. 40 (1), p. 377 à 390

WYKOFF Frank C. [1973] : A User Cost Approach to New Automobile Purchases, *Review of Economic Studies*, juillet, Vol. 40 (1), p. 377 à 390

ZARCA Bernard [1989] : Les raisons du bricolage à la maison : Economie, distraction, sociabilité, *Consommation et modes de vie*, n°38, avril, 4 pages

TABLE DES MATIÈRES

Collection Logiques Economiques
dirigée par Gérard Duthil

Dernières parutions

VERNA Gérard, DROUVOT Hubert, *Réaliser des projets dans le tiers- monde*, 1993.
DUTHIL Gérard, *Les politiques salariales en France, 1960-1992*, 1993.
GALLOUJ Faiz, *Economie de l'innovation dans les services*, 1994.
COURLET Claude, SOULAGE Bernard, *Industrie, territoires et politiques publiques*, 1994.
MAYOUKOU Célestin, *Le système des tontines en Afrique. Un système bancaire informel*, 1994.
WILMOTS A., *Crises et turbulences du commerce international*, 1995.
DJELLAL Faridah, *Changement technique et conseil en technologie de l'information*, 1995.
GOUJON Daniel, *Mutations technologiques*, 1995.
JULIEN P.-A., LEO P. -Y., PHILIPPE J. (eds), *PME et grands marchés. PME québécoises et françaises face à l'ALENA et au Marché unique*, 1995.
PALLOIX Christian, *Société et économie ou les marchands et l'industrie*, 1996.
KEYNES John MAYNARD,*Comment payer la guerre*, 1996.
ABDELMALKI Lahsen, COURLET Claude, *Les nouvelles logiques du développement*, 1996.
NOEL Michel, *Régions canadiennes dans l'économie mondiale*, 1996.
BELLIVIER Muriel, *Le Juste-à-temps*, 1996.
PARMENTIER J.M., TENCONI R., *La zone Franc en Afrique*, 1996.
REIMAT Anne, *Des retraites et l'économie*, 1997.
BECART Alain, *Intégration et développement*, 1997.
HARRIBEY Jean-Marie, *L'économie économe. Le développement soutenable par la réduction du temps de travail*, 1997.
BELKACEM Rachid, *L'Institutionalisation du travail intérimaire en France et en Allemagne*, 1998.
GUÉVORKIAN Kariné, *L'économie «non enregistrée»*, 1998.
PICHAULT, WARNOTTE, WILKIN, *La fonction ressources humaines face aux restructurations*, 1998.
MÉHAUT Philippe, MOSSÉ Philippe (coord.), *Les politiques sociales catégorielles*, Tomes 1 et 2, 1998.

www.ingramcontent.com/pod-product-compliance
Lightning Source LLC
LaVergne TN
LVHW050632051026
849532LV00002B/363
* 9 7 8 2 7 3 8 4 7 8 5 7 3 *